Descubre tu mente cuántica

Dra. EMMA RIBAS

Descubre tu mente cuántica

La psicología que transforma la realidad desde la consciencia

Grijalbo

Papel certificado por el Forest Stewardship Council®

MIXTO
Papel
FSC® C117695

Penguin
Random House
Grupo Editorial

Primera edición: mayo de 2026

Travessera de Gràcia, 47-49. 08021 Barcelona

Printed in Spain – Impreso en España

ISBN: 978-84-253-6903-2
Depósito legal: B-4.171-2026

Compuesto en Promograff - Promo 2016 Distribucions

Impreso en BlackPrint CPI Ibérica
Sant Andreu de la Barca (Barcelona)

GR 6 9 0 3 2

A ti,
por elegir cuestionar lo aprendido
y descubrir que cambiar la mirada
transforma la realidad

Índice

CUARTA PARTE

El impacto duradero de una mente cuántica

Introducción

Tu salto cuántico empieza ahora

MI PROPIO SALTO CUÁNTICO

Querido lector, querida lectora, permíteme que empiece por compartirte algo que nunca imaginé que publicaría en un libro. Recuerdo que desde muy niña le planteaba a mi madre preguntas que en aquel momento me parecían esenciales: «¿Cuál es el sentido de la vida?», «¿por qué existimos?», «¿qué hay más allá de lo que vemos?». Ella solía responderme con paciencia que, cuando fuera mayor, lo entendería. Aquella frase, tan simple, me generaba una mezcla de frustración y fascinación. Por un lado, sentía que había una respuesta que se me escapaba; por otro, esa misma sensación de incompletud despertó en mí una inquietud profunda que, sin darme cuenta, se convirtió en el motor de una búsqueda incansable que emergió a mis dieciocho años en un giro inesperado.

Había dejado de ser una estudiante excelente para relajarme académicamente, ya que priorizaba la vida social por encima de los estudios. Cuando llegó el momento de elegir una carrera universitaria, mis notas no alcanzaban para entrar en la facultad de Psicología. Sin embargo, algo en mí era inamovible; no una intuición pasajera, sino una certeza profunda, visceral: yo iba a ser psicóloga. Y no había plan B.

En lugar de rendirme ante la lógica o los números, tomé una decisión concreta: rechazar otras carreras que sí podía cursar y entregarme completamente a ese deseo. Lo que entonces no sabía es que esa convicción no solo me estaba empujando emocionalmente, sino que activaba en mí un mecanismo neurofisiológico muy potente. Cuando alineamos emoción, pensamiento y acción con claridad, nuestro cerebro reconfigura sus redes —lo que llamamos neuroplasticidad— y nuestro cuerpo responde como si ese futuro ya fuera real.

¿Sabes qué es lo más curioso? Esa convicción absoluta, esa fe ciega en algo que parecía imposible, fue uno de mis saltos cuánticos sin entonces saberlo. Como descubrirás en estas páginas, cuando colapsas todas las posibilidades en una sola intención clara, cuando vibras en la frecuencia de tu deseo con total certeza, tu campo cuántico tiene la capacidad de hacerlo realidad.

Definitivamente, mi deseo se manifestó de una forma inesperada: apareció una nueva opción de universidad que requería unas pruebas de acceso adicionales. Era una oportunidad única, y la tomé con total determinación. Me preparé, confié en mí y logré superarlas con éxito. Así fue como, contra todo pronóstico, conseguí entrar en la carrera de Psicología.

A partir de ahí, mi camino se desplegó con fuerza: me licencié, obtuve un doctorado *cum laude* y, justo al finalizar la carrera, ya estaba ejerciendo como psicóloga. Más adelante me especialicé como sexóloga clínica, acompañando a personas en procesos profundos de transformación, mientras dedicaba una parte de mi vida a la investigación y la docencia.

Fue en ese mismo periodo cuando comenzó una búsqueda insaciable que transformaría mi perspectiva para siempre: la investigación del campo de la consciencia y la física cuántica aplicada al comportamiento humano. Necesitaba comprender, más allá del marco clínico tradicional, cómo la energía, los pensamientos y la emoción podían modificar la biología, la conducta y el destino. En este contexto se estrenó el documental *¿Y tú qué sabes?* (*What the Bleep Do We Know!?*). Recuerdo que alguien me lo recomendó diciéndome que «unía la física cuántica con la consciencia». Desde la mirada profesional, sabía que esta afirmación debía tomarse con cautela, porque la física cuántica, como campo científico, no puede aplicarse de manera literal a los procesos psicológicos. Aun así, me pareció interesante verlo como fenómeno cultural y como un material para entender cómo las personas entienden su mundo interno a través de metáforas. Más allá de sus interpretaciones discutibles, me abrió una puerta hacia una línea de reflexión que después se volvería importante en mi práctica: el poder que tienen las metáforas cuánticas en la construcción psicológica de la experiencia humana.

No lo tomé como una explicación científica de la mente, sino como una ventana para comprender por qué muchas personas sienten afinidad por ese lenguaje. La física cuántica, con su complejidad, su incertidumbre y su carácter no intuitivo, ofrece un marco simbólico en el que algunas personas proyectan sus propios procesos internos: el cambio, la posibilidad, la ambigüedad, lo no-visible y lo potencial.

Esa experiencia me llevó, por un lado, a estudiar con mayor rigor qué es realmente la física cuántica para entender dónde terminan los hechos científicos y dónde comienzan las interpretaciones metafóricas. Esa inquietud marcó el inicio de una integración de la ciencia, la consciencia y la espiritualidad aplicada que más tarde se convertiría en el fundamento del modelo de la psicología cuántica.

Con el tiempo, ese recorrido de años no solo consolidó mi vocación, sino que me llevó a abrir caminos donde antes no los había.

El segundo salto: del miedo a la expansión. El salto cuántico del liderazgo consciente

Como bien sabes, mi trayectoria profesional comenzó en la psicología, la sexología clínica y el mindfulness, colaborando con centros médicos prestigiosos. Agradezco profundamente las oportunidades laborales que me brindaron en estos entornos de rigor, pero llegó un momento en que sentí una limitación infranqueable en mi visión. El modelo establecido —aunque valioso— no permitía el crecimiento exponencial que mi vocación exigía. Entonces fue cuando se produjo el salto cuántico, una decisión de confianza absoluta en mi propia voz y método. Dejé de buscar el permiso externo y elegí crear el camino abandonando la seguridad de los centros de referencia para abrazar mi propio modelo de intervención no convencional basado en la consciencia aplicada en el área de la psicología, la sexualidad y la pareja. El desarrollo de este enfoque no fue gradual, sino una acelerada metamorfosis impulsada por la coherencia.

Tras publicar mi primer libro, *Mindfulsex. El sexo que revolucionará tu vida*, el miedo se convirtió en mi sombra más grande. Sentía el terror de ser tachada de poco rigurosa y de perder mis referencias médicas y mi puesto universitario por hablar abiertamente de sexualidad consciente y de energía sexual, temas tabú en el ámbito académico y médico. Pero en ese instante de máximo miedo se produjo la alquimia: elegí transformar el terror en combustible para la expansión. Actué como si la visión ya fuera real y anclé mi energía en la certeza del impacto positivo que el mindfulsex tendría si me concentraba en sembrar semillas para un mundo con más amor. El resultado fue la manifestación acelerada de esa nueva realidad, ya que el libro se difundió de forma viral, tuvo múltiples ediciones y generó una ola de conferencias, invitaciones a pódcast, formaciones y colaboraciones internacionales. Me convertí en la experta de referencia en un campo que prácticamente aún no existía en el mundo académico, el Mindful Sex & Love, para el que desarrollé enfoques innovadores basados en la neurociencia, hoy reconocidos y aplicados. Logré la introducción de programas de mindfulsex adaptados a diferentes especialidades —como Mindfulness Based Sexual Therapy (MBST)— en los ámbitos de la salud pública y privada gracias a la colaboración con equipos médicos de gran prestigio y apertura científica. Juntos demostramos la eficacia de un enfoque que era impensable años atrás y generamos un impacto real en la calidad de vida de miles de personas. A través de mi labor docente en la universidad, tengo el privilegio de formar a profesionales de la salud en distintas partes del mundo ofreciéndoles herramientas transformadoras basadas en la consciencia aplicada que implementan hoy día en su estilo de vida y profesión.

Así pues, mi segundo salto cuántico consciente se produjo cuando transformé el miedo en el combustible que alimentaba la expansión. Comprendí que los mayores portales de crecimiento se abren justo detrás de nuestros temores más profundos. Elegí actuar como si la visión ya fuera real y sostuve la certeza de su impacto positivo. Como verás en el capítulo sobre el ego y la esencia, nuestros miedos más profundos suelen ser el portal hacia nuestro mayor crecimiento. Mi camino para dirigir mi vida desde la coherencia entre lo que pienso, lo que siento y lo que hago comenzó hace años. De hecho, la práctica de la coherencia cardiaca ya es una herramienta que he tenido el privilegio de enseñar e integrar en las aulas universitarias durante años preparando el terreno neuronal de mis alumnos profesionales del ámbito de la salud. Ese momento de ruptura y aceleración fue la confirmación de mi liderazgo cuántico.

El desafío y la visión se expanden, de modo que mi nuevo salto cuántico no es solo personal, sino nuevamente colectivo. El objetivo es lograr que la psicología cuántica deje de ser un concepto abstracto para convertirse en una asignatura oficial en la universidad. Este es el verdadero catalizador para que la mente cuántica se expanda por todo el mundo hasta redefinir el paradigma vigente y crear un mundo lleno de posibilidades donde la consciencia sea la prioridad. Ser líder cuántico no consiste en controlar cada evento externo, sino en saber que puedo elegir mi frecuencia interna y desde ahí transformar mi mundo e inspirar a los demás.

¿Imaginas que la mente cuántica ya sea una realidad para todos?

¡Vamos juntos a dar este salto!

Tu invitación al liderazgo cuántico

Te cuento mi historia para inspirarte a ti. Cada uno de esos «saltos al vacío» fueron, en realidad, momentos en que elegí confiar en una posibilidad que aún no existía en mi realidad física, pero que yo podía sentir, visualizar y vibrar como si ya fuera real.

Estoy convencida de que tú también puedes escucharte profundamente, serte fiel y elegir tu camino, ya sea para provocar tus propios saltos cuánticos y desarrollar tu liderazgo cuántico, ya sea simplemente para despertar tu mente cuántica y vivir de forma plena. Tú también puedes entrenar tu mente, tu energía y tu emoción para convertirte en el arquitecto de tu propia historia.

Y quiero que este libro sea un espacio seguro, inspirador y científicamente riguroso para acompañarte a descubrir cómo hacerlo.

El punto esencial es la elección consciente. No tienes la obligación de ser un «líder cuántico» ni de buscar un salto espectacular, pero sí tienes la capacidad de despertar tu mente cuántica y acceder a un nuevo estado que opera desde la consciencia, no desde el caos ni el miedo.

¿Qué sucede cuando despierto mi mente cuántica?

Despertar la mente cuántica es el proceso de cambiar el observador. Dejas de identificarte únicamente con el ego, el ruido mental y las viejas programaciones y te alineas con la consciencia. Esto te permite:

1. Gestionar tu energía. Pasas de reaccionar al miedo a elegir deliberadamente la frecuencia de la confianza, el amor o el propósito.

2. Ver múltiples posibilidades. Entiendes que la realidad es fluida y que, al igual que en la física cuántica, en la que una partícula puede estar en muchos lugares a la vez, tu vida y tus decisiones contienen múltiples potenciales hasta que tú, como observador consciente, colapsas la realidad deseada.

3. Liderar desde la esencia. Si eliges ir más allá, el «liderazgo cuántico» surge de forma natural como la capacidad de inspirar y movilizar a otros desde este estado de consciencia expandida, propósito y co-creación.

Mientras que todos podemos experimentar cambios y un crecimiento gradual, el «salto cuántico» es un punto de inflexión o una transformación explosiva que:

- Requiere una decisión interna. A menudo es un momento de «¡Basta!» en el que se elige activamente dejar de ser fiel a viejas limitaciones.

- No ocurre de forma pasiva. Aunque puede sentirse como si fuera espontáneo, generalmente es el resultado de un trabajo interno, la meditación, la liberación de creencias o el enfoque intencional en nuevas posibilidades.

En resumen, no es un evento garantizado para todos, sino más bien una elección profunda o el resultado de un proceso de consciencia acelerado que ciertas personas experimentan o buscan activamente.

La buena noticia es que hoy día, con o sin salto, el despertar de tu mente cuántica es una elección disponible para ti. Explora si a lo largo de tu línea de vida has experimentado ya un salto cuántico. Busca un antes y un después muy marcados; no pienses en un cambio gradual, sino en una metamorfosis súbita en alguna área. Reflexiona y hazte preguntas. ¿Hubo un momento en el que tu carrera o propósito de vida cambió radicalmente en un periodo muy corto? ¿Hubo un momento en el que tu percepción de ti mismo o tus relaciones más importantes se transformaron? ¿Hubo un día o una semana en los que rompiste un patrón autodestructivo de años (adicción, postergación, pasividad) y saltaste a una vida de disciplina y bienestar? ¿Hubo un evento o una realización que te hizo ver la realidad desde una perspectiva totalmente nueva?

¿Y si tu mente fuera más poderosa de lo que imaginas?

Ahora permíteme hacerte una pregunta que puede cambiar tu vida. ¿Y si todo lo que crees sobre tus limitaciones fuera solo una historia que te has contado tantas veces que la has convertido en tu realidad?

En consulta, después de más de dos décadas trabajando con muchísimos pacientes, he sido testigo de transformaciones que la psicología tradicional consideraría imposibles. He visto a personas superar traumas generacionales en meses, no en años. Me han compartido sanaciones de síntomas que desafiaban diagnósticos médicos. He acompañado a muchas personas mientras realizaban saltos cuánticos extraordinarios en su vida.

Y no, no son milagros. La neurociencia cuántica comienza a mostrar que, cuando aquietamos el ruido mental y dejamos de vibrar en la frecuencia del caos y la distracción, nuestro cerebro y nuestro cuerpo entran en coherencia. Desde ahí podemos acceder a un campo de posibilidades que antes ni siquiera percibíamos. Al final, lo que parecía pura mística resulta ser física aplicada a la consciencia, ciencia que explica cómo nuestra mente puede abrir caminos nuevos en la realidad.

Sé lo que puedes estar pensando: «Esto suena demasiado bueno para ser verdad». Y tienes razón en ser escéptico. El escepticismo es una forma de inteligencia, y, como doctora en Psicología y pionera en la creación de modelos de intervención basados en la neurociencia y la consciencia, yo también lo fui.

Durante años, mi mente científica necesitaba evidencias tangibles antes de aceptar que la consciencia podía influir en la materia, que el pensamiento podía modificar la biología o que la energía emocional tuviera correlatos medibles en el cerebro y el cuerpo.

Esa curiosidad crítica fue el inicio de mi labor como investigadora en el campo de la consciencia aplicada, en el que exploré cómo los estados mentales y emocionales afectan directamente a la coherencia cerebral, la expresión genética y la dinámica del campo energético humano.

He dedicado gran parte de mi trayectoria académica y clínica a integrar los avances de la neurociencia, la psicología cuántica, la física de la información y la epigenética para desarrollar métodos de intervención que conectan la evidencia científica con la práctica vivencial. Mi propósito siempre ha sido el mismo: traducir la ciencia de la consciencia en herramientas reales para la expansión humana.

Hoy, después de años de observación clínica, investigación interdisciplinar y aplicación práctica con miles de personas, puedo afirmar que la mente cuántica no es una metáfora, sino un estado medible de coherencia neurofisiológica, emocional y energética. Es la unión entre el pensamiento ordenado, la emoción elevada y la energía dirigida: el punto exacto en que la biología y la consciencia se encuentran para crear realidad.

La ciencia lleva más de un siglo mostrándonos que la realidad no siempre es como la percibimos. Lo fascinante es que no necesitas dominar todas esas teorías para beneficiarte de ellas, del mismo modo que no tienes que entender cómo funciona la electricidad para poder encender la luz.

De manera parecida, la integración de los descubrimientos de la neurociencia, los hallazgos de la psicología contemporánea y ciertos avances de la física nos brindan una conclusión poderosa: los seres humanos no solo reaccionamos al entorno, también influimos activamente en él a través de nuestros estados de consciencia, nuestras emociones y nuestras creencias más profundas.

Este enfoque interdisciplinar no es únicamente una corriente emergente dentro de la psicología, sino una manera de repensar la mente humana, así como su relación con la realidad y su capacidad de transformación. Su propósito no se limita a aliviar el sufrimiento, sino que aspira a entrenar la mente para habitar el presente con mayor plenitud, liberar los condicionamientos limitantes y abrirse a un campo de posibilidades en que el cambio profundo —y no solo funcional— se hace real.

En otras palabras, lo que buscamos los psicólogos que trabajamos desde esta visión integradora es ofrecer una mirada renovada de la realidad que ayude a las personas a liberarse de falsas creencias y a entrenarse en la asunción de la felicidad.

La intención primordial de este trabajo no es un mero ajuste conductual, sino el despertar de la mente cuántica y la activación de la consciencia superior. Esto implica ir más allá del análisis lineal de los problemas para comprender que somos co-creadores activos de nuestra realidad. Al acceder a esta consciencia, la persona aprende a operar desde un estado de potencial ilimitado en el que el miedo y las narrativas limitantes ceden ante la certeza de que existen múltiples futuros simultáneos que pueden ser actualizados.

Porque, a fin de cuentas, eso es lo que deseamos todos... Y, paradójicamente, la clave no se halla en perseguir la felicidad con ansiedad desde la escasez, sino en permitir que llegue cuando cultivamos el terreno adecuado mediante el alineamiento de nuestra mente cuántica. Al liberarnos del caos de la mente inferior —regida por el ego y el miedo—, establecemos un campo de coherencia interna que resuena con la posibilidad. De esta forma, la felicidad deja de ser un destino externo que alcanzar y se convierte en el estado natural que emana de una consciencia plenamente despierta y alineada con su máximo potencial.

De víctima a creadora: el poder de elegir tu realidad

En estos años de práctica clínica, he observado un patrón que se repite una y otra vez: las personas que realmente transforman su vida son aquellas que dejan de situarse en el papel de víctimas y deciden responsabilizarse. Ese gesto —asumir la propia responsabilidad— es el punto de inflexión que les permite desvictimizarse, recuperar el poder personal y empezar a tomar las riendas de su vida con claridad y valentía, a reconocerse como creadoras de su realidad.

No estoy diciendo que todo lo que te pasa es tu culpa. Eso sería cruel y falso. Lo que afirmo con total seguridad es que, independientemente de lo que te haya sucedido, tienes el poder de elegir qué hacer con ello. Y esa elección, esa capacidad de respuesta consciente, es tu superpoder cuántico.

Eso se lo debemos a la neuroplasticidad —la aptitud de tu cerebro de reorganizarse y crear nuevas conexiones—, que es un hecho científico probado. Cada vez que escoges un pensamiento diferente o cada vez que respondes de manera nueva a un viejo patrón estás literalmente recableando tu cerebro. Estás creando nuevos caminos neuronales que, con la práctica, se convertirán en autopistas.

Lo que encontrarás en este viaje

Este libro no es otro manual de autoayuda con promesas vacías, nada más lejos de la realidad. Quiero que sea un mapa basado en ciencia y experiencia real para que puedas dar tu propio salto cuántico o simplemente despertar tu mente cuántica. Y no tienes que creer en nada de lo que te voy a contar, solamente necesitas tu disposición a experimentar.

En las próximas páginas, te guiaré a través de cuatro transformaciones fundamentales.

Primero, comprenderás cómo funciona realmente tu mente desde una perspectiva cuántica. No con fórmulas complicadas, sino con ejemplos prácticos y ejercicios que podrás aplicar desde el primer día. Descubrirás que muchas de las «limitaciones» que creías tener son solo patrones energéticos que puedes cambiar.

Segundo, aprenderás a distinguir entre tu ego —esa voz que te mantiene en la zona de confort a través del miedo— y tu esencia —tu verdadero ser, ilimitado y creativo—. Este es el paso fundamental para dejar de sabotearte y empezar a expandirte.

Tercero, te enseñaré herramientas concretas para diseñar tu realidad. No hablo de pensamiento mágico; me refiero a las técnicas respaldadas por la neurociencia para reprogramar tu mente subconsciente, a la coherencia cardiaca para alinear tu campo electromagnético y a los métodos de visualización que activan las mismas áreas cerebrales que la experiencia real.

Finalmente, integrarás todo lo anterior en un estilo de vida cuántico sostenible. Porque de nada sirve tener una experiencia transformadora si luego vuelves a los viejos patrones. Desarrollarás tu propio kit de herramientas personalizado para mantener y expandir tu nueva frecuencia vibratoria.

Mi compromiso contigo

Voy a ser completamente transparente contigo. En este libro encontrarás diferentes niveles de evidencia científica. Hay principios sólidamente establecidos por décadas de investigación rigurosa, como la influencia de la mente en el cuerpo, los efectos del mindfulness en la estructura cerebral, la coherencia cardiaca o la neuroplasticidad. Son hechos científicos verificados.

Sin embargo, también exploraremos conceptos en la frontera del conocimiento, como las teorías sobre la consciencia cuántica o los biofotones, ya que, aunque cada vez hay más estudios que los respaldan, aún no tienen el nivel de evidencia de los principios anteriores.

Entonces ¿por qué incluirlos? Porque, en mi experiencia personal y profesional, estos conceptos fronterizos capturan aspectos de nuestra experiencia humana que los enfoques tradicionales no logran explicar completamente todavía.

Pero, por suerte, no tienes que esperar a que se resuelvan todos los debates académicos para comenzar a experimentar transformaciones profundas. Los principios de atención plena, coherencia emocional y cambio consciente de patrones mentales tienen una base científica sólida y unos efectos verificables.

Y lo más importante: funcionan.

He aplicado estos principios en mi propia vida y en mi profesión. De una juventud marcada por la búsqueda y la confusión, pasé a construir una carrera que ni siquiera existía cuando comencé. Transformé la inseguridad en dirección y el miedo en propósito. Hoy veo a mis hijos crecer con esas mismas herramientas y manifestar recursos internos que antes creía imposibles.

También he sido testigo de cómo profesionales y miles de pacientes han utilizado estas mismas herramientas para crear cambios significativos en su vida y en su profesión. No porque yo sea especial o lo sean ellos, sino porque todos tenemos acceso al mismo campo cuántico de posibilidades infinitas.

El momento es ahora

Vivimos en un momento único de la historia humana. Por primera vez, la ciencia está validando lo que las tradiciones espirituales han enseñado durante milenios: la consciencia crea la realidad, todo está conectado, somos mucho más poderosos de lo que creemos.

La física cuántica, la neurociencia, la epigenética, la psiconeuroinmunología..., todas estas disciplinas están convergiendo en una comprensión revolucionaria del potencial del ser humano. Y tú estás aquí, ahora, con este libro en tus manos, listo para ser parte de esta revolución de la consciencia.

No es casual. En el mundo cuántico no existen las casualidades, solo se dan sincronicidades. El mero hecho de que estés leyendo estas palabras significa que algo en ti está listo para despertar, expandirse y dar ese salto que tu alma está pidiendo.

Tu laboratorio personal

A partir de este momento, tu vida se convierte en tu laboratorio personal. Cada situación, cada relación, cada desafío son una oportunidad para practicar lo que aprenderás aquí.

No hace falta que te retires a una montaña o dejes tu vida actual. De hecho, es en medio del caos cotidiano donde estas herramientas tienen más sentido, porque en un templo budista es más fácil estar siempre bien. Cuando has aprendido a mantener tu coherencia en plena tormenta y puedes elegir tu frecuencia independientemente de lo que pase a tu alrededor, realmente has dominado tu mente cuántica.

En estas páginas, encontrarás ejercicios específicos, técnicas de meditación, herramientas de autodiagnóstico y un kit de emergencia para los momentos difíciles. Pero, más allá de las técnicas, lo que sin duda transformará tu vida es el cambio de perspectiva. Cuando entiendas que no eres una entidad separada que lucha contra el mundo, sino una expresión única del campo cuántico universal, todo cambia.

Antes de que empieces este viaje, quiero hacerte una invitación personal. No leas este libro como si fuera información externa que debes memorizar. Léelo como un recordatorio de algo que ya sabes en lo más profundo de tu ser. Porque la verdad es que no te enseñaré nada nuevo. Voy a ayudarte a recordar quién eres en realidad cuando quitas todas las capas de condicionamiento, miedo y limitación. Voy a mostrarte el camino de vuelta a tu poder innato.

Y sí, habrá momentos de resistencia. Tu ego se rebelará. Tu mente racional querrá pruebas antes de dar el salto. Tus viejos patrones lucharán por sobrevivir. Es normal y es parte del proceso. Sin embargo, si te mantienes abierto, si practicas aunque no lo comprendas todo, si confías en el proceso aun sin ver resultados inmediatos, tu vida empezará a transformarse de maneras que ni siquiera puedes imaginar ahora.

El regalo de la crisis

Si estás leyendo esto en un momento de crisis, quiero que sepas algo: estás exactamente donde necesitas estar. Las crisis no son castigos, son portales. Constituyen invitaciones del universo a que sueltes lo que ya no te sirve y te abras a lo que está esperando nacer en ti.

Como le ocurrió a una paciente que de pronto se quedó sin voz durante semanas, a veces la vida nos obliga a detenernos porque es la única forma de que dejemos de huir de nosotros mismos. Estas pausas inesperadas —ya sea una enfermedad, una ruptura, un despido o un agotamiento extremo— suelen vivirse como una crisis, pero en realidad son una llamada al despertar. Son la invitación a salir de la zona de confort y a mirar de frente lo que normalmente evitamos: nuestras verdaderas necesidades, aquello que nuestra esencia lleva tiempo pidiendo en silencio.

Esta fisura es, de hecho, el punto de ignición para el despertar de la mente cuántica. En el silencio forzoso, la mente lineal y reactiva —la que huye del dolor— se detiene y crea el vacío necesario para que se manifieste la consciencia superior. Es en esta parada obligatoria cuando dejamos de operar desde el piloto automático del miedo y el caos —la mente inferior— y comenzamos a percibir las múltiples posibilidades que antes estaban ocultas por la prisa.

Es incómodo, incluso doloroso, pero precisamente ahí está su valor. Porque solo cuando se interrumpe el ruido externo y se quiebra la rutina, aparece el espacio para reconectar con lo esencial. Y es en ese espacio, libre de la programación anterior, donde empezamos a comprender qué necesitamos de verdad para vivir con más autenticidad y plenitud, activando así nuestra capacidad innata de co-crear una realidad alineada con nuestra mente cuántica.

Si este es tu momento, este libro llega justo a tiempo para acompañarte en ese tránsito. Si, por el contrario, te encuentras en un buen momento, pero sientes que hay algo más, que no has alcanzado todo tu potencial, que hay una versión de ti esperando emerger, entonces este texto es tu catalizador.

De entre millones de libros, estás leyendo estas líneas. ¿Casualidad? Yo creo que no. Algo en ti ya ha decidido que es momento de un cambio.

Una última cosa antes de empezar: aquí no se trata de repararte, ya que no estás roto. Ni de mejorarte, porque no eres deficiente. Solo pretendo recordarte la magnificencia que ya eres y siempre has sido.

Hoy, después de años de estudio, práctica e investigación, puedo explicarle a mi madre que ese «algo más» que de pequeña siempre buscaba es nuestra naturaleza cuántica. Que somos polvo de estrellas organizado de una forma tan compleja que hemos desarrollado consciencia propia.

Tú eres el universo experimentándose a sí mismo a través de tus ojos. Un milagro ambulante de billones de células que trabajan en perfecta armonía, aunque a veces no lo parezca.

Y cuando recuerdes esto, lo sientas en cada célula de tu cuerpo y vibres en esa frecuencia de asombro y gratitud por el simple regalo de existir, entonces sí sucederá la magia. Entonces darás el salto cuántico.

Respira hondo. Siente los pies en la tierra y la coronilla tocando el cielo. En este momento, en este preciso instante, todas las posibilidades están disponibles para ti. Tu futuro no está escrito. Tu pasado no te define. Eres pura potencialidad esperando colapsar en la realidad que elijas crear.

Bienvenido a tu mente cuántica.

El viaje empieza ahora.

Nota: a lo largo del libro, compartiré contigo casos reales de mi consulta (con nombres y detalles modificados para proteger la privacidad de los pacientes), experiencias personales que me han transformado y ejercicios prácticos que he desarrollado y perfeccionado durante más de veinte años de práctica clínica. Todo lo que leerás ha sido vivido, experimentado y comprobado. No te pido que me creas. Te pido que lo experimentes por ti mismo.

PRIMERA PARTE
Descubriendo la mente cuántica

Todo es energía: el descubrimiento que lo cambia todo

¿Quién eres cuando nadie te observa?

Dime la verdad: ¿no te gustaría poder hacer magia? ¿No sería fantástico que, con un solo hechizo simple, pudieras alterar aquello que no te gusta de tu entorno o mejorar la vida de quienes te rodean? Pues aplicar la física cuántica a tu cotidianidad no es exactamente como haberte graduado en el Colegio Hogwarts de Magia y Hechicería, pero se parece más de lo que crees.

No es casual que una de las leyes de Arthur C. Clarke afirme que «cualquier tecnología lo suficientemente avanzada es indistinguible de la magia». Con esta idea en mente, resulta fácil comprender por qué, a comienzos del siglo XX, cuando los físicos descubrieron la extraña conducta de las partículas subatómicas —un comportamiento que parecía contradecir la lógica más elemental y hasta el sentido común—, la comunidad científica reaccionara con sorpresa y, en muchos casos, con profunda reticencia.

Hasta Albert Einstein (físico teórico alemán y padre de la teoría de la relatividad) y Erwin Schrödinger (físico austriaco y pionero de la mecánica cuántica) se sintieron desconcertados y fueron críticos con la interpretación dominante de la mecánica cuántica. No obstante, su rechazo era a la interpretación filosófica y conceptual, no a los datos empíricos que la evidencia experimental les mostraba.

Al parecer, solo hacía falta tiempo, ya que, más de un siglo después, la física cuántica se ha convertido en la teoría científica con más evidencia experimental a su favor de toda la historia de la humanidad, y es lo más parecido a la magia que actualmente nos ofrece la ciencia.

¿A ti no te parece maravilloso que todo lo que vemos se componga de elementos que no vemos? Pues una de las cuestiones más revolucionarias que ha demostrado la física cuántica es que toda estructura sólida es energía. Todo lo que existe —una playa, una hoja, un reloj, tú, yo e incluso el aire que no vemos— está conformado por miles de millones de partículas elementales. Lo curioso es que estas no son materia en un grado infinitesimal, sino energía que, al interactuar entre sí, se hace concreta y se vuelve materia.

Como el propio Einstein señaló en su famosa ecuación $E = mc^2$, energía y masa son intercambiables; es decir, son dos caras de la misma moneda. Si puedes llegar a comprender que, en realidad, la materia y la energía están relacionadas (la información necesita energía para manipularse, y la gestión de la energía requiere información para ser eficiente), entenderás que todo es energía. Tú eres energía.

Y el asunto es que tu energía —tus vibraciones electromagnéticas— altera y crea la materia, al igual que la energía del calor altera el agua creando vapor.

No estás hecho de materia, estás hecho de energía en movimiento. Reflexiona por un momento sobre lo que esto significa. La lección principal de la vida consiste en aprender a manipular esta energía del universo que tú también posees; necesitas saber cómo crear, porque, en esencia, eres energía. Pero no una energía cualquiera, aleatoria, sino el resultado de tus procesos vitales e intelectuales y de tu evolución.

El gran secreto del bienestar radica en usar tu energía con sabiduría. Recuerda que tus pensamientos generan la energía, tus emociones la amplifican y tus acciones la concretan, pues ahí donde pones la atención pones la energía, la cual «trabaja» para ti.

Hasta hace poco entendíamos el cerebro como una compleja red eléctrica y emocional. Sin embargo, las investigaciones actuales nos muestran algo aún más fascinante: también es una fuente de luz. Tus neuronas no solo transmiten impulsos eléctricos; emiten biofotones, pequeñas partículas luminosas que coordinan la comunicación entre las células.

Imagina tu cerebro como una orquesta luminosa. En lugar de violines o trompetas, los instrumentos son moléculas que vibran en perfecta coordinación para crear una sinfonía silenciosa que mantiene la vida en equilibrio.

Durante mucho tiempo, la ciencia pensó que los fenómenos cuánticos solo podían darse en laboratorios ultrafríos, a temperaturas cercanas al cero absoluto. Se creía imposible que algo tan delicado sobreviviera en el calor y el ruido de un cuerpo humano. Pero hoy sabemos que tu cerebro, a 37 °C, realiza auténticas sinfonías cuánticas: procesos microscópicos en los que la materia y la energía se sincronizan con una precisión que desafía toda lógica.

Investigadores del Instituto Federal Suizo de Tecnología (ETH Zúrich, por sus siglas en alemán) descubrieron que, dentro de las neuronas, unas estructuras llamadas microtúbulos contienen moléculas de triptófano, el mismo compuesto que el cuerpo usa para producir serotonina y melatonina. Lo sorprendente es que estas moléculas no actúan por separado, sino como si «cantaran» al unísono. Este fenómeno, conocido como superradiancia, transforma la energía luminosa potencialmente dañina en luz armoniosa y protectora.

Tu cerebro cuántico: La orquesta sinfónica interior

Tu cerebro sabe transformar el ruido en música, el caos en coherencia. Y esa luz que se organiza dentro de ti no se queda ahí. Atraviesa tu cuerpo, forma parte del campo electromagnético que proyectas y conecta de manera invisible con el entorno que te rodea. Eres, literalmente, una orquesta de luz tocando en sincronía con el universo.

¿Qué significa esto para ti? Que tu mente no es un caos desordenado, sino una red capaz de encontrar coherencia incluso en condiciones adversas. Esa orquesta molecular podría ser también la base de cómo procesamos información a velocidades que la bioquímica tradicional no logra explicar.

Lo más asombroso es que prácticas milenarias como la meditación podrían favorecer esta sinfonía interior. En consulta, he observado como personas que meditan con regularidad alcanzan una claridad y una intuición extraordinarias. Ahora entiendo que, sin saberlo, quizá estaban afinando esa orquesta neuronal: reducían el ruido, generaban orden y permitían que su cerebro tocara en perfecta coherencia.

No hay que perderse en tecnicismos. Lo esencial es esto: tu cerebro guarda dentro de sí una sinfonía que no necesita unas condiciones perfectas para sonar. Está ahí latiendo contigo, recordándote que, incluso en medio del estrés y del desorden, existe en ti un potencial de claridad, protección y creatividad mucho más grande de lo que imaginas.

Y, cuando aprendes a escucharla —a través de tu silencio, de tu respiración, de tu atención plena—, descubres que no se trata de magia; es vida expresándose en su forma más bella y misteriosa.

Lo fascinante es que esta superradiancia en tu cerebro no es un simple fenómeno técnico, sino que cumple tres funciones que pueden cambiar la forma en que entiendes tu propia mente:

1. **Procesamiento ultrarrápido.** Las señales neuronales tradicionales tardan milisegundos en transmitirse. La superradiancia, en cambio, ocurre en picosegundos, es decir, mil millones de veces más rápido. Imagina que tu cerebro tuviera instalada una especie de «fibra óptica natural» que le permite procesar y conectar información a una velocidad que la bioquímica clásica no puede explicar. Quizá por eso, a veces, una idea brillante aparece de golpe, como un destello que no sabes de dónde vino.

2. **Protección neurológica.** Además, esta sinfonía molecular funciona como un escudo natural. Neutraliza el impacto del estrés oxidativo —uno de los grandes culpables del envejecimiento cerebral y de las enfermedades neurodegenerativas— y protege tus neuronas de daños que, de otra forma, serían inevitables. En otras palabras, tu propio cerebro tiene dentro de sí mecanismos de defensa mucho más sofisticados de lo que nos habían contado.

3. **Estados expandidos de consciencia.** Y ahora llega lo más inspirador: la sincronización de miles de moléculas en perfecta coherencia podría explicar por qué, en meditación profunda, en momentos de intuición aguda o en esos flujos creativos en los que el tiempo desaparece, sentimos que accedemos a otra dimensión

de nosotros mismos. Tu mente, afinada en esa orquesta cuántica, puede abrir la puerta a experiencias de claridad y conexión que hasta ahora parecían reservadas a lo místico.

¿Te ha pasado alguna vez que llevas horas preparando algo y nada fluye? De pronto, sin pensarlo, sales a caminar unos minutos y, al regresar, la idea central aparece entera en tu mente de forma clara, como si se hubiera descargado de golpe. Ese destello es mucho más que azar. Tu cerebro, gracias a este procesamiento ultrarrápido, es capaz de integrar información dispersa y ofrecerte respuestas brillantes cuando menos lo esperas.

En consulta, he visto algo parecido en personas que atravesaban un proceso de estrés intenso. Una paciente me contaba que, tras empezar a practicar técnicas de respiración y meditación, no solo se sentía más tranquila, sino que también tenía la sensación de que su mente estaba más «limpia». A menos confusión, más foco. Lo que estaba ocurriendo, en términos científicos, era que su cerebro activaba esa protección neurológica para reducir el impacto del estrés oxidativo y dar un respiro profundo a su sistema nervioso.

Y en cuanto a los estados expandidos, quizá tú también los hayas experimentado: esa sensación de estar tan inmerso en lo que haces que el tiempo desaparece; o esos instantes en los que intuyes la respuesta a algo importante antes de tener todas las pruebas. He acompañado a personas que, gracias a la práctica meditativa, describen momentos de conexión tan intensos que las palabras se quedan cortas. Ahora sabemos que no son meras sensaciones vagas, sino que tienen un correlato en la sinfonía cuántica de tu cerebro, que afina tu mente con niveles más amplios de percepción y creatividad.

Y ahora, dime, ¿cuántas veces has vivido ya algo de esto sin ponerle nombre? Ese destello de claridad, esa calma inesperada, esa intuición que parecía imposible de explicar. Quizá la ciencia recién empieza a desvelar lo que tu interior siempre supo: que dentro de ti habita una orquesta capaz de transformar el ruido en música. La pregunta es… ¿te animas a aprender a escucharla?

Integrar la «mente cuántica» representa un cambio que la neurociencia explica a través del principio de la neuroplasticidad, la capacidad del cerebro para modificarse física y funcionalmente según la experiencia y la intención. Prácticas como la meditación o el cambio de patrones de pensamiento reconfiguran los circuitos neuronales, fortaleciendo las redes asociadas a la coherencia, la regulación emocional y la atención consciente.

Las principales áreas cerebrales implicadas en esta transformación son:

1. **La corteza prefrontal (CPF):**

   Se ha observado un incremento en el grosor cortical, especialmente en las regiones medial y dorsolateral. Estas áreas sostienen las funciones ejecutivas —la toma de decisiones, la regulación emocional y la planificación consciente—. Al fortalecerse, la CPF mejora la capacidad de inhibir respuestas automáticas y de mantener el foco en la intención, promoviendo un nivel superior de autoconsciencia y dirección interior.

2. **La amígdala:**

   Diversos estudios muestran una reducción funcional —y, en algunos casos, estructural— de la amígdala, centro del miedo y de la respuesta de defensa. Cuando la CPF regula mejor su actividad, el miedo deja de dominar la conducta, permitiendo actuar desde la calma, la claridad y la elección consciente.

3. **El hipocampo:**

   Esta región, clave para la memoria y el aprendizaje, puede aumentar de volumen con prácticas de atención plena y reducción del estrés. Dicho fortalecimiento favorece la adquisición de nuevas habilidades cognitivas y la capacidad de desaprender patrones limitantes, consolidando nuevas formas mentales más adaptativas.

4. **La ínsula y la unión temporoparietal (UTP):**

   Ambas estructuras muestran mayor conectividad y volumen en quienes cultivan la autorreflexión y la empatía. La ínsula profundiza la consciencia corporal e intuitiva, mientras que la UTP amplía la percepción del yo y del otro. Su integración facilita una vivencia más interconectada y menos egocéntrica, rasgo característico de la mente expandida que aquí denominamos mente cuántica.

En conjunto, la neuroplasticidad demuestra que las experiencias intencionales transforman la arquitectura cerebral. Cuando reorganizamos nuestra atención y nuestras creencias, debilitamos las redes del miedo y del automatismo y fortalecemos las asociadas a la coherencia, la libertad y la consciencia expansiva.

La física cuántica aplicada a la psicología: un planteamiento revolucionario

La psicología cuántica representa una revolución epistemológica al trascender el modelo mecanicista de la psique. Más que aplicar literalmente los principios de la física cuántica al comportamiento humano, la psicología cuántica propone inspirarse en ellos como metáforas científicas que nos ayudan a comprender mejor la interacción entre mente, consciencia y realidad. No se trata de utilizar ecuaciones de física, sino de inspirarse en principios como la dualidad onda-partícula o el efecto del observador para reflexionar sobre la experiencia humana, la consciencia y el potencial de transformación personal.

Tradicionalmente, las ciencias —y la psicología no es la excepción— se han centrado en los entes que conforman la realidad como si fueran unidades aisladas. Sin embargo, desde una mirada integradora, el ser humano se entiende también como un sistema abierto que interactúa constantemente con su entorno a través de intercambios de información, emoción y energía psico-fisiológica. Esta interacción sugiere que la mente y el mundo se co-determinan en un proceso dinámico y constante.

Aplicar los principios de la mecánica cuántica a la psicología implica una reinterpretación simbólica de estos fenómenos, contemplando a la persona como un sistema complejo en el que confluyen materia, mente y consciencia. Desde esta perspectiva, el individuo no solo vive en una realidad física, sino también en un campo de potencialidades cognitivas, emocionales y espirituales. La psicología cuántica no se limita a «arreglar» los desajustes mentales y emocionales, sino que busca promover la coherencia entre pensamiento, emoción y acción, favoreciendo procesos de autorregulación emocional y neuroplasticidad positiva. Su propósito es facilitar el acceso a una dimensión interior más profunda y compartida, que podría entenderse como la consciencia esencial común a todos los seres humanos.

Sabemos hoy que la atención y la intención consciente modulan la percepción, la toma de decisiones y la configuración de nuevos hábitos. Este principio, más que un efecto cuántico físico, refleja el poder de la mente para reorganizar la información neuronal y emocional que da forma a nuestra experiencia. Cuando elegimos conscientemente qué tipo de pensamientos y emociones cultivar, influimos en la organización funcional del cerebro, activando la formación de nuevas sinapsis y fortaleciendo circuitos neuronales relacionados con bienestar y resiliencia.

Así, la llamada «psicología cuántica» puede entenderse como una propuesta aplicada dentro de la psicología contemporánea que integra conocimientos de neurociencia, ciencia del corazón y enfoques de consciencia plena (*mindfulness*) para ofrecer una nueva visión del yo y de la realidad. Su meta es ayudar a las personas a liberarse de creencias limitantes y a desarrollar una mente más abierta, flexible y orientada al bienestar.

El especialista en psicología cuántica actúa como facilitador de consciencia, ayudando primero al individuo a percibir con claridad lo que le sucede y cómo interpreta sus experiencias. Luego lo acompaña a reinterpretar esa información desde un marco más amplio y constructivo, para finalmente proyectarla en su vida cotidiana mediante nuevas actitudes, decisiones y acciones. El objetivo no es que el mundo exterior obedezca nuestros deseos de forma mágica, sino que aprendamos a percibirlo y responder ante él desde una mente más despierta, autorregulada y consciente.

Quien haya experimentado alguna vez una sensación de plenitud, de fusión con el entorno o de «suspensión del tiempo», sabrá que existen estados de consciencia que trascienden la percepción habitual. Estas experiencias no confirman leyes físicas cuánticas en la mente, sino que manifiestan el potencial humano de acceder a estados de coherencia psicofisiológica y profunda conexión interior.

En definitiva, entrenar la mente para operar desde esta coherencia profunda se asemeja a un «salto cuántico» psicológico, una transformación cualitativa del modo de percibir y actuar. Cuanto más ejercitemos la atención consciente, la autocompasión y la coherencia emocional, más podremos responder —y no simplemente reaccionar— ante la vida, construyendo una realidad interna más libre y congruente.

Desde la neurociencia sabemos que alrededor del 95 por ciento de nuestras decisiones son automáticas. Solo a través de un estado de consciencia sostenida podemos modificar esos patrones inconscientes y dar forma activa a nuestra experiencia subjetiva. En esencia, la psicología cuántica invita al individuo a convertirse en un observador consciente de su propia existencia, a practicar la coherencia mente-emoción como herramienta de transformación y a descubrir su capacidad de vivir con plenitud y sentido.

El desafío cuántico: de principiante a experto en la materia. Conceptos previos sobre física cuántica

El estudio de las partículas elementales reveló un mundo radicalmente distinto del que describe la física clásica. Los investigadores descubrieron que estas partículas podían comportarse a veces como ondas y otras como materia, dependiendo de cómo se las midiera. Lejos de «decidir», su comportamiento refleja la dualidad inherente de la naturaleza cuántica. En ciertos experimentos, incluso comparten información mediante fenómenos de correlación instantánea, conocidos como entrelazamiento cuántico, lo que sugiere una conexión profunda entre sistemas separados.

Este giro fue tan trascendental que podríamos compararlo con descubrir que las reglas de un juego que creíamos comprender perfectamente cambian por completo cuando miramos más de cerca las piezas.

El colapso de la función de onda

A veces necesitamos metáforas para comprender lo inasible. La primera vez que escuché hablar del colapso de la función de onda, me pareció un concepto casi místico. En el mundo cuántico, una partícula no posee un estado definido hasta que se la observa. Antes de la medición, existe en una superposición de posibilidades, una especie de abanico probabilístico de futuros. Solo cuando ocurre una interacción —una medición, una observación o un contacto con el entorno—, ese estado potencial se concreta en una realidad específica.

Y aquí es donde aparece el llamado «efecto del observador». Conviene aclarar que este efecto no implica que la consciencia humana transforme directamente la materia, sino que toda observación, por el hecho de requerir interacción física, modifica el sistema observado. Esta interpretación, aunque física, invita a una lectura simbólica para comprender la participación del observador humano en la realidad psicológica: la forma en que percibimos e interpretamos influye en lo que experimentamos.

Para visualizarlo, imagina una carta boca abajo sobre la mesa. En el mundo clásico, la carta ya es el as de corazones o el tres de tréboles, aunque tú aún no lo sepas. En el mundo cuántico, en cambio, la carta no tiene valor definido hasta que se mide. Solo al girarla se concreta una posibilidad entre las muchas que existían. No había una verdad oculta, sino un conjunto de potenciales esperando a ser actualizados.

¿No es inspirador pensarlo así? También en la vida ocurre algo parecido. Hasta que no observamos con consciencia, hasta que no elegimos e interactuamos, nuestra realidad personal permanece abierta. Comprenderlo nos devuelve la esperanza: siempre existe margen para transformar la experiencia. Las posibilidades laten en silencio, esperando a que te atrevas a darles forma.

Este descubrimiento cuestiona la idea de una realidad fija e independiente del observador. Aunque en física este principio se refiere al nivel microscópico, simbólicamente sugiere que la experiencia humana tampoco está totalmente predeterminada: nuestra atención modela lo que percibimos.

El principio de complementariedad

El físico danés Niels Bohr formuló el principio de complementariedad, según el cual algunos aspectos de los sistemas cuánticos solo pueden describirse mediante perspectivas aparentemente opuestas —como onda y partícula— pero igualmente necesarias. Lo que observamos depende del método y del tipo de pregunta que hacemos al sistema.

Aplicado metafóricamente a la mente humana, este principio sugiere que no existe una sola forma válida de describirnos. Podemos hacerlo desde lo neurobiológico, lo psicológico, lo energético o lo espiritual. Más que excluirse, estos marcos se complementan y revelan distintos planos de una misma realidad interior. En este sentido, nuestra atención, creencias e intención actúan como «instrumentos de observación» que determinan qué aspecto del yo se vuelve predominante en la consciencia.

El principio de incertidumbre

Para estimar la posición y la velocidad de una partícula, necesitamos medirla. Pero al hacerlo alteramos su estado. Medir implica siempre intervenir, y esa intervención limita la precisión posible. Werner Heisenberg formuló así su célebre principio de incertidumbre, según el cual no podemos conocer simultáneamente y con absoluta exactitud ciertas propiedades de un sistema.

Esto nos recuerda que la realidad, incluso en su nivel más fundamental, elude toda fijación absoluta. En el dominio cuántico, no existe una verdad estable antes de ser observada; y en el ámbito psicológico, tampoco hay una identidad total ni cerrada. La mente cuántica, en sentido metafórico, acepta el misterio, la incertidumbre y la imperfección como parte del proceso de conocerse.

Aprender a vivir desde esa consciencia flexible nos permite descubrir que, aunque no podamos controlar todo, sí podemos influir en cómo la realidad —mental y emocional— se despliega ante nosotros.

El entrelazamiento cuántico

El físico austríaco Erwin Schrödinger, otro pionero de la mecánica cuántica, describió el fenómeno del entrelazamiento: cuando dos partículas han estado unidas, mantienen una conexión que hace que el estado de una se relacione instantáneamente con el de la otra, sin importar la distancia.

Aunque este efecto pertenece estrictamente al mundo subatómico, ofrece una poderosa metáfora de la interconexión humana. Todo en el universo —personas, ideas, emociones— está en continua relación e intercambio. Psicológicamente, podemos interpretarlo como la resonancia emocional y cognitiva que nos une a los demás. Ninguno de nosotros está aislado; formamos parte de un tejido común de vida y experiencia compartida.

Así, el «campo cuántico» puede entenderse no como un espacio físico, sino como una metáfora de esa red invisible de vínculos, significados y energía relacional que sostiene la existencia.

El caso de Clara: del bloqueo vital al éxito profesional desde una perspectiva cuántica

Para poner en práctica los conceptos cuánticos expuestos, los voy a «integrar» en el caso de Clara, que muestra cómo cada uno puede iluminar una faceta de su proceso interno y toma de decisiones.

Clara llegó a consulta enfrentando un bloqueo vital, dividida entre dos opciones profesionales: quedarse en un empleo estable o emprender un nuevo proyecto. Esta situación refleja una «superposición psicológica», análoga —en sentido metafórico— al colapso de la función de onda: antes de decidir, ambas posibilidades coexistían como estados potenciales en su mente y en su mundo emocional.

En su proceso terapéutico, Clara fue consciente de que estas opciones no eran simplemente opuestas, sino dimensiones diferentes de un mismo proceso de crecimiento, algo similar a lo que el principio de complementariedad de Bohr sugiere en física cuántica. Oscilaba entre marcos emocionales (miedo, ilusión), racionales (seguridad económica, riesgo calculado) y corporales (tensión, expansión), que no se excluían, sino que juntos componían la compleja realidad interna de su decisión.

Además, Clara tuvo que enfrentar una incertidumbre inherente, comparable de forma simbólica al principio de Heisenberg. No podía conocer con precisión todas las variables implicadas (riesgos reales, oportunidades futuras, impacto en su bienestar), y aprender a tolerar esa incertidumbre fue parte esencial del proceso terapéutico. Aceptar que nunca tendría una certeza absoluta le permitió abrirse a la flexibilidad y poner su atención consciente en aquello que sí podía elegir: su actitud, su preparación y sus pasos concretos.

El proceso de integración también resonó con el entrelazamiento cuántico. Las emociones, creencias y sensaciones corporales de Clara no actuaban como elementos aislados, sino como partes de un sistema interconectado: cuando trabajábamos una creencia limitante, cambiaba su emoción; cuando cambiaba su emoción, cambiaba la sensación en su cuerpo y la claridad de sus decisiones. No era una parte de ella enfrentada a otra, sino un organismo psíquico completo buscando coherencia.

Finalmente, cuando Clara pudo visualizar en profundidad su propósito y alinear con él sus valores, recursos y límites reales, su sistema interno «colapsó» hacia la opción de emprender, no por impulso, sino como resultado de una integración madura de toda la información disponible. Tomó la decisión de iniciar su proyecto profesional de manera gradual, diseñando un plan que le permitiera reducir el riesgo financiero y cuidar su estabilidad emocional.

De este modo, la coherencia entre lo que pensaba, sentía y hacía se tradujo en acciones sostenidas en el tiempo: se formó, creó una red de contactos y lanzó sus primeros servicios mientras mantenía parcialmente su empleo anterior. Hoy, Clara se consolida como empresaria y profesional autónoma, no porque la física cuántica haya «hecho realidad» sus deseos, sino porque utilizó estos principios como metáforas poderosas para ordenar su mundo interno, asumir su responsabilidad y actuar en consecuencia.

Qué significa que nuestra mente es cuántica

Asumir que tu mente es cuántica significa comprender que tu percepción no es un espejo neutro de la realidad, un proceso activo que selecciona, interpreta y da forma a lo que vives. En lugar de decir que «creas» la realidad en un sentido mágico, podemos afirmar que creas tu experiencia de la realidad a través de tus interpretaciones, creencias y estados emocionales. Igual que en física cuántica una partícula solo adquiere un estado definido cuando se mide, podemos usar esa imagen como metáfora: tu vida «colapsa» en una dirección u otra según lo que decides ver, creer y sostener emocionalmente.

No basta con acumular pensamientos positivos en la superficie. Lo que sí tiene fundamento psicológico es reeducar de forma profunda la manera en que piensas, sientes y actúas, reconociendo que todo lo que experimentas pasa a través de filtros mentales (creencias, narrativas), programas emocionales (patrones aprendidos de reacción) y hábitos atencionales (aquello a lo que sueles prestar energía y foco). Desde la neurociencia y la psicología sabemos que cambiar estos patrones modifica tu experiencia, tus decisiones y tu bienestar.

En este sentido, es más preciso decir que aplicar el enfoque cuántico a la psicología es útil como marco de comprensión, no «necesario» en un sentido científico estricto. No vuelve la vida fácil, pero sí te devuelve una sensación de poder personal: te invita a salir del piloto automático y a entrar en un estado de observación consciente en el que no solo reconoces lo que te pasa, sino que empiezas a intervenir activamente en qué pensamientos refuerzas, qué emociones aprendes a regular y qué acciones eliges transformar.

Mi finalidad con todo esto es ayudarte a afinar tu capacidad de percepción sobre lo que te sucede y sobre cómo piensas y sientes al respecto. Después te invitaré a interpretar esa información desde una perspectiva más amplia y menos condicionada para que finalmente esa nueva comprensión se traduzca en cambios reales en tu forma de vivir y relacionarte. El lenguaje cuántico aquí actúa como un puente entre la ciencia, la psicología y la espiritualidad, a fin de que puedas darle un sentido profundo a tu proceso de transformación interior.

El objetivo último de esta psicología de inspiración cuántica es que dejes de verte únicamente como víctima de las circunstancias y recuperes tu capacidad de influencia sobre tu propio camino. Se trata de que puedas construir una realidad interna más libre y coherente, a través de nuevos paradigmas vitales y decisiones conscientes. Eso no significa que el mundo exterior vaya a responder a tus deseos como si existiera una relación directa de causa-efecto entre lo que piensas y todo lo que ocurre. El punto clave es que aprendas a formular tus ideas y emociones de otra manera, a revolucionar de arriba abajo tu mundo interior para que, inevitablemente, también cambie la forma en que percibes y respondes a lo que te rodea.

Cuando el cuerpo habla más alto que las palabras

Desde esta mirada de mente cuántica, el cuerpo se convierte en un campo en que se colapsan años de historia emocional. El siguiente caso lo ilustra con claridad.

A veces, el cuerpo se convierte en el mensajero más honesto de nuestra historia. Nos habla en susurros o gritos silenciados y nos revela verdades que la mente evita mirar. Lo comprobé en el caso de un paciente que acudió a consulta por disfunción eréctil sin causa médica aparente (derivado por urología). Su cuerpo parecía llevar una carga invisible, un mensaje cifrado esperando ser escuchado —un patrón común en psicosomática, ya que el estrés crónico/emocional inhibe la función sexual a través de un desbalance de cortisol/testosterona.

En el diálogo terapéutico descubrimos la raíz: una herida emocional profunda, tejida en la infancia al compás de una figura materna muy controladora. Ese control, ese amor marcado por la exigencia y el perfeccionismo, se había impreso en sus células hasta hacerse síntoma (eco de apego ansioso que bloquea la expresión sexual autónoma). El bloqueo físico era, en realidad, el eco de una antigua necesidad: pedir permiso para habitar su propio deseo, sentirse suficiente solo por existir —consistente con modelos psiconeuroinmunoendocrinos en los que el trauma infantil altera el eje HPA (hipotálamo-pituitaria-adrenal).

Fuimos recorriendo su biografía, pero también los silencios de su cuerpo. Abriendo un espacio de consciencia corporal, emocional y energética, el paciente empezó a reconciliarse con su historia. Aprendió a observar sus sensaciones sin juicio (*mindfulness-based*), a reconocer dónde habitaba el miedo y dónde la confianza —técnica respaldada por terapia somática que reduce los síntomas psicogénicos entre el 40 y el 60 por ciento (metaanálisis).

El síntoma fue perdiendo fuerza a medida que él recuperaba el poder sobre su propia relación. Recuerdo el día en que me dijo: «No necesito superar un examen; me siento potente por dentro, aunque no haga nada». En esa frase había, por fin, descanso. En términos de psicología cuántica, su salto consistió en convertirse en un nuevo observador de sí mismo: al cambiar la calidad de su consciencia, cambió la realidad que vivía en su cuerpo.

Así como sucede en el plano físico, también en nuestro mundo interno podemos reescribir patrones. Nos convertimos en observadores de nuestras propias heridas; no para negar su existencia, sino para transformarlas en una oportunidad. Porque el cuerpo, cuando le ofrecemos una mirada nueva (terapia integrativa), deja de ser una cárcel y se convierte en un templo, un lugar donde la potencia surge de ser y sentir, no de demostrar.

Este cambio de paradigma nos recuerda que toda transformación auténtica empieza en ese instante en que decidimos mirar lo que duele con ojos nuevos, en que nos atrevemos a escuchar el mensaje sin huir ni querer corregirlo, sino acogiéndolo como la puerta de entrada a una realidad más libre y viva. Porque el verdadero poder de cambiar no está fuera, habita en la consciencia atenta con la que nos elegimos, aquí y ahora, respaldado por una neuroplasticidad inducida con la atención sostenida.

El poder de elegir: del efecto del observador a la transformación personal

A veces la vida nos coloca frente a espejos que no esperábamos. Creemos que el dolor que experimentamos en el presente es causado exclusivamente por lo que está ocurriendo ahora. Sin embargo, en la práctica clínica observamos con frecuencia que son las experiencias tempranas no resueltas las que organizan la forma en que interpretamos la realidad. No reaccionamos solo a los hechos, sino a la lectura que hacemos de ellos.

En el ámbito cuántico, una partícula no adopta un estado definido hasta que es observada. De manera similar, en la vida emocional, una situación relacional no se consolida como experiencia de rechazo o abandono hasta que es observada desde una herida específica.

Acompañé a una paciente con un historial significativo de trauma vincular que se encontraba en un momento especialmente delicado de su proceso terapéutico: por primera vez estaba construyendo un vínculo con una persona emocionalmente disponible. La relación era incipiente y todavía no contaba con una base lo bastante sólida para amortiguar activaciones emocionales intensas.

En un día importante para ella, su pareja le comunicó que no podría verla debido a compromisos laborales y familiares. El hecho, en sí mismo, era neutro. Sin embargo, la vivencia interna fue inmediata y desbordante. La ausencia activó una herida profunda de rechazo y generó una cascada de pensamientos automáticos: no soy lo suficientemente importante, otra vez no me eligen, algo debe fallar en mí.

Desde ese lugar, su sistema emocional interpretó la situación como una confirmación de experiencias pasadas. El impulso fue retirarse del vínculo antes de volver a sentirse herida, cerrando la relación como una forma de autoprotección.

En el espacio terapéutico, el trabajo no consistió en analizar la conducta del otro, sino en **detener la reacción para observar desde dónde estaba siendo vivida la experiencia**. La pregunta clave fue: «¿Qué ocurre cuando miras esta situación desde tu herida de rechazo? ¿Y qué cambiaría si pudieras observarla desde un lugar más adulto y regulado?».

En términos del efecto del observador, su estado emocional estaba «colapsando» la experiencia en una realidad de desvalorización y pérdida, aun cuando esa no era la única posibilidad disponible.

A través de la corregulación emocional, la paciente pudo diferenciar el presente del pasado y contactar con su deseo auténtico. Descubrió que lo que anhelaba no era huir, sino expresar su necesidad de conexión sin exigencia ni reproche. La intervención concreta fue sencilla, enviar un mensaje que reflejara su deseo real: «Me gustaría verte, aunque sea un momento. Para mí sería importante».

La resistencia inicial fue intensa. Su herida de rechazo sostenía la idea de que, si ella daba el primer paso, estaría perdiendo valor. Sin embargo, elegir actuar desde la consciencia —y no desde la defensa— marcó un cambio fundamental en su manera de relacionarse.

Envió el mensaje. La respuesta fue rápida y reparadora: él también deseaba verla y encontró un espacio breve para el encuentro. La situación no se volvió ideal, pero sí lo bastante segura como para desactivar la narrativa de rechazo.

Este caso ilustra con claridad que el efecto del observador no consiste en forzar una interpretación positiva, sino en **reconocer desde qué herida estamos mirando la experiencia**. Cuando observamos desde el rechazo, la realidad tiende a organizarse como rechazo. Cuando observamos desde la presencia y la apertura, emergen respuestas distintas.

Aplicado a la vida emocional, el efecto del observador nos recuerda que no siempre podemos elegir lo que sucede, pero sí desde dónde lo vivimos y cómo respondemos. Y en ese acto consciente, aparentemente pequeño, se produce una transformación profunda en la manera de vincularnos.

Este caso nos recuerda una verdad estremecedora y esperanzadora: la realidad no está escrita de antemano. Como una carta boca abajo, espera a que nos atrevamos a girarla. Nuestras heridas pueden empujarnos a leer lo que ocurre como rechazo, abandono, injusticia, traición... Pero, si respiramos, reconocemos esas voces antiguas y elegimos mirar con una nueva consciencia, ocurren pequeños milagros: se abre un espacio de encuentro, se enciende una chispa de conexión, se despliega la posibilidad de amar y ser amados de un modo más libre.

El efecto del observador traducido a la vida emocional nos susurra algo poderoso: cada vez que te eliges consciente —cuando decides desde la claridad y no desde la herida— estás transformando la frecuencia de tu mundo interno. Y, al hacerlo, transformas también la realidad que florece a tu alrededor.

Si quieres profundizar en las heridas y el amor consciente, puedes hacerlo en mi libro *Mindful Love. Éxito en el amor*, donde encontrarás el *training* para la elección consciente de pareja y cómo generar éxtasis vital en pareja. Además, tienes un capítulo excepcional titulado «La física cuántica, tu aliada inesperada en el amor».

A veces creemos que estamos repitiendo la misma historia una vez más. Que el destino ya decidió por nosotros, que el dolor que sentimos es inevitable. Pero no es así. Cada experiencia nos ofrece la oportunidad de mirar de nuevo, de tocar la carta boca abajo y preguntarnos: «¿Cómo puedo elegir de forma distinta hoy?

La realidad no se define sola; es nuestra mirada la que le da forma una y otra vez. Cuando la paciente dio el paso y eligió conectarse con su deseo genuino, no solo transformó su relación de pareja; inició el proceso de reconciliarse con su pasado, de reescribir el guion que las heridas le habían impuesto. Esa breve reunión con su pareja no fue solo un encuentro físico, sino un acto de creación. Eligió salir del papel de víctima y convertirse en protagonista.

Y eso, que en apariencia parece pequeño, puede cambiar todo. Imagina todas las veces que actúas desde la costumbre, desde el miedo, desde lo que otros te han enseñado como verdad.

¿Qué pasaría si en ese instante te detienes, respiras hondo y te preguntas si estás observando tu vida desde la herida o desde la posibilidad? Porque elegir no es solo tomar una resolución externa, sino decidir qué realidad quieres que colapse ante ti.

En el mundo cuántico, la partícula espera a ser definida. En la vida, tu presente espera a tu gesto: ¿Será este el momento que te permite ser visto, ser amado, ser escuchado de verdad? ¿Será este el día en que cambias la música de fondo que acompaña tu vida y eliges una frecuencia que te eleva? Cada decisión, por pequeña que parezca, hace que una nube de potencialidades se concrete. Tu observación, tu luz interna, es el secreto para transformar lo que parece inalterable.

Esta es la belleza y el reto: no es necesario que lo hagas a la perfección, no se te exige hacer que todo sea ideal. Solo se te pide que te observes con honestidad, que reconozcas tus heridas y elijas darles una nueva forma. Porque, al hacerlo, no solo cambia una relación, cambias también tu manera de estar en el mundo, de construir tus experiencias, de abrirte a lo que aún no está escrito.

Date para permiso para elegir. Observa tu vida con el asombro de quien sabe que todo puede transformarse. Recuerda: el poder de cambiar tu frecuencia emocional está aquí, en cada acto consciente de la manera en que eliges mirar y crear tu realidad.

La base neurológica del cambio

Toda esta comprensión encuentra respaldo en las investigaciones del neurocientífico António Damásio, quien, en su obra *El error de Descartes*, argumenta que la toma de decisiones racionales no es posible sin la intervención del cuerpo emocional. Damásio desmontó el viejo paradigma que separaba la mente y el cuerpo, mostrando que nuestras emociones no son un obstáculo para pensar, sino el cimiento mismo desde el cual pensamos. Sin esa conexión encarnada, perdemos la brújula.

Cuando experimentas un revés —enfermas gravemente, pierdes el trabajo, tu pareja te deja o cualquier otra circunstancia que vivas como un problema—, es normal y saludable que te notes triste, pero hay que atemperar esa emoción con un sentimiento de aceptación de lo que ha sucedido. Esto es, tener la capacidad de ver las cosas tal y como son en ese preciso momento, sin emitir juicios que deformen los hechos y añadan nuevas emociones negativas.

Si eres consciente de que, por mucho que te empeñes, lo que te ha sucedido no lo puedes cambiar porque escapa a tu control, el dolor que sientes podrás gestionarlo infinitamente mejor. En cambio, si acosas con mensajes en las redes sociales a tu ex para veros o te enfrentas con tu jefe por lo injusto del despido, lo único que estarás haciendo es empeorar la situación. Esta seguirá siendo la misma, pero tú habrás añadido nuevas emociones que solo te desestabilizarán más: frustración, ira, agresividad o lo que surja.

En este contexto, han surgido varias investigaciones que validan que la respuesta está en los hechos, no en la fantasía. Imaginar un futuro deseado no es suficiente; lo que transforma es la práctica sostenida que alinea la mente, el cuerpo y la emoción. La ciencia empieza a mostrarlo con claridad. En 2013, investigadores de la Universidad de Wisconsin, junto con el Instituto de Investigación Biomédica de Barcelona, publicaron el primer estudio que demostró cómo un solo día de práctica intensiva de mindfulness puede reducir la expresión de genes directamente relacionados con la inflamación. No hablo de metáforas, sino de cambios medibles en marcadores biológicos que hoy día son la diana de los fármacos antiinflamatorios.

De forma complementaria, el HeartMath Institute ha documentado cómo estados emocionales positivos —gratitud, alegría, compasión— generan lo que llaman «coherencia cardiaca», un patrón fisiológico ordenado que no solo armoniza el ritmo del corazón, sino que también se asocia con modificaciones beneficiosas en la expresión génica. Dicho de otro modo: cuando cultivas emociones expansivas, tu cuerpo responde desde dentro, reorganizando su biología hacia un estado de mayor equilibrio y resiliencia.

Esto nos devuelve a la idea central: tus pensamientos no son simples imágenes en tu cabeza y tus emociones no son meros caprichos pasajeros. Son información viva que dialoga con tu ADN y con tu sistema nervioso. La neurociencia y la epigenética nos están enseñando que, cuando entrenas tu atención y generas estados internos coherentes, tu biología cambia contigo. Y ese es el verdadero puente entre la posibilidad imaginada y la realidad vivida.

Porque tu mente y tus emociones no siempre avanzan en sincronía. Puedes formular en tu pensamiento la idea de «quiero cambiar», pero si ese propósito no se acompaña de una vivencia emocional auténtica, integrada en tu cuerpo, difícilmente se convierte en una transformación real.

Cuando tus pensamientos son claros, concretos y sostenidos, y al mismo tiempo los acompañas de emociones genuinas de entusiasmo, gratitud y confianza, tu cerebro genera patrones eléctricos y químicos que reprograman tu biología. Es como afinar un instrumento: cuando la mente y el corazón vibran en la misma frecuencia, la señal que emites es coherente, potente y capaz de transformar tu experiencia.

Eso es lo que llamo ponerse en modo cuántico: dejar de dispersar tu energía en dudas y contradicciones, y entrenar tu interior para emitir una señal unívoca, clara y apasionada hacia la vida que quieres crear.

La mente cuántica no predice el futuro, lo crea.

De piloto automático a consciencia expandida

Los seres que componen el universo pueden comprenderse desde dos niveles distintos: el microscópico, o cuántico, y el macroscópico, que es el que percibimos a simple vista.

Si nuestra energía modifica los campos energéticos de nuestro alrededor, y si por el mencionado efecto del observador podemos alterar el comportamiento de nuestro entorno, una cosa parece evidente: existe una clara conexión entre la mente y el mundo que la rodea.

Por eso, la psicología cuántica no se queda en aliviar síntomas ni en suavizar heridas superficiales. Su propósito es más ambicioso: acompañarte hasta ese lugar profundo donde la mente, el cuerpo y la emoción se encuentran con tu consciencia más íntima. Allí es donde radica tu verdadera fuerza transformadora.

Cuando logras entrar en contacto con esa esencia, descubres que no se trata de añadir nada nuevo a tu vida, sino de liberar lo que ya estaba dentro de ti y que permanecía oculto bajo capas de miedo, creencias limitantes o dolor no resuelto. En ese espacio de coherencia, tu energía vital se organiza, tu sistema nervioso encuentra equilibrio y tus decisiones empiezan a resonar con lo que realmente eres.

No se trata de arreglarte, sino de despertarte.

El problema es que buena parte de lo que pensamos, sentimos y hacemos a lo largo del día no nace de una reflexión consciente, sino de un sistema de predicción automática basado en experiencias pasadas.

La investigadora Lisa Feldman Barrett, una de las voces más reconocidas en el estudio contemporáneo de las emociones, ha demostrado que no existe un circuito fijo y universal para sentir. El cerebro no reacciona pasivamente, sino que predice activamente lo que va a ocurrir y, en función de esa predicción, construye la emoción. Así, lo que sentimos no es una respuesta automática e inevitable, sino una interpretación que nuestro cerebro va moldeando en tiempo real.

Tu cerebro predice tu vida... hasta que tú decides reescribirla

A esta visión se suma la aportación del psiquiatra Daniel Siegel, quien introdujo el concepto de ventana de tolerancia emocional, ese rango óptimo en el que somos capaces de procesar nuestras emociones de forma segura y flexible. Cuando estamos dentro de esta ventana, podemos pensar con claridad y responder con equilibrio. Pero cuando salimos de ella, caemos en dos extremos: la hiperactivación (ansiedad, rabia, hipervigilancia) o la hipoactivación (apatía, desconexión, colapso).

La teoría polivagal del neurocientífico Stephen Porges nos ofrece otro mapa esencial: nuestro sistema nervioso, a través de un radar inconsciente llamado neurocepción, evalúa constantemente si estamos a salvo o en peligro. Esa lectura automática decide si podemos abrirnos a la conexión, si nos ponemos en modo lucha/huida o si nos desconectamos por completo como estrategia de supervivencia.

El psicólogo Peter Levine, creador del enfoque Somatic Experiencing®, completa este marco al mostrar que el trauma queda inscrito en el cuerpo cuando nuestras respuestas defensivas naturales no logran completarse. Esa «energía congelada» permanece activa y genera síntomas como la ansiedad crónica, los bloqueos o las reacciones desproporcionadas.

Si juntamos todas estas piezas, la conclusión es clara: nuestro sistema nervioso está diseñado para protegernos, pero a veces su radar se desajusta y anticipa peligros que ya no existen. Ahí es donde la terapia y la práctica consciente se convierten en caminos de reentrenamiento y sanación, ampliando nuestra ventana de tolerancia y devolviendo al cuerpo la experiencia de seguridad.

De la supervivencia al campo cuántico

La convergencia de la neurociencia y la psicología del trauma nos revela una verdad fundamental: tu cerebro predice tu vida... hasta que tú decides reescribirla. Sin embargo, esta predicción no se basa en el potencial ilimitado, sino en el archivo de dolor. El sistema nervioso, a través de la neurocepción, prioriza la protección y nos ancla en el pasado mediante la inteligencia inferior.

El verdadero desafío de pasar de la supervivencia a la mente cuántica radica en desmantelar esta base biológica del trauma.

Cómo despertar la mente cuántica cuando vivo desde la supervivencia

Vivir desde la supervivencia significa que la energía vital está congelada —hipoactivación— o secuestrada por la alarma -hiperactivación-. Para entrar en el estado cuántico, donde la mente opera desde la posibilidad y no desde la probabilidad basada en el trauma, es necesario un proceso de reentrenamiento en tres fases:

1. **Restablecer la seguridad.**
   Acción: dejar de vivir desde el trauma para entrar en la mente cuántica no es un salto de fe, sino un anclaje biológico. Primero, debes ampliar la ventana de tolerancia emocional. Esto se logra integrando el trabajo somático que, a través de la respiración lenta, el mindfulness y el movimiento consciente, le demuestra al sistema nervioso —a través del nervio vago— que el peligro ya

pasó y estás a salvo aquí y ahora. La mente cuántica requiere calma, pues la hipervigilancia consume la energía creativa.

2. **Recuperar la energía congelada (liberar el potencial).**
   Acción: el trauma inscribe una «energía congelada» que nos mantiene pequeños, bloqueados y reaccionando. Al practicar la coherencia corazón-cerebro, se libera gradualmente esta energía y se vuelve al presente. La mente cuántica es el campo de la co-creación que solo se activa cuando la energía no está atrapada en defenderse de amenazas pasadas. Al liberar el cuerpo de la historia traumática, la energía se vuelve disponible para la intención consciente.

3. **Instalar la mente cuántica (crear el nuevo destino).**
   Acción: una vez que el cuerpo se siente seguro —desactivada la neurocepción del peligro—, la corteza prefrontal puede asumir su rol de líder. Esto permite cambiar el observador: dejas de observar el miedo —colapsando la realidad de escasez— y empiezas a observar la posibilidad —co-creando la realidad deseada—. La práctica consciente y reiterada de visualizar la nueva realidad con la emoción de la gratitud reprograma la neuroplasticidad, instalando un nuevo software que predice un futuro de plenitud y rompe así el ciclo de la supervivencia.

En última instancia, el despertar de la mente cuántica no es solo un acto mental; es el resultado biológico de un cuerpo que, por fin, se siente seguro para dejar de luchar y empezar a crear. Es la elección consciente de reescribir el destino predicho por las heridas, liberando así nuestra energía para resonar con el potencial ilimitado del universo.

Caso práctico: cuando el cuerpo dice lo que la mente calla

Quiero compartirte el caso de Martín, un ejecutivo que llegó a mi consulta con «ataques de ansiedad» cada vez que enfrentaba juicios importantes. Como abogado corporativo, estas situaciones eran inevitables, lo que convertía su vida laboral en un constante campo de batalla interno.

«Es como si mi cuerpo supiera algo que mi mente se niega a aceptar», me dijo en nuestra primera sesión. Sus palabras resultaron ser extraordinariamente precisas.

En vez de centrarnos únicamente en técnicas para controlar la ansiedad, le invité a escuchar lo que ese malestar quería decirle. Tras varias sesiones, emergió una verdad sorprendente: Martín nunca había querido ser abogado. Desde pequeño había sentido una profunda pasión por el arte, especialmente por la pintura. Sin embargo, siguiendo las expectativas familiares, había enterrado ese deseo bajo capas de «sensatez».

«Mi cuerpo se revela cada vez que entro a un juzgado porque sabe que ese no es mi lugar», reconoció finalmente.

Y, a partir de ahí, pudimos observar cómo, al hacer consciente este mensaje, los ataques de ansiedad comenzaron a disminuir. Gradualmente, Martín se permitió explorar su pasión artística. Hoy, años después, ha dejado por completo la abogacía y colabora con importantes compañías como artista visual.

Como siempre les digo a mis pacientes, escucha lo que tu cuerpo te está diciendo, vuelve a ti, identifica tus verdaderos talentos y sé fiel a lo que te hace vibrar. Ahí está tu medicina.

Sal del piloto automático y elige tu realidad antes de que lo haga tu trauma.

Del apego inconsciente a la libertad emocional

Uno de los aprendizajes más transformadores en el desarrollo del modo cuántico es el arte de despertarte. Y aquí es importante que entiendas algo fundamental: desapego no significa desconexión emocional o frialdad hacia la vida. Todo lo contrario, es la capacidad de soltar aquello que ya no resuena con tu evolución para liberarte de las cadenas invisibles que te mantienen atado a los patrones que no te sirven.

Primero, necesitas entender que estás funcionando desde un formato de apego. Ser consciente de esto es clave para comenzar a desmontar el ego. Cuando hablo de ego en este contexto, no me refiero únicamente a la autoestima o al orgullo personal, sino a todo ese sistema de pensamiento, emociones y patrones inconscientes que nacen del miedo a perder, a no ser amado, a no tener control.

El ego, cuando opera desde el apego, te mantiene atrapado en bucles de necesidad, identificación y dependencia emocional. Solo observándolo con presencia y sin juicio puedes comenzar a desactivarlo y abrirte a otra forma de existir, más libre y conectada con la consciencia cuántica.

Desde una perspectiva cuántica, el desapego te permite modificar tu vibración personal, romper patrones repetitivos y abrirte a nuevas probabilidades. Al liberar la energía que inviertes en sostener lo que ya no te sirve, creas el espacio cuántico necesario para que nuevas realidades tomen forma en tu vida.

Como ya recogí en mis libros *Mindful Love. Éxito en el amor* y *Mindfulsex. El sexo que revolucionará tu vida*, el mindfulness ha demostrado científicamente su eficacia en facilitar este proceso. Al aprender a observar tus pensamientos y emociones sin identificarte con ellos, generas un espacio interno desde el cual es posible elegir nuevas respuestas en lugar de reaccionar de forma automática desde viejos programas.

Y aquí traigo a colación una de las enseñanzas de Lisa Feldman Barrett: las emociones no son reacciones automáticas, sino construcciones mentales basadas en predicciones previas. Esto significa que el desapego también puede entenderse como un entrenamiento en reformulación perceptiva y regulación emocional consciente.

En otras palabras, puedes literalmente reprogramar tu cerebro para responder de manera diferente a las situaciones de tu vida.

La práctica del desapego consciente te invita a soltar los objetos, las personas y, especialmente, las ideas fijas sobre cómo debería ser tu realidad. Es un ejercicio de confianza en el flujo de la vida, con el convencimiento de que, cuando te abres al campo de las posibilidades infinitas, las soluciones emergen de forma natural y espontánea.

Tu cerebro es plástico, nunca lo olvides

¿Por qué ocurre esto? Pues, como te adelantaba más arriba, gracias a la neuroplasticidad, esa capacidad del cerebro humano de cambiar su estructura y funcionamiento en virtud de lo que vayamos experimentando de manera consciente o inconsciente.

Las neuronas nunca dejan de crecer o de adaptarse a nuevos estímulos y, en algunas regiones del cerebro, se siguen formando tanto neuronas nuevas como nuevas conexiones neuronales hasta bien entrada la tercera edad, en torno a los noventa años. Esto prueba la facultad del cerebro para regenerarse desde un punto de vista anatómico y funcional, así como la posibilidad de poder entrenarlo a voluntad —casi como si fuera un músculo— para desarrollar ciertas habilidades y competencias.

Está en tus manos, dado que la práctica regular de la meditación, las ciencias contemplativas, el yoga y cualquier otro tipo de actividad que aumente la plena consciencia y el enfoque de la mente en el presente produce cambios neurológicos profundos y beneficiosos, como reconocen multitud de científicos en todos los campos.

Ejercicio. No atraes lo que deseas, atraes lo que eres

Quiero proponerte un ejercicio muy especial. Es sencillo pero profundo. Se trata de conectar con los cuatro elementos de la naturaleza para experimentar cómo tu propia observación —el modo en que diriges tu atención— puede transformar tu estado interno.

Busca un rincón tranquilo, siéntate con comodidad y cierra los ojos. Empieza por tu respiración. Inhala lenta y profundamente, exhala sin prisa. Siente el aire entrando y saliendo de tu cuerpo como un suave recordatorio de que estás aquí y ahora. Solo con observar tu respiración, tu sistema nervioso empieza a calmarse y a traer serenidad.

Ahora vamos a recorrer los cuatro elementos:

- **Aire.** Imagínalo como un viento fresco que se lleva lo que ya no necesitas. Mientras respiras, dile al aire: «Llévate todo lo que me pesa, que mi carga sea más ligera». Nota si tu cuerpo se siente un poco más libre.

- **Agua**. Piensa en un río que fluye y limpia. Dile al agua: «Lava mis tristezas, limpia mi dolor, purifica mi existencia». Observa si aparece en ti una sensación de frescura, de ligereza emocional.

- **Fuego**. Visualiza una hoguera luminosa. Pídele al fuego: «Quema y transforma mis miedos». Siente el calor, la energía, la posibilidad de soltar lo que ya no te sirve. Permite que esa llama despierte en ti coraje y vitalidad.

- **Tierra**. Imagina que de tus pies nacen raíces que se hunden en un suelo fértil. Dile a la tierra: «Enraíza mi ser, devuélveme a lo esencial». Observa la estabilidad, la fuerza tranquila de saberte sostenido.

Cuando termines, expresa tu agradecimiento al aire que respiras, al agua que limpia, al fuego que transforma y a la tierra que sostiene. Date unos segundos para quedarte con la calma de este momento.

Lo importante entonces es que, al observar y dar atención consciente a cada elemento, algo cambia dentro de ti. Tu cuerpo se relaja, tus emociones se reordenan, tu mente se abre. Esa es la fuerza del observador: cuando eliges mirar con consciencia, tu realidad interna se transforma. Y desde ahí todo lo demás empieza a cambiar.

El campo electromagnético del corazón

Tu corazón no solo late, también siente y recuerda

A lo largo de los años, he aprendido que el corazón y el cerebro mantienen un diálogo mucho más profundo de lo que solemos imaginar. No se trata solo de impulsos eléctricos o de conexiones neuronales, sino de un lenguaje energético que atraviesa todo nuestro ser. El corazón, con su campo electromagnético —mucho más amplio y potente que el del cerebro—, envía señales que influyen directamente en lo que pensamos, en cómo nos emocionamos y en la manera en que decidimos.

La neurocardiología ha demostrado que el corazón posee su propio sistema nervioso, con unas cuarenta mil neuronas capaces de procesar información de manera autónoma. Y lo más revelador es que cerca del 90 por ciento de las fibras del nervio vago llevan señales desde el corazón hasta el cerebro, y no al revés. Además, el campo electromagnético cardiaco es hasta cien veces más intenso que el del cerebro y puede detectarse incluso a más de un metro de distancia. Estos hallazgos nos recuerdan que el corazón no es solo un músculo que late; es también un centro de sabiduría que modula nuestras emociones, nuestra atención y nuestras decisiones más profundas.

El cerebro y el corazón tienen una relación simbiótica, que se da en cuatro niveles:

- Neurológico, mediante la transmisión de impulsos nerviosos.
- Bioquímico, mediante hormonas y neurotransmisores.

- Biofísico, mediante ondas de presión.
- Energético, mediante campos electromagnéticos.

Cuando en la consulta acompaño a alguien dominado por el miedo, la rabia o la frustración, percibo cómo su corazón late de forma irregular, incoherente, como si no hallara un ritmo con el que sostenerse. Y, sin embargo, cuando esa misma persona logra conectar con la gratitud, el amor o la compasión, su corazón se serena, encuentra una cadencia armónica, y entonces todo su organismo parece entrar en sintonía. La ciencia lo llama «coherencia cardiaca»; para mí es un regreso a casa, el instante en que la mente y el corazón se reconocen y se abrazan.

Nos conectamos y comunicamos a través de la frecuencia de nuestros campos electromagnéticos. Cuando dos personas interactúan, sus campos electromagnéticos individuales se «apagan» y forman uno conjunto cuyas características vienen determinadas por el de mayor potencia.

La evidencia neurocientífica sobre la coherencia cardiaca muestra efectos medibles a nivel fisiológico, cognitivo y relacional, incluyendo:

- La regulación del sistema nervioso autónomo, con reducción del cortisol y del estrés crónico.
- El aumento de la variabilidad del ritmo cardíaco (HRV), clave para la resiliencia y la regulación emocional.
- La mejora de la conectividad prefrontal-límbica, lo que favorece respuestas menos reactivas.
- La modulación neuroinmunológica y la optimización de los sistemas atencionales y perceptivos.
- El impacto positivo en la regulación interpersonal, lo que influye en la calidad de la comunicación y el entorno social.

Reconecta la mente y el corazón: técnica HeartMath de coherencia rápida (Quick Coherence®)

La ciencia muestra que, cuando el corazón entra en coherencia —un ritmo armónico que aparece con emociones como la gratitud, la calma o el amor—, todo tu organismo se sincroniza y tu mente encuentra claridad.

Práctica. Reconectar la mente y el corazón

Con esta sencilla práctica puedes elegir activar esa coherencia y reconectar tu mente con tu corazón. Siempre que quieras, introdúcela en tu vida cotidiana.

Este ejercicio ha sido diseñado por los investigadores de HeartMath Institute para entrar en coherencia en menos de noventa segundos. Es ideal para momentos de tensión, diálogo difícil o necesidad de regulación rápida, como pueden ser un atasco o una discusión:

1. **Lleva tu atención al área del corazón.** Puedes colocar la mano en el pecho, si te ayuda a centrarte.
2. **Respira profundamente a un ritmo lento y regular** (cinco segundos inhalando, cinco exhalando) mientras imaginas que el aire entra y sale por el corazón.
3. **Evoca una emoción elevada y coherente**: gratitud, cuidado, aprecio, amor, calma. No lo pienses, siéntelo. Basta con recordar a alguien a quien amas o un momento de paz.

Este patrón respiratorio y emocional produce una onda sinusoidal armónica en tu ritmo cardiaco, que a su vez sincroniza tus sistemas neuroendocrinos y disminuye la activación del eje del estrés (HPA). ¿Qué más puedes pedir?

Elige conscientemente cómo quieres sentirte; reorienta tu sistema nervioso, tu química cerebral y tu frecuencia emocional hacia un estado de coherencia. Lo que parecía una práctica simbólica tiene en realidad una base fisiológica profunda: al conectar el corazón con la mente, tu cuerpo produce un patrón eléctrico más armónico, la variabilidad cardiaca se estabiliza y las redes neuronales asociadas al miedo o la reactividad se apagan. Tu biología entera responde al acto de elegir desde la consciencia.

Y en ese instante —breve, íntimo, irrepetible— comprendes algo esencial: las áreas de la mente ligadas al miedo, la hiperalerta o la necesidad de control se aquietan y dan paso a un estado de mayor equilibrio, apertura y bienestar.

Lo esencial es darte cuenta de que no necesitas hacer nada extraordinario para conectar; basta con detenerte, habitar tu cuerpo y abrirte a esta sensación de pertenencia. Cada vez que realizas esta práctica, entrenas tu mente y tu corazón para recordar que nunca estás separado, que eres parte de un entramado vivo que sostiene y nutre cada instante de tu existencia.

Y ahora te pregunto: ¿cómo cambiaría tu manera de vivir si recordaras esto cada día?

Cambiar tu estado interior no es una abstracción espiritual, es física aplicada.

El amor: una frecuencia que reorganiza

Si la biología es información en movimiento, el amor es la forma más elevada de orden que puede adoptar esa información. No hablo del amor romántico o idealizado, sino de un estado interno de expansión, coherencia y presencia. Cuando la mente deja de fragmentar la experiencia y el corazón se abre, el cuerpo entero entra en resonancia.

La ciencia lo confirma. El HeartMath Institute ha demostrado que las emociones asociadas al amor generan un patrón de variabilidad cardiaca armónico, la coherencia cardiaca. En este estado, el cerebro y el corazón sincronizan su actividad eléctrica, mejoran la eficiencia metabólica y amplían la percepción. Podríamos decir que, fisiológicamente, el amor ordena la energía vital. No necesitas a alguien externo para sentirlo; es una capacidad innata del sistema nervioso humano. El amor como estado expandido de consciencia no depende del objeto, sino del nivel de integración entre la mente, la emoción y el cuerpo. Cuando vives desde ahí, el sentido de separación se disuelve y emerge la comprensión de que todo —cada persona, cada experiencia— forma parte del mismo campo de consciencia que te sostiene.

El poeta inglés John Donne lo expresó hace siglos con una claridad que la ciencia apenas empieza a describir: «Ningún hombre es una isla entera por sí mismo. Cada hombre es una pieza del continente, una parte del todo».

En términos modernos, podríamos decir que ningún ser humano vibra aislado. Tu biocampo influye en el entorno tanto como el entorno influye en ti. Tu manera de amar —de mirar, de cuidar, de atender— es una forma de regular el campo de consciencia colectiva.

Haz de tu corazón tu brújula

A menudo intentamos resolver los conflictos de la vida con la mente que los creó. Pensamos que necesitamos más control, más análisis, más certezas, pero la verdadera transformación no ocurre desde la lógica, sino desde la coherencia. Por eso, si deseas una vida en paz, no puedes seguir creando desde una mente en guerra.

Tu corazón, más que un órgano emocional, es un centro de percepción avanzada. Contiene alrededor de cuarenta mil neuronas sensoriales capaces de procesar información de forma independiente al cerebro cortical. Esta red neuronal cardiaca no solo detecta los cambios internos, sino que responde a la energía emocional del entorno.

Cuando aprendes a «pensar con el corazón», tus decisiones se vuelven más intuitivas, más precisas y menos reactivas. Ese es el sentido profundo de la frase «haz de tu corazón tu brújula». No significa que renuncies a la razón, sino que la pongas al servicio de la sabiduría emocional, porque una mente guiada por el corazón no busca imponer, sino comprender. Y, en esa comprensión, encuentra dirección.

Todo está conectado

Max Planck, considerado el padre de la física cuántica, afirmaba ya hace más de un siglo: «Toda materia se origina y existe únicamente en virtud de una fuerza... Debemos suponer, detrás de esta fuerza, la existencia de una mente consciente e inteligente». Sus palabras nos invitan a pensar que lo que percibimos como sólido y separado quizá no sea más que la superficie de algo mucho más profundo.

Décadas después, el físico David Bohm, discípulo de Einstein, desarrolló su teoría del orden implicado, según la cual el universo no está compuesto de piezas aisladas, sino que forma parte en su totalidad de un tejido común de información. Para explicarlo utilizaba una metáfora sencilla y poderosa. Imagina el universo como un océano inmenso. Lo que vemos —objetos, personas, acontecimientos— serían las olas que emergen en la superficie (lo que Bohm llamó «orden explicado»). Pero todas esas olas, por diferentes que parezcan, provienen del mismo mar invisible, de ese «orden implicado» que lo sostiene y lo une todo.

Desde esta aproximación, la consciencia no puede reducirse a un fenómeno encerrado en nuestro cerebro. La consciencia es red, es campo, es vínculo; está conectada con todo lo que existe. Bohm lo resumió con una frase que hoy sigue siendo inspiradora y desafiante: «El todo está en todo. Cada fragmento del universo lleva en sí mismo la totalidad del universo».

Lo fascinante es que estas ideas que la física cuántica y la neurociencia contemporánea empiezan a iluminar —a través del estudio del ADN, de los hologramas y de la naturaleza de la información— han sido intuiciones presentes desde siempre en la sabiduría ancestral, en las filosofías orientales y en las tradiciones espirituales de todos los continentes.

Y aquí me detengo contigo. Porque más allá de la teoría, cuando cierro los ojos y siento el corazón en calma, cuando acompaño a alguien en su dolor y lo veo abrirse a la ternura, cuando contemplo el mar o me dejo abrazar por un bosque, percibo con claridad que nada está realmente separado. Que somos olas de un mismo océano. Que cada gesto, cada pensamiento y cada emoción son hilos que tejen ese entramado invisible que nos sostiene a todas las personas, a todos los seres, al planeta entero.

¿No te parece revelador que la ciencia, la filosofía y la experiencia íntima de estar vivos estén comenzando a decir lo mismo? A mí, cada vez más, me parece que todo encaja.

¿Qué pasaría si empezaras a vivir recordando, en cada instante, que formas parte de ese todo?

Ejercicio. Conexión cuántica

Tómate un momento para experimentar esta interconexión. Cierra los ojos y, con la mano izquierda en el corazón, piensa en alguien importante para ti que esté lejos. Visualiza a esa persona con claridad, sintiendo la conexión que existe entre ambos. Envíale conscientemente un sentimiento positivo y observa qué ocurre en los próximos días. Muchas personas reportan «coincidencias significativas» tras este tipo de prácticas.

El poder del silencio y la neurociencia: regenera tu mente y tu cuerpo

En tu día a día, ¿cuántos minutos pasas a solas y en silencio, sin hacer nada más que ser consciente del momento? ¿Te pones nervioso o, incluso, te asustas cuando se produce un silencio durante una conversación?

Si tu respuesta es sí, pregúntate: ¿qué vacío interior estás tratando de llenar con tanta saturación de estímulos? ¿Crees que a la mente le va bien estar constantemente activa?

Una mente que no para de divagar es una mente infeliz, porque los seres humanos necesitamos del silencio, sobre todo en un mundo cada vez más convulso donde el estrés, la ansiedad y la depresión son problemas cada vez más extendidos.

El silencio es la medicina más potente que nunca te recetaron.

¿Qué se entiende por silencio neuronal o mental? Se trata de un estado en el que el cerebro está en reposo y la actividad de tus neuronas se reduce a mínimos. Constituye un fenómeno fundamental para el correcto funcionamiento del cerebro, ya que permite a las neuronas recuperarse del estrés y prepararse para nuevas tareas.

Como señala el psiquiatra Dan Siegel, uno de los mayores referentes internacionales en neurociencia interpersonal y mindfulness, «el silencio crea la rara oportunidad de detenerse y de sumergirse en la quietud, de generar intimidad con la propia mente. La quietud permite que la mente se "asiente", lo que hace posible percibir la sutileza de las delicadas estructuras de las funciones mentales. La quietud no es lo mismo que el vacío de actividad; es más como una fuerza estabilizadora».

Es decir, obtener el silencio neuronal significa aprender a desconectar nuestro ego, dejar de identificarnos con el flujo automático de pensamientos que nos asaltan ante cualquier estímulo sensorial o emocional.

UNA MENTE ENTRENADA EN EL SILENCIO TIENE MÁS FUERZA QUE MIL PENSAMIENTOS

La ciencia lo confirma: lo que parecía solo sabiduría ancestral hoy está respaldado por décadas de investigación. Jon Kabat-Zinn, biólogo molecular del MIT y creador del programa clínico Mindfulness-Based Stress Reduction (MBSR), ha demostrado que la práctica regular de la atención plena reduce la hiperactivación de la amígdala, esa pequeña estructura cerebral que dispara nuestras respuestas automáticas de miedo, ansiedad y estrés. Al aquietarse, el cerebro aprende a responder en lugar de reaccionar.

Pero no se trata solo de calmar. El mindfulness transforma literalmente la arquitectura del cerebro. Varios estudios muestran que incrementa el grosor cortical en regiones vinculadas a la regulación emocional, la toma de decisiones conscientes, la empatía y la resiliencia, como el precúneo, una pequeña zona situada en la parte posterior del cerebro que actúa como un puente entre la percepción interna y la consciencia de uno mismo. Diversas investigaciones en neurociencia lo identifican como una de las áreas clave del sistema que se activa cuando no estamos haciendo nada en particular, pero sí que estamos pensando, recordando o sintiendo. Se enciende cuando evocamos un recuerdo, imaginamos una escena o reflexionamos sobre quiénes somos. Por eso, durante la meditación o los estados de coherencia, su actividad se reorganiza; el ruido mental disminuye y aparece una sensación de unidad, como si la mente y el cuerpo empezaran, por fin, a hablar el mismo idioma, así como otras zonas como la corteza prefrontal dorsolateral y el hipocampo.

Dicho de otro modo, meditar fortalece los músculos invisibles de tu mente, los que sostienen tu claridad y tu equilibrio en la vida cotidiana.

El neurocientífico Richard J. Davidson, pionero en el estudio de las emociones en la Universidad de Wisconsin-Madison, lo expresa de forma contundente: cultivar de manera intencional emociones positivas cambia la forma en que se conectan tus neuronas. Fortalece los circuitos asociados al bienestar y a la atención plena, al tiempo que reduce la reactividad frente al estrés. Dicho de una forma más sencilla, entrenar la mente en la calma no es solo una experiencia subjetiva, es un cambio biológico real que te prepara para vivir con más lucidez y resiliencia.

Silencio consciente: la puerta a tu coherencia más profunda

El silencio no es ausencia, sino espacio fértil. Cuando lo habitamos con atención, descubrimos que tiene la capacidad de calmar nuestra mente, aquietar la ansiedad y devolvernos a un lugar de claridad interior. La siguiente práctica te propone explorar el silencio como un reto progresivo y, al mismo tiempo, como un refugio profundo.

Práctica. Ritualiza el silencio cuántico

El silencio cuántico es un estado interno de quietud profunda en el que la mente reduce casi por completo el diálogo interno y la atención se expande más allá del pensamiento verbal. Hace referencia a un estado de máximo potencial similar a la metáfora del «campo de posibilidades»: un espacio interior donde no hay ruido mental, juicio, memoria o anticipación, desde el cual pueden surgir nuevas percepciones, ideas y claridad. Es un silencio en el que no solo callas tú, sino que también se calla tu mente.

Busca un lugar tranquilo y cómodo. Adopta una postura erguida, con los hombros relajados y las manos apoyadas suavemente. Cierra los ojos y comienza a respirar con calma, notando cómo cada inhalación llena tu cuerpo de vida y cada exhalación lo libera de tensión. Dite internamente: «Entro en el silencio detrás del ruido».

Respira suave, inhala por la nariz en cuatro tiempos y exhala en seis tiempos; una exhalación más larga apaga el ruido mental. No intentes detener la mente. Tu intención es **notar el espacio que hay entre un pensamiento y otro**. Ese espacio es tu «silencio cuántico», el lugar donde no hay juicio, memoria ni anticipación. Solo presencia.

Ahora expande la sensación de espacio. Lleva tu atención al espacio entre los ojos, al espacio dentro del pecho, al espacio alrededor de tu cuerpo. No busques nada. Solo siente amplitud. Imagina: «La consciencia se expande. Solo observo».

Entonces tu estado interno se vuelve neutral, abierto, receptivo. La neutralidad es el portal al silencio profundo. Permanece cinco minutos en silencio cuántico. Permítete simplemente ser. Si aparece un pensamiento, obsérvalo y regresa al espacio entre pensamientos. Este espacio es tu campo cuántico interno: puro potencial, posibilidades, claridad. Desde el silencio, pregúntate: «¿Qué necesita mostrarse ahora, cuál es el siguiente paso para mí?». No fuerces una respuesta, deja que aparezca sola. Puede llegar una intuición, una sensación, una palabra o simplemente la calma.

Respira hondo, llévate las manos al corazón y agradece el silencio. Di mentalmente: «El silencio me guía». Abre los ojos poco a poco.

Cuando integras esta práctica en tu vida cotidiana, sientes calma profunda, menos ruido mental, más claridad, decisiones más alineadas, sensación de expansión interna, acceso a estados creativos. Es una práctica simple... pero muy poderosa.

Finalmente, crea tu propio espacio de silencio en casa, que puede ser una habitación, un rincón, un balcón. Haz del silencio el lugar al cual regresar cada día, ritualízalo como tu espacio sagrado.

Respirar consciente es decirle a tu cuerpo: «Ya no estamos en guerra».

Práctica. El juego del silencio

En la vida cotidiana, incluso cuando estamos rodeados de personas, la práctica del silencio puede volverse una herramienta profundamente poderosa. El silencio consciente nos permite observar cómo distribuimos nuestra energía mental y emocional; descubrimos que gran parte de ella se pierde en comentarios automáticos, conversaciones innecesarias o diálogos internos que no aportan claridad.

Al reducir esta dispersión, recuperamos el foco, la presencia y la capacidad de responder en lugar de reaccionar.

En este ejercicio, no se trata solo de «no hablar». También hay que disminuir el ruido interno, regular la atención y permanecer en contacto con la experiencia presente. Es un entrenamiento mental y emocional que fortalece la autorregulación y la claridad. La práctica del silencio consciente consiste en sostener periodos de silencio externo (no hablar) e interno (no dialogar mentalmente) incluso mientras realizas actividades cotidianas y convives con otras personas. Esto incluye momentos como comer, compartir espacio, moverte por la casa o realizar tareas simples.

Esta modalidad es ampliamente utilizada en retiros de mindfulness y programas intensivos de atención plena, en los que los participantes pueden permanecer en silencio durante horas o días. Los estudios muestran que esta práctica reduce la activación del sistema nervioso, mejora la regulación emocional y aumenta la capacidad de observación imparcial.

En contextos cotidianos, el silencio en convivencia permite identificar cuánto ruido externo e interno se produce de forma automática y cómo gran parte de nuestra energía mental se dispersa en comentarios innecesarios, explicaciones o impulsos de interacción que no suman valor.

Cada mañana, proponte el reto de estar en silencio con las personas que convivas, habiéndolo comunicado con anterioridad. Si juegas solo, diseña un plan de objetivos para dos semanas y ve aumentando gradualmente el tiempo que permaneces en silencio. Empieza por estar en silencio solo media hora y ve incrementándolo poco a poco cada día. Por silencio no solo se entiende que no hables con los demás, también que no lo hagas contigo mismo, que practiques el silencio interno.

Neurocoherencia: cómo tu mente y tu cuerpo se sincronizan para transformar tu realidad

Cuando tu mente encuentra coherencia, el cuerpo responde. Los circuitos cerebrales que antes disparaban alerta comienzan a relajarse; la amígdala se aquieta, el corazón se vuelve más regular, la respiración se hace profunda. Ese estado no es una técnica ni un logro espiritual, sino una forma de equilibrio biológico. Tu organismo recupera la capacidad de escucharse, de autorregularse, de estar presente.

Y cuando todo el sistema se alinea, llega el silencio. No el silencio externo, sino ese otro más profundo en el que el ruido de los pensamientos se disuelve y puedes sentir la arquitectura sutil de tu mente. La neurociencia llama a este fenómeno «silencio neuronal», un estado en que la actividad eléctrica del cerebro desciende a su mínimo y las neuronas aprovechan esa quietud para repararse, sincronizarse y crear nuevas conexiones. En ese instante, el cerebro no se apaga, se ordena.

El psiquiatra Dan Siegel lo describe con una claridad que toca el corazón: «El silencio crea la rara oportunidad de detenerse y sumergirse en la quietud, de generar intimidad con la propia mente. La quietud no es ausencia de actividad; es una fuerza estabilizadora».

El silencio neuronal es, en realidad, una forma de coherencia, y tu sistema nervioso, al reducir el ruido, encuentra la armonía. Tu respiración se vuelve música de fondo; tu corazón, un metrónomo; tu mente, un espacio que observa en lugar de reaccionar. Y lo que sucede dentro comienza a reflejarse fuera: percibes más, te mueves mejor, respondes con mayor lucidez. Esa pausa es medicina.

La ciencia lo confirma. Durante el silencio profundo, el cerebro activa redes de reparación y aprendizaje, las ondas cerebrales se sincronizan y el cuerpo recupera energía. Pero, además, este silencio abre una puerta a algo más grande, a una forma de conexión que trasciende lo puramente neuronal. Porque cuando el ruido mental cesa, algo más empieza a hablar. Y ese «algo» no lo hace con palabras, sino con luz.

Biofotones y biocampo: la orquesta invisible de tu cuerpo

Nada en ti está separado. La mente, las emociones y el cuerpo son expresiones distintas de un mismo flujo de energía, y cada pensamiento deja una huella eléctrica, cada emoción altera tu química y cada célula, silenciosamente, emite luz. La física moderna ha demostrado que lo que percibimos como materia sólida es, en realidad, energía vibrando de forma organizada. Einstein lo expresó hace más de un siglo con una sencillez devastadora: «Todo es energía, y eso es todo lo que hay».

A mediados del siglo XX, el biofísico alemán Fritz-Albert Popp dio un paso más allá al descubrir que las células vivas emiten fotones —partículas de luz— que funcionan como un lenguaje biológico. A diferencia de la radiación térmica, esta luz no es ruido biológico, sino un patrón de comunicación. Popp y su equipo demostraron que los biofotones no solo existen, sino que coordinan procesos celulares fundamentales: la replicación del ADN, la reparación de tejidos, el control del crecimiento celular. Es como si el cuerpo poseyera un lenguaje secreto hecho de luz.

Con el tiempo, otros laboratorios —en Rusia, Japón y Estados Unidos— replicaron sus resultados. Hoy se sabe que todas las formas de vida emiten biofotones, y que la intensidad y la coherencia de esa emisión varían con el estado fisiológico. Un organismo enfermo emite luz más desordenada; un organismo equilibrado, una señal más coherente.

Esto cambia la forma de entender la salud, que no se percibe como la ausencia de síntomas, sino como la expresión de una frecuencia ordenada. A esa comunicación luminosa la llamó biofotónica. Y esa luz es un código: la señal coherente que permite que tu organismo se comunique y se autorregule. Cuando estás en equilibrio emocional, los biofotones se emiten de manera ordenada, en una frecuencia clara y estable; sin embargo, cuando vives en tensión, miedo o conflicto, la emisión se vuelve caótica, y la comunicación interna del cuerpo se distorsiona.

Imagina que tu cuerpo es una orquesta, y cada célula, un instrumento. Los biofotones son las partituras luminosas que indican qué debe tocar cada músico, cuándo y con qué intensidad. Si el director —tu mente— está distraído, la orquesta desafina, pero si todo el sistema entra en coherencia, la sinfonía se vuelve perfecta.

Esa sincronía luminosa es lo que la ciencia denomina biocampo, el campo electromagnético que integra la información de tu cuerpo, tu mente y tus emociones. No es una metáfora, sino un fenómeno medible. Tus ondas cerebrales, el ritmo del corazón y las microcorrientes celulares generan un campo energético único —tu firma vibracional— que interactúa constantemente con el entorno. Por eso, cuando entras en una habitación y «sientes» la tensión o la calidez de quienes están allí, no lo haces por una intuición mágica, sino por la comunicación biocampal. Tu sistema nervioso capta los patrones energéticos del ambiente y responde ante ellos ajustando tu fisiología para buscar el equilibrio.

La coherencia cardiaca, de la que ya hemos hablado, es una manifestación tangible de este proceso. Cuando tus pensamientos y emociones se alinean, el corazón emite ondas armónicas que influyen no solo en tu cerebro, sino también en los cuerpos de quienes te rodean. Tu presencia, literalmente, puede regular la fisiología de otro ser humano.

Todo esto redefine la idea de salud. No eres un conjunto de órganos funcionando por separado, sino un sistema de energía en constante interacción. La medicina del futuro —y también la del presente consciente— entiende que sanar no es corregir, sino armonizar.

Y, para armonizar, primero hay que escuchar. El silencio que ya estás practicando en este capítulo es el preludio de esta escucha, porque solo cuando calla la mente puede oírse la música que emite el cuerpo. Cuando te sientes en calma, esa luz se ordena; cuando vives con estrés o miedo, se dispersa. Tu mente vibra y tus células responden.

Coherencia: cuando todo suena afinado

Cuando tus pensamientos, emociones y fisiología vibran en la misma frecuencia, el biocampo se vuelve armónico. En este estado, la energía fluye con eficiencia: las células cooperan, la mente está clara y las relaciones se vuelven más auténticas. La coherencia biológica no significa ausencia de conflicto, sino integración. Es la capacidad de mantener el orden interno incluso en medio del movimiento.

En cambio, cuando hay incoherencia —cuando piensas una cosa, sientes otra y actúas desde la tensión—, el biocampo se fragmenta. Es como si cada parte de ti tocara una melodía diferente. Este desajuste energético se traduce en síntomas: agotamiento, confusión mental, somatizaciones, dificultad para conectar.

Tu cuerpo, como toda orquesta, necesita un director. Y ese director es tu atención. Allí donde llevas tu atención, llevas tu energía. Si aprendes a observar con presencia lo que ocurre dentro de ti, comienzas a afinar de nuevo la sinfonía.

De la resonancia a la regeneración

La física cuántica describe un fenómeno conocido como resonancia: cuando dos sistemas vibran en frecuencias compatibles, se amplifican mutuamente. En biología sucede lo mismo. Cuando sostienes una emoción coherente —por ejemplo, la gratitud—, esa vibración no se queda en el plano mental, sino que se propaga por tu sistema nervioso y tus tejidos reorganizando la comunicación celular.

Investigaciones recientes en el Center for Healthy Minds (Universidad de Wisconsin) muestran que las emociones positivas sostenidas no solo modifican la actividad cerebral, también influyen en la expresión genética. Los genes asociados a la inflamación disminuyen su actividad, mientras que los vinculados a la regeneración celular se activan. Expresado en términos más comprensibles, cuando lo que piensas y lo que sientes están en sintonía, tu cuerpo encuentra el camino natural hacia la salud. No porque sea «mágico», sino porque el cuerpo interpreta cada pensamiento como una señal química y eléctrica. Tus células obedecen a la mente.

Esto nos lleva a un punto crucial: la neuroplasticidad cuántica no ocurre solo en el cerebro, sino en todo el organismo. Cada vez que cambias una creencia, cada vez que eliges una respuesta diferente, no solo transformas una red neuronal, también reorganizas tu biocampo por completo.

La biología de la coherencia profunda

La neurocientífica Candace Pert, una de las voces más visionarias en el puente entre ciencia y emoción, descubrió que los sentimientos no son fenómenos abstractos confinados en la mente. Cada emoción se traduce en moléculas específicas —los neuropéptidos— que viajan por todo el cuerpo, llevando consigo la «información emocional» a cada célula. Esto significa que tu cuerpo siente y recuerda tanto como tu mente: las células del corazón, del intestino o de la piel responden a los mismos mensajeros químicos que produce el cerebro cuando amas, temes o confías. Así, lo emocional se convierte en biología viva; un lenguaje molecular que une pensamiento, cuerpo y consciencia en una misma red inteligente. Por eso, cuando liberas una emoción atrapada, no solo cambia tu ánimo, cambia también tu fisiología.

En este punto, la física, la biología y la psicología dejan de ser disciplinas separadas y se encuentran en un mismo territorio, el de la consciencia. Tus pensamientos generan campos electromagnéticos, tus emociones liberan moléculas mensajeras y tus células emiten fotones, diminutos pulsos de luz que comunican información entre ellas. Todo ese sistema vibra, dialoga y se regula de manera continua, como una red viva que responde a cada experiencia. El cuerpo, entonces, no es solo biología, sino información organizada por energía, una inteligencia dinámica que traduce cada impulso mental y emocional en lenguaje celular.

El lenguaje silencioso del cuerpo

¿Alguna vez te has preguntado qué ocurre en tu cuerpo cuando realmente estás en paz?

Cuando alcanzas estados de coherencia profunda, no solo sientes calma; tu cuerpo empieza a brillar de forma más ordenada. Investigaciones realizadas con cámaras de fotomultiplicación —capaces de detectar la luz que emiten las células— han demostrado que las personas que practican meditación o respiración consciente emiten una luz más estable y coherente que quienes no lo hacen. Es como si, al aquietar la mente, todo tu sistema biológico recordara su propio ritmo de armonía.

Podríamos decir que el cuerpo se «ilumina» no de forma mística, sino literal. Ese mismo principio es la base de la llamada medicina frecuencial, una rama emergente que utiliza campos electromagnéticos modulados para restaurar la coherencia de los tejidos. Los dispositivos como TheraBionic o las terapias de pulsos electromagnéticos pulsados (PEMF, por sus siglas en inglés) han mostrado resultados prometedores en la regulación del dolor, la regeneración celular y la reducción tumoral.

No se trata de reemplazar la medicina convencional, sino de complementarla con una comprensión más amplia del cuerpo como sistema energético.

Tu biología como espacio de elección

Nada de esto tiene sentido si no lo llevas a lo cotidiano. Tu biocampo se reorganiza cada vez que eliges cómo pensar, cómo respirar, cómo responder. Cada decisión, por pequeña que parezca, modula tu frecuencia. Y esa frecuencia es el terreno en el que germina tu realidad.

No necesitas entender todos los mecanismos para sentir su efecto, basta con detenerte un momento y observar: ¿cómo vibra hoy tu cuerpo? ¿Qué te están diciendo su ritmo, su temperatura, su tensión? Y muchas veces la respuesta no llega en forma de pensamiento, sino de sensación, y la coherencia empieza en ese instante en que escuchas sin juzgar. Es entonces cuando podrás percibir que el silencio puede ser y es tu guía y maestro.

En la quietud, tus células conversan. En la presencia, tu mente se ordena. En la coherencia, tu cuerpo brilla.

Cuando el cuerpo dice lo que la mente oculta

Después de comprender cómo cada célula emite luz y cómo tu biocampo refleja tu estado interno, quizá empieces a ver con más claridad una verdad sencilla pero profunda: el cuerpo nunca miente. Tu mente puede argumentar, justificar, posponer, racionalizar…, pero el cuerpo no. El cuerpo dice la verdad incluso cuando tú no estás preparado para escucharla.

He visto en consulta algo que se repite una y otra vez: personas que se esfuerzan por construir su vida, que desean —un trabajo estable, una relación consciente, un propósito claro— y, sin embargo, que sienten que algo en su interior las sabotea. Como si existiera una fuga invisible de energía que las mantiene atascadas en el mismo punto. A menudo creen que el problema está en el exterior, pero, cuando aprendemos a mirar con profundidad, casi siempre descubrimos que esa fuga tiene un origen muy concreto: el niño interior herido.

El niño interior no es una metáfora psicológica ni una idea romántica. Es una red neuronal viva que conserva las memorias emocionales de tu infancia: miedos, alegrías, carencias, rabia, asombro. Cada una de esas experiencias está codificada en tu sistema nervioso y sigue influyendo, silenciosamente, en cómo interpretas el presente. Por eso, cuando algo te activa emocionalmente —una crítica, una pérdida, un rechazo—, no siempre responde el adulto que eres, sino el niño que fuiste.

Podemos explicarlo con neurociencia. El cerebro emocional (amígdala e hipocampo) almacena las memorias afectivas más tempranas y las activa de nuevo cuando percibe una amenaza similar. No distingue entre «ayer» y «ahora». Y en ese instante, toda la orquesta biofotónica que antes sonaba en coherencia se desajusta: el cuerpo entra en modo defensa, el biocampo se contrae, la mente se desconecta del presente. Pero cuando comienzas a reconocer esa parte de ti que aún duele, algo cambia. El cuerpo deja de gritar lo que la mente por fin se atreve a escuchar.

Cada emoción reprimida que se integra devuelve energía al sistema, restaura la coherencia perdida y permite que la luz vuelva a fluir.

En terapia, suelo decir que el verdadero trabajo interior no consiste en acumular más conocimientos ni en añadir capas nuevas, sino en liberar todo aquello que interfiere con tu frecuencia más auténtica. Y el mayor bloqueo suele ser una historia inconclusa, la del niño que necesitó amor, seguridad o validación y no la recibió a tiempo. Ese niño sigue intentando resolverlo desde el cuerpo: con tensiones, insomnio, enfermedades recurrentes o relaciones que repiten el mismo patrón.

Cuando comprendes que esa energía no resuelta no viene a destruirte, sino a mostrarte lo que necesita ser atendido, todo empieza a reordenarse. Tu sistema nervioso se entrena para responder con presencia en lugar de con miedo; tu respiración se hace más profunda, tu mente se vuelve más clara y tu campo energético se expande.

Y aunque este proceso requiere práctica —una y otra vez volver al cuerpo, a la consciencia, a la calma—, es precisamente en esa constancia donde ocurre la verdadera transformación: el dolor deja de ser un enemigo y se convierte en un maestro.

Ana, un caso de biología regulada

Ana fue una de esas personas. Llegó a consulta con una fatiga persistente, una sensación de vacío y una frase que lo resumía todo: «No sé qué más hacer, pero nada me llena». Al explorar su historia, vimos que de niña había aprendido a sostener la tristeza de su madre sin poder expresarla. Durante años, su cuerpo había estado conteniendo aquello que su mente intentaba olvidar. Cada vez que callaba para no molestar, su energía se retraía; cada vez que cedía por miedo al conflicto, su biocampo se contraía un poco más.

Cuando comenzó a reconectar con su niña interior —a reconocerla, escucharla y atenderla con presencia consciente—, su cuerpo empezó a responder. La fatiga se fue disipando, la respiración recuperó fluidez y su mirada reflejaba algo nuevo: descanso, serenidad, arraigo.

No era magia, era biología regulada. La energía que antes su sistema destinaba a la supervivencia —a sostener alertas, tensiones y defensas emocionales— comenzó a redirigirse hacia la vida. Ya no se trataba de resistir, sino de habitarse. De permitir que el cuerpo, al sentirse seguro, volviera a dedicar sus recursos a lo que le es natural: reparar, crear, vincularse, disfrutar.

La luz de la que hemos hablado en este capítulo no se apaga nunca. Solo se bloquea cuando una parte de ti deja de ser vista. Y cuando vuelves a mirar hacia dentro, esa luz se reordena, te guía, y tu vida empieza a sonar en otra frecuencia. Porque la verdadera coherencia no consiste en eliminar la sombra, sino en integrarla. Tu cuerpo no se enferma para castigarte, sino para recordarte que hay algo que ya no puedes seguir ignorando. Cada síntoma, cada emoción, cada señal es una forma de comunicación de tu consciencia. Y cuando aprendes a escuchar ese lenguaje, el cuerpo deja de gritar.

El silencio que estás cultivando en este capítulo —ese silencio que organiza tu mente y ordena tu biocampo— se convierte ahora en la puerta de entrada al encuentro más profundo: el reencuentro contigo mismo. Porque sanar no es solo elevar la frecuencia, es también descender al lugar donde empezó la herida para llevarle luz. En los próximos capítulos te voy a enseñar el siguiente paso: reprogramar la mente para que esas nuevas frecuencias puedan sostenerse en el tiempo. Descubrirás cómo la neuroplasticidad —esa capacidad de tu cerebro para crear nuevas rutas— se convierte en una herramienta de transformación profunda cuando la abordas desde la consciencia. Verás cómo puedes modificar tus patrones mentales no desde el esfuerzo, sino desde la coherencia vibracional que ya has empezado a habitar.

Porque el cuerpo te habla cuando la mente calla. Y cuando por fin aprendes a escucharlo, toda tu biología empieza a transformarse.

Epigenética del silencio: reescribir la biología con presencia

Podría decirse que el silencio es el lenguaje más antiguo del cuerpo. En la quietud, las neuronas descansan, los impulsos eléctricos se ordenan y los biofotones —esa luz que las células emiten— recuperan coherencia. El silencio no es ausencia de actividad, sino un estado de organización profunda.

El psiquiatra Dan Siegel lo describe con precisión: «La quietud no es un vacío, sino una fuerza estabilizadora. Permite que la mente se asiente y perciba las estructuras sutiles de su propio funcionamiento». Cuando entras en silencio, dejas de identificarte con el ruido de tu ego. El cerebro sale del modo reactivo y accede a un estado de reparación. Tu biología se reorganiza y tu percepción se amplía. Ese silencio interior es el punto de unión entre la mente que se calma y la biología que se reescribe. En él, tus genes reciben una instrucción clara: «Ya no estás en peligro, puedes crear».

Del silencio a la conexión: preparación para el siguiente nivel

¿Y si la verdadera transformación no dependiera de lo que piensas, sino de cómo piensas lo que sientes? Te he ofrecido una serie de pautas para aprender a escuchar tus señales internas, para percibir el lenguaje energético que se expresa en tu cuerpo y para observar cómo cada pensamiento puede modificar tu biología. Has podido ver que los genes no determinan tu destino, que el amor reorganiza la fisiología y que el silencio mental abre la puerta a una coherencia más profunda.

Ahora llega el siguiente paso: comprender cómo esa coherencia puede transformarse en reprogramación mental consciente. Tu cerebro, gracias a su neuroplasticidad, tiene la capacidad de crear nuevas redes neuronales que sostengan el bienestar, la calma y la expansión que ahora comienzas a reconocer como posibles.

Tu cuerpo y tu mente están preparados para ese salto. Porque, cuando la consciencia deja de pelear con la realidad y empieza a colaborar con ella, la biología responde. Y, cuando la mente aprende a crear desde la coherencia, la vida cambia de frecuencia.

Guía para entrenar la coherencia

Durante los próximos días, te propongo un experimento contigo mismo. No se trata de eliminar tus reacciones, sino de observarlas con precisión, como haría un investigador en su propio laboratorio interior.

1. **Elige un patrón recurrente.** Observa una reacción automática que aparezca con frecuencia. Puede ser la impaciencia en el tráfico, la autocrítica cuando cometes un error o esa sensación de frustración cuando algo no sale como esperabas. No la juzgues, solo identifícala.

2. **Ponle nombre y contexto.** Cada vez que aparezca, detente un instante y nómbrala mentalmente:

   - «Esto es miedo».
   - «Esto es control».
   - «Esto es la necesidad de hacerlo perfecto».

   Nombrar es traer a la consciencia lo que antes era reflejo. Y lo que se hace consciente puede transformarse.

3. **Siente sin huir.** Dirige tu atención al cuerpo y percibe la emoción que acompaña a ese pensamiento. ¿Dónde la notas? ¿Se contraen el pecho, el estómago, la garganta? Quédate ahí unos segundos. Este paso es esencial: cuando sientes plenamente, el patrón comienza a perder fuerza.

4. **Respira con el corazón.** Lleva tu atención al centro del pecho y realiza tres respiraciones lentas y profundas, imaginando que el aire entra y sale por esa zona. Activa el sistema nervioso parasimpático y restablece la coherencia entre el corazón y el cerebro.

5. **Elige una nueva respuesta.** Desde ese estado de calma fisiológica, elige conscientemente una respuesta más coherente con quien deseas ser. Puede ser tan simple como cambiar una frase:

   - De «no puedo con esto» a «voy a intentarlo desde la calma».

- De «siempre me pasa lo mismo» a «puedo hacerlo diferente esta vez».

6. **Entrénalo durante 21 días.** Cada repetición consolida un nuevo circuito neuronal. Lo que antes era reacción se convierte en elección. No esperes resultados inmediatos; lo que estás reprogramando no es la conducta, sino el origen energético del pensamiento.

Este no es un ejercicio para hacerlo perfecto, sino para observarte con presencia. Cada vez que logres pausar la reacción, aunque sea un segundo, tu cerebro estará aprendiendo a elegir coherencia en lugar de automatismo. Este simple entrenamiento reestructura los circuitos cerebrales. No se trata de eliminar emociones, sino de ofrecerles un cauce donde puedan transformarse en sabiduría.

La neuroplasticidad no es una promesa, es un hecho. Tu mente cambia cada día con lo que eliges pensar y sentir. La diferencia está en si dejas que ocurra de forma automática o lo haces de forma consciente. Cuando aprendes a escuchar tus ritmos internos, el cerebro deja de ser el escenario del ruido y se convierte en el laboratorio de la presencia. Y entonces sucede algo que la ciencia comienza a comprender: una mente coherente emite una frecuencia capaz de ordenar su entorno.

Cuerpo, corazón y cerebro se sincronizan en una misma melodía, la de una vida que se construye desde dentro hacia afuera.

Quizá empieces a notar algo nuevo. Cuando tu mente entra en coherencia, el silencio adquiere textura, el ruido deja de incomodar y el sonido se percibe distinto. Tu cuerpo se afina con la vibración del mundo, y ahí comienza otro paso de este viaje que descubrirás en los próximos capítulos: cómo el sonido, la vibración y la frecuencia pueden convertirse en medicina.

Porque el silencio interno no es vacío; es el punto exacto donde el universo empieza a sonar.

Guía rápida de consulta

- **Todo es energía.** Aunque lo percibamos como sólido, lo que compone la realidad son vibraciones: energía organizada en forma de materia.
- **Tú también eres energía.** Tus pensamientos, emociones y actos emiten una frecuencia concreta que interactúa con tu entorno.
- **Lo que observas cambia.** Según el principio de indeterminación cuántica, al observar modificas la realidad. Así funciona tu consciencia en el día a día.
- **No atraes lo que deseas, sino lo que eres.** Tu frecuencia vibratoria habitual es lo que resuena con lo que se manifiesta en tu vida.
- **El «yo cuántico» es posibilidad.** No eres un ego fijo, sino un campo abierto a nuevas versiones de ti, dependiendo de dónde pongas tu atención.
- **La mente cuántica se entrena.** Es el resultado de alinear pensamientos, emociones y acciones en coherencia con lo que quieres crear.
- **La consciencia es cuántica.** No es una propiedad emergente del cerebro, sino un fenómeno vibratorio interconectado con todo lo que existe.
- **La neuroplasticidad es real.** Tu cerebro puede cambiar físicamente en cualquier etapa de la vida, especialmente con meditación, silencio y prácticas conscientes.

- **La epigenética te libera.** Tus genes no dictan tu destino. Tus emociones, entorno y hábitos determinan qué genes se activan o se silencian.
- **El corazón también piensa.** Tiene neuronas propias y genera un campo electromagnético cinco mil veces más potente que el del cerebro.
- **Coherencia cardiaca = coherencia personal.** Cuando la mente y el corazón están alineados, tu sistema nervioso, tu percepción y tu realidad se transforman.
- **La frecuencia emocional crea realidad.** Amor, gratitud y compasión generan orden y salud. El miedo, la culpa o la rabia te desconectan de ti.
- **El silencio regenera.** En ausencia de estímulo constante, el cerebro se reorganiza, se limpia y se vuelve más creativo, lúcido y estable.
- **El piloto automático es tu zona de peligro.** Vivir sin consciencia te mantiene en patrones antiguos que ya no te representan.
- **La observación consciente es poder.** Es lo que convierte tu mente en una herramienta transformadora, no en un sistema repetitivo.
- **El desapego no es frialdad, es libertad.** Soltar lo que no resuena contigo te permite vibrar en frecuencias más elevadas y auténticas.
- **Tu vibración afecta a los demás.** Somos campos resonantes: tu estado influye en tu entorno, igual que el entorno puede afectarte.
- **Tú decides desde dónde vivir.** Desde el ego herido y limitado, o desde el corazón consciente y en coherencia con el presente.
- **La meditación es tu laboratorio cuántico.** Constituye el espacio donde puedes observar, resetear y crear una nueva versión de ti.
- **No estás solo, estás en red.** Tu transformación te cambia a ti y reverbera en el todo y en todos. El cambio personal es una onda expansiva colectiva.

SEGUNDA PARTE

Del ego a la esencia

Las trampas del ego: rompiendo la cadena de la victimitis

Hasta aquí hemos explorado juntos cómo funciona realmente tu mente cuántica. Entiendes que eres energía en constante vibración, que tu cerebro es maleable, que tus pensamientos crean química y que la realidad responde a tu estado interno.

Pero permíteme hacerte una pregunta honesta: ¿cuántas veces has sabido a la perfección qué tenías que hacer y aun así no lo has hecho?

Has leído libros inspiradores, has asistido a conferencias que te emocionaron, has tenido momentos de claridad en los que veías tu camino con total nitidez... y luego, al día siguiente, volviste a los mismos patrones, a las mismas reacciones, a la misma versión de ti que querías cambiar.

No eres el único. Nos pasa a todos. Y no es falta de voluntad, es que hay una parte de ti que está saboteando sistemáticamente tus mejores intenciones.

Esa parte de ti tiene nombre: el ego. Y en las siguientes páginas vamos a desenmascararlo, porque, hasta que no identifiques cómo opera, seguirá dirigiendo tu vida sin que te des cuenta. Ahora que ya sabes CÓMO funciona tu mente, es hora de descubrir QUÉ la está bloqueando. Respira hondo, porque vamos a la raíz.

Hazte a la idea, por un momento, de que todo lo que has creído sobre ti mismo hasta ahora no es más que una construcción mental, una película que has estado viendo durante años sin darte cuenta de que tú mismo eras quien la dirigía. ¿Te resulta extraño? Pues esta idea, que puede sonar a filosofía abstracta, tiene fundamentos científicos que van desde la neurociencia hasta la física cuántica.

En este viaje hacia nuestra esencia auténtica, necesitamos primero desmontar las ilusiones que hemos construido sobre nosotros mismos. Y la primera de ellas es esa voz interior que nos dice quiénes somos, qué valemos y cómo deberíamos comportarnos para ser aceptados. A esa voz la llamamos ego.

Seguro que alguna vez, mientras cursabas una formación, te encontraste con alguien que necesitaba demostrar constantemente lo que sabía, interrumpía al docente y buscaba imponerse a toda costa. O tal vez estuviste en una fiesta con alguien que parecía obsesionado con ser el centro de atención. O quizá no soportaste al novio de una amiga porque solo hablaba de sí mismo, de sus logros, de lo bien que le sentaba la camisa. «Vaya ego tiene», solemos decir en estos casos. Pero ¿qué significa realmente tener «mucho ego»?

Más allá de las apariencias: cuando la física cuántica se encuentra con la psicología

En el lenguaje cotidiano, asociamos el ego con la vanidad, la arrogancia o el exceso de autoestima. Sin embargo, en psicología, y sobre todo en el enfoque que nos ocupa en este libro, el ego no se refiere a eso. De hecho, muchas personas con un ego inflado por fuera están profundamente heridas por dentro. El ego no es una fortaleza, es compensación. Y lo que intenta compensar, la mayoría de las veces, es una inseguridad profunda.

Ahora bien, la física cuántica nos enseña que la realidad no es fija, como creíamos, sino que está en constante transformación, según cómo la observamos. Del mismo modo, nuestra identidad —lo que llamamos «yo»— no es esa estructura rígida que el ego nos hace creer que somos. Es mucho más fluida, más maleable y llena de posibilidades de lo que jamás imaginamos.

Piénsalo bien: si a nivel subatómico somos energía en constante movimiento e interacción, ¿cómo puede nuestro «yo» ser algo fijo e inmutable? La respuesta es que no puede serlo. Pero el ego, con su necesidad de control y supervivencia, nos convence de lo contrario. Nos hace creer que somos esa imagen mental que hemos construido de nosotros mismos: «Soy una persona tímida», «soy alguien que siempre fracasa en las relaciones», «soy demasiado sensible para este mundo».

El ego como un GPS desactualizado

En mi anterior libro, desarrollé una breve historia del nacimiento del concepto de ego y su evolución a lo largo del tiempo. Aquí retomaré solo lo esencial: la palabra «ego» proviene del latín y significa, simplemente, «yo». Pero no se trata de nuestro «yo» real, sino de una construcción mental: la imagen que hemos ido formando de quiénes somos, de lo que valemos y de cómo debemos comportarnos para ser aceptados. Es decir, de la forma en que nos autopercibimos.

Imagina que tu ego es como un GPS que no se actualiza desde hace años. Te sigue llevando por rutas que ya no existen o no te sirven, te indica que evites caminos que ahora son perfectamente seguros y te impide descubrir los nuevos atajos que podrían conducirte exactamente a donde quieres ir. Este «GPS desactualizado» se formó cuando eras pequeño y se basó en las experiencias, los mensajes y las heridas de entonces. Y aunque tú has crecido, has aprendido y te has fortalecido, el ego sigue operando con esa información obsoleta. Por eso te sabotea justo cuando estás a punto de dar el paso hacia algo mejor.

El laboratorio cuántico personal, donde todo es posible

Sin embargo, lo emocionante es que, así como la física cuántica nos muestra que las partículas pueden estar en múltiples estados a la vez hasta que las observamos, tú también puedes estar en múltiples versiones de ti mismo hasta que eliges cuál quieres manifestar, cuál es la que está alineada con tu verdadera esencia.

De esta manera, tu vida se convierte en un verdadero laboratorio cuántico, un espacio íntimo en que cada experiencia cotidiana es una oportunidad de elegir de forma consciente. En cada instante tienes la posibilidad de «colapsar la función de onda» de las infinitas alternativas, orientándola hacia la versión más coherente, plena y auténtica de ti mismo. No se trata de transformar la realidad en algo ajeno, sino de permitir que tu vida revele, paso a paso, quién eres en esencia.

Lo anterior no se refiere al pensamiento mágico ni a la autoayuda superficial. Es ciencia aplicada a la transformación personal. Cuando comprendes que tu identidad no es fija, que tus patrones de pensamiento son modificables y que tienes el poder de observar y elegir conscientemente, todo cambia. Literalmente.

El proceso que vamos a iniciar juntos no persigue «mejorar tu ego» o «tener más autoestima». Busca algo mucho más profundo y revolucionario: recordar quién eras antes de que el mundo te dijera quién tenías que ser; despejar las capas de condicionamiento para acceder a esa esencia pura que siempre ha estado ahí, esperando a ser redescubierta.

¿Estás listo para este viaje desde el ego hacia tu esencia auténtica? Porque lo que te espera es tanto una transformación personal como una nueva manera de relacionarte contigo mismo y con el mundo, el cual va a cambiar todo lo que creías saber sobre lo que es posible en tu vida.

Este capítulo es una invitación a mirar de frente a ese personaje que te has contado que eres, a descubrir las trampas sutiles con las que te protege y encierra, y a empezar el camino hacia tu verdad esencial. No para eliminar el ego —eso sería una fantasía espiritual poco realista—, sino para reconocerlo, comprenderlo y dejar de estar a su merced.

Aquí surge una pregunta para seguir este proceso que es sencilla, aunque radical: ¿y si no fueras exactamente quien crees que eres? Detrás de las historias que nos contamos sobre nosotros mismos —los miedos, las expectativas, los logros o las etiquetas—, siempre hay algo más amplio, más esencial. Tal vez la clave no esté en buscar una respuesta inmediata, sino en atreverse a preguntarse: ¿quién soy en realidad? Porque en esa apertura comienza ya la transformación.

Solemos pensar que la personalidad es algo fijo, casi genético. «Yo soy así», argumentamos, como si fuera una sentencia inamovible, algo dado e impuesto que somos incapaces de cambiar. Pero ¿realmente somos de una determinada manera desde el nacimiento? ¿Nuestra forma de ser es tan inalterable como el color de nuestros ojos?

Basta con revisar fotografías o recuerdos de nuestra infancia para darnos cuenta de que hemos cambiado muchísimo, tanto físicamente como en gustos, reacciones, aspiraciones, miedos o maneras de relacionarnos. Y eso es natural, porque estamos diseñados para evolucionar. Por consiguiente, no solo es lógico sino sano que así sea.

No obstante, en algún punto del camino dejamos de cambiar y empezamos a repetirnos. Nos convencemos de que «esto es lo que soy», alcanzamos la edad adulta convencidos de que somos de una determinada manera y de que tenemos un conjunto de virtudes y limitaciones intrínsecas que nada puede alterar, sin darnos cuenta de que ese «yo» con el que nos identificamos no es más que una construcción funcional que nació de una necesidad: protegernos.

Ese yo es el ego.

No hablamos aquí del ego como un autoconcepto desproporcionado o narcisismo. Nos referimos a una estructura psíquica de adaptación, a ese sistema interno que creamos (inconscientemente) para sentirnos seguros, amados o aceptados en un entorno que, muchas veces, nos resultaba incierto, amenazante o incluso hostil.

Desde que llegamos al mundo, nuestra mente está abierta, disponible, limpia, como una hoja en blanco, con la inocencia intacta. Pero pronto empezamos a grabar experiencias: lo que nos duele, lo que nos da miedo, lo que genera aprobación. Acumulamos experiencias sobre la realidad y las personas que integran nuestro entorno, como nuestros padres, hermanos y amigos, y, a partir de ahí, desarrollamos patrones.

La mente humana es experta en reconocer asociaciones y crear respuestas. Esa es su fortaleza, pero también su mayor trampa, en la que tú tienes todos los números de caer.

El ego va surgiendo como la suma de nuestras vivencias y de la manera que las procesamos hasta crear un sistema de protección que desarrollamos desde la infancia para poder adaptarnos a lo que nos rodea. Responde, por tanto, a nuestro instinto de supervivencia emocional. Es una identidad ilusoria que construimos para «salir a escena» en el «teatro social».

Así nace el ego: como una especie de armadura psicológica que nos permite navegar por el mundo. Una interfaz entre la vulnerabilidad del niño que fuimos y el escenario impredecible del afuera.

Si de pequeños tuvimos una madre severa, obsesionada con que siempre nos portáramos bien (esto es, no se nos permitía alzar la voz, corretear, jugar fuera de nuestra habitación e, incluso, se nos exigía pedir permiso para poder realizar cualquier acción o tomar decisiones), un padre ausente o un entorno imprevisible, puede que hayamos aprendido a callar, a complacer o a escondernos. Tal vez construimos un personaje discreto, prudente o sumiso para sobrevivir emocionalmente. El problema no es haber creado ese personaje, es seguir creyendo que somos ese personaje cuando ya no lo necesitamos.

No hay mayor prisión que la identidad con la que te protegiste en la infancia.

Nuestro ego, que nos hizo un «traje a medida» con el que complacer a nuestra madre y asegurarnos de que nos quisiera; que no asumió el abandono de nuestro padre, pero le dio una explicación para que pudiera tener sentido; que teme lo desconocido porque todo su entorno era imprevisible…, insiste en hacernos creer que en realidad somos así, que, si nos mostráramos desinhibidos o temerarios, resultaríamos heridos e incluso que, fuera de quien creemos ser, todo es peligroso y caótico.

Así que el ego no deja de ser una zona de confort, un aliado que nos mantiene a salvo y tranquilos, sí, pero que también nos aprisiona en un grupo de ideas preconcebidas, las cuales dejan de tener sentido conforme vamos madurando y viviendo.

Y entender esto es clave cuando digo que el ego es nuestra zona de confort: una identidad que nos protegió en el pasado, pero que puede convertirse en una losa bastante dañina si no la cuestionamos. Este enfoque coincide con la mirada del psiquiatra español Manuel Sans Segarra, quien, en su libro *La supraconsciencia existe,* desarrolla una comprensión del ego como «una estructura funcional necesaria para garantizar la adaptación del yo al entorno social y familiar», pero que se convierte en «el principal obstáculo para conectar con la consciencia superior cuando seguimos identificados con él».

El ego no es malo en sí mismo, pero tiende a distorsionar nuestra percepción de la realidad al operar desde el miedo, la comparación o la exigencia. Mientras no lo observemos con consciencia crítica, el ego actúa como un software automatizado que responde a patrones de protección, aunque las condiciones que los originaron ya no existan. Por eso es determinante el desarrollo personal para trascender esa identificación con el yo condicionado y abrir espacio a lo que el doctor Sans Segarra denomina la supraconsciencia: una dimensión más libre, intuitiva y coherente del ser.

El ego no distingue entre ayer y hoy; no sabe que ya no estás bajo amenaza, que ya no vives con tu autoritaria madre, que tienes recursos —aunque no los identifiques— para sobrevivir en el supuesto caos exterior. Te mantiene en alerta, aferrado a formas antiguas de pensar, sentir y reaccionar, aun cuando ya no te sirvan. Y eso, inevitablemente, limita tu capacidad de ser libre.

Si entendemos también que la mente, como la define el psiquiatra y neurocientífico Daniel Siegel, es «el proceso que regula el flujo de energía e información», el ego sería un filtro protector que gradúa ese flujo para que no duela. Para madurar emocionalmente, no podemos quedarnos atrapados en ese filtro. Tarde o temprano tenemos que aprender a sostener lo que somos más allá del personaje.

Tu objetivo no es eliminar el ego, sino reconocerlo. Darte cuenta de cuándo actúa por ti, de qué miedo está intentando evitar y qué estrategia está repitiendo. Y desde ahí comenzar a elegir respuestas distintas, reacciones más acordes a tu esencia, a tu etapa actual, a lo que de verdad quieres vivir.

Porque fuera del disfraz, fuera del molde, estás tú.

Trabajo con sombras: el espejo que revela tu inconsciente

A veces, el sufrimiento nos deja instalados en un rol de víctima sin apenas darnos cuenta. Cuando alguien llega a mi consulta desde ese lugar, lo primero que intentamos es comprender que no se trata de un fallo personal, sino de la forma que ha encontrado su mente para sobrevivir. Lo hacemos mediante el trabajo de sombras, también llamado *shadow work*, un nombre que suena esotérico, pero no deja de ser una técnica que revela una verdad incómoda, pero liberadora: todo aquello de lo que nos quejamos de los demás suele hablar, en realidad, de nosotros mismos.

¿Qué es tu sombra y cómo te controla sin que lo sepas?

Según Carl Jung, la sombra es esa parte de tu personalidad que has rechazado, reprimido o negado porque la consideras inaceptable. No son solo tus «defectos» o impulsos «negativos», sino también las potencialidades positivas que has desestimado: la creatividad reprimida, el poder personal no ejercido o los aspectos auténticos de ti que sacrificaste para encajar.

Tu sombra se forma desde la infancia. Cada vez que escuchaste «no seas egoísta», «no te enfades», «sé buena niña», fuiste enterrando partes naturales de ti en el inconsciente. Ese material reprimido no desaparece, sino que se convierte en tu sombra y opera desde ahí, influyendo en tus elecciones y relaciones sin que lo notes.

El ego y la sombra trabajan en equipo para mantenerte atrapado. Mientras el ego construye una identidad «aceptable» —«soy una persona generosa», «nunca hago daño a nadie», «siempre ayudo»—, la sombra contiene todo lo contrario: tu egoísmo, tu capacidad de lastimar, tus límites no expresados. Esta división interna es la que genera la mayor parte de tu sufrimiento.

El mecanismo de proyección: cuando tu sombra se viste de víctima

En este punto, el rol de víctima puede volverse especialmente sofisticado. A veces, sin ser conscientes de ello, atribuimos al otro emociones, intenciones o rasgos que en realidad nos pertenecen. La psicología denomina a este proceso **proyección** y, lejos de ser un error, se trata de un mecanismo defensivo profundamente humano. Su función es protegernos cuando algo de nuestra experiencia interna resulta demasiado amenazante para ser reconocido.

Recuerdo el caso de una pareja que acudió a terapia atravesando un conflicto persistente. Ella se expresaba con convicción: «Me siento controlada constantemente. Él quiere saber dónde estoy, con quién hablo, qué hago. Vivo como si tuviera que dar explicaciones todo el tiempo».

Su discurso estaba claramente organizado desde una posición de víctima: ella se sentía invadida, limitada y privada de libertad. En una primera fase del proceso terapéutico, esta vivencia fue validada, entendiendo que la percepción subjetiva de control constituye un dato clínico relevante.

Al profundizar en su historia vincular, emergió un patrón temprano de inseguridad afectiva. La paciente había crecido en un entorno emocionalmente impredecible, lo que favoreció el desarrollo de una estrategia de regulación basada en la hipervigilancia: una atención constante al otro para anticipar cualquier señal de abandono.

En la relación actual, esta necesidad interna de control no era reconocida como propia, ya que entraba en conflicto con su autoimagen consciente de persona autónoma e independiente. Como resultado, ese rasgo quedó relegado a la sombra y fue proyectado en la figura de la pareja, que pasó a ocupar el lugar de «controlador».

En una sesión, se realizó una intervención clínica cuidadosamente formulada: «Cuando hablas del control de tu pareja, ¿es posible que también haya en ti una parte que necesita controlar la relación para sentirse segura?».

El silencio posterior marcó un punto de inflexión. Por primera vez, la paciente pudo reconocer que era ella quien monitorizaba sin cesar los gestos, los silencios y los cambios de actitud del otro. La vivencia de victimización funcionaba, en realidad, como una defensa frente a la angustia de contactar con su propio miedo al abandono.

Lo que se estaba activando no era una falta de amor, sino un mecanismo de proyección: al colocar en el otro aquello que resultaba inaceptable para su consciencia, la paciente evitaba confrontar una necesidad emocional no integrada.

Reconocer estas dinámicas no nos debilita; al contrario, nos permite retirar la proyección, asumir responsabilidad psíquica y transformar el vínculo en un espacio de mayor consciencia y libertad relacional.

En términos de *shadow work*, lo que estaba ocurriendo era la proyección de un rasgo no reconocido: **la necesidad de control**. Al resultar incompatible con su autoimagen consciente de persona libre, autónoma e independiente, este rasgo permanecía en la sombra y era desplazado hacia el otro, que pasaba a encarnar el papel de controlador.

El trabajo terapéutico no se orientó a señalar culpables, sino a **facilitar la integración de la sombra**: reconocer que esa necesidad de control había sido, en su origen, una estrategia de supervivencia frente a la inseguridad vincular y que podía ser observada sin juicio, regulada de manera consciente y transformada en una forma más adaptativa de relación.

Cuando la proyección se retira, el conflicto pierde intensidad. La pareja deja de ser un campo de batalla donde se representan conflictos no elaborados y se convierte en un espacio de diferenciación, responsabilidad emocional y crecimiento psicológico.

Reconocer estas dinámicas no nos debilita; al contrario, nos da la posibilidad de romper cadenas antiguas y elegir un camino más consciente.

La pareja como espejo evolutivo: el caso de la infidelidad

Déjame ponerte un ejemplo aún más revelador. Una paciente acudió a consulta en un estado de gran desregulación emocional tras descubrir una infidelidad por parte de su pareja. Su discurso era reiterativo y cargado de desesperanza: «Mi pareja me ha sido infiel. No puedo superarlo. Siempre me ocurre lo mismo».

En una primera fase, el abordaje terapéutico se centró en **la validación emocional y la contención**, reconociendo que su dolor era legítimo y coherente con la experiencia vivida. Sin este paso, cualquier exploración posterior resultaría invasiva o invalidante.

Una vez estabilizada emocionalmente, se inició un trabajo de exploración desde la perspectiva del *shadow work*, entendido aquí como la identificación de patrones inconscientes relacionales. Se formularon preguntas abiertas: «¿Existe la posibilidad de que, al elegir parejas con características similares, estés reproduciendo un patrón relacional aprendido? Si este patrón se repite, ¿qué necesidad emocional no resuelta podría estar intentando expresarse?».

Posteriormente, se amplió la exploración al sistema familiar de origen: «¿Recuerdas experiencias de infidelidad o traición en tu historia familiar temprana?». La paciente identificó de forma inmediata un antecedente relevante: la infidelidad prolongada del padre hacia la madre, vivida en un contexto de conflicto, tensión y sufrimiento materno.

A partir de esta información, se planteó una hipótesis terapéutica: «Es posible que la figura de la pareja esté activando representaciones internas vinculadas a la experiencia infantil con tu padre y que la situación actual esté reactivando una herida relacional no elaborada».

Desde este encuadre, el síntoma deja de ser interpretado solo como un evento externo y pasa a comprenderse como una repetición inconsciente con potencial reparador, en la medida en que puede ser elaborada y resignificada en el espacio terapéutico. En este sentido, la relación de pareja se concibe como un escenario privilegiado para la toma de consciencia, el procesamiento emocional y la integración de aspectos no resueltos de la historia personal.

Ahí ocurre el verdadero giro del *shadow work*: la víctima empieza a recuperar su poder.

La pareja no llega solo para hacernos felices; llega para impulsarnos a evolucionar. Cada conflicto es un espejo que refleja aspectos de nuestra sombra que aún no han sido integrados.

Y cuando dejamos de huir del reflejo, comienza la sanación real.

Integración versus eliminación: el error que te mantiene atrapada

Aquí radica la diferencia crucial entre el trabajo del ego y el trabajo de sombras:

- **El ego** quiere eliminar, controlar o proyectar lo «malo».
- **El trabajo de sombras** busca reconocer, aceptar e integrar conscientemente.

Carl Jung afirmaba: «Uno no se ilumina imaginando figuras de luz, sino haciendo consciente la oscuridad». La transformación genuina no proviene de intentar ser «mejor persona» negando tus aspectos sombríos, sino de reconocerlos, comprenderlos e integrarlos.

Cuando el paciente del ejemplo anterior comenzó a reconocer que su queja era un espejo de su propia sombra, todo cambió. Ya no necesitaba posicionarse como víctima para evitar verse a sí mismo. Pudo aceptar esa parte que temía y, desde ahí, construir una relación más equilibrada.

La validación como punto de partida

Es fundamental aclarar que el trabajo de sombras **nunca invalida tu sufrimiento**. En mi consulta, siempre reconozco completamente la experiencia emocional de la persona antes de explorar los aspectos proyectivos.

El dolor es real. La traición duele. La injusticia lastima. La pregunta no es si tu sufrimiento es válido —lo es—, sino qué puedes aprender sobre ti misma a través de él.

El trabajo con las sombras no busca culpabilizarte ni señalarte, sino devolverte poder. Cuando comprendes que tu verdadera fuerza no está en intentar cambiar a los demás, sino en transformar la manera en que percibes lo que ocurre, se abre un horizonte nuevo. Dejas de sentirte atrapado en lo que hacen —o dejan de hacer— quienes te rodean y empiezas a reconocer que el control siempre estuvo en ti. Ahí nace una libertad distinta: ya no dependes de que el mundo externo se acomode a tus expectativas para estar en paz.

Y quizá ahora te preguntes: ¿qué pasaría si empezaras a mirar tus reacciones como oportunidades de conocerte mejor en lugar de pruebas de lo que «los otros» te hacen?

Romper la victimitis no es negar tu dolor.
Es descubrir tu poder.

El trabajo con sombras propone una autoobservación consciente a través de preguntas clave:

- ¿Qué me está activando realmente esta situación? (el espejo)
- ¿Qué emoción automática aparece en mí? (la señal)
- ¿Qué historia o creencia sostiene esta reacción? (el programa)

Responderlas con honestidad transforma la reacción en comprensión y abre el camino hacia una mayor autonomía interna, la sombra no se elimina, se integra.

Para profundizar en las técnicas específicas de trabajo de sombras aplicado a las relaciones, consulta mi libro *Mindful Love. Éxito en el Amor*, donde encontrarás herramientas prácticas para transformar los conflictos de pareja en oportunidades de crecimiento personal, que pasa por creer que te mereces lo mejor en tu vida.

El poder del merecimiento: transformando tu diálogo interno

Uno de los patrones más destructivos que observo en quienes me consultan es un diálogo interno marcado por la sensación de no ser suficiente. Está muy vinculado al conocido «síndrome del impostor», esa voz que susurra que los logros no son legítimos o que, en el fondo, no se merece lo que se ha alcanzado.

Esta voz interior, que muchas veces mis pacientes ni siquiera identifican como problemática, sabotea constantemente sus posibilidades de expansión y felicidad. Por eso siempre insisto: «El merecimiento cambia tu diálogo interno». Les recomiendo meditaciones de merecimiento y ejercicios para transformar esa conversación íntima que mantienen consigo mismos, pues ahí radica una de las claves para desactivar el ego limitante.

Piénsalo bien. No es lo mismo que yo me diga «este bolso es muy caro», «es un capricho que no me puedo permitir» o «este hombre es demasiado guapo y yo tengo poca autoestima» que que me diga «claro, me lo compro porque yo lo valgo, porque me lo he ganado» o «soy tan valiosa como cualquier persona, independientemente de su apariencia».

El diálogo interno refleja nuestras creencias limitantes, las refuerza y perpetúa, y crea un ciclo que solamente puede romperse con atención consciente y práctica deliberada.

Afirmaciones de merecimiento: reprograma tu mente para recibir

Si, como hemos visto, todo está conectado y la consciencia participa activamente en la creación de la realidad, cada pensamiento y cada emoción que sostienes son ondas que interactúan con el campo de posibilidades. Cuando repites mentalmente que «no mereces», estás proyectando una frecuencia que se alinea con la carencia. Cuando, en cambio, eliges conscientemente afirmaciones de merecimiento, no solo transformas tu diálogo interno: también sintonizas tu campo con la energía del todo y abres la puerta a nuevas realidades.

Este ejercicio es sencillo pero poderoso y ha transformado la vida de muchas de las personas que acompaño en consulta.

Duración recomendada: cinco-diez minutos diarios durante al menos veintiún días.

Materiales: una libreta pequeña que puedas llevar contigo y un espejo.

Paso 1. Identifica tres áreas de tu vida en las que sientas que te limitas o que no mereces recibir plenamente.

Paso 2. Para cada área, crea una afirmación en presente que ratifique tu merecimiento. Ejemplos:

- «Merezco relaciones amorosas, saludables y satisfactorias».
- «Merezco abundancia económica y la recibo con gratitud».
- «Merezco disfrutar de buena salud y bienestar».

Paso 3. Cada mañana, mírate al espejo y repite cada afirmación tres veces, manteniendo el contacto visual contigo mismo.

Paso 4. Lleva tu libreta contigo y anota cada vez que aparezca un pensamiento contradictorio. No lo juzgues, simplemente obsérvalo como una onda pasajera.

Paso 5. Antes de dormir, repite nuevamente tus afirmaciones, visualizando cómo sería tu vida si de verdad creyeras en ellas al cien por cien.

Variación: si eres una persona más visual o auditiva, graba las afirmaciones con tu propia voz y escúchalas durante una caminata o mientras realizas tareas cotidianas.

Lo fascinante es que muchas personas, al practicar este ejercicio, notan cambios significativos al cabo de tres semanas: se sienten más alineadas, toman decisiones coherentes con su bienestar y establecen límites más saludables. Desde la perspectiva cuántica, esto ocurre porque empiezan a emitir una vibración de merecimiento que el campo responde amplificando.

Recuerda: cuando afirmas tu merecimiento, no solo transformas tu vida, sino que elevas la frecuencia de todo lo que te rodea.

La insatisfacción crónica del ego

Llegados a este punto del análisis, no debería sorprendernos, por tanto, que, si vivimos aferrados al personaje, acabemos sintiéndonos crónicamente infelices. El ego, aunque nació como una estrategia de protección, no sabe adaptarse al cambio, por lo que siempre está insatisfecho. Surgió para sostenernos emocionalmente en un entorno pasado, pero sigue operando como si ese escenario siguiera existiendo, incluso cuando nuestra vida ha cambiado por completo.

En lugar de retirarse o renovarse, el ego se aferra al timón, quiere seguir siendo el capitán de nuestra vida. No es capaz de echarse a un lado y cedernos el control y la libertad de actuación cuando ya no nos resulta útil. De esta manera, acabamos por cuestionar la realidad, pero no desde una nueva visión acorde con lo que necesitamos, dada la nueva situación, sino desde la visión del ego que, por supuesto, ya sabes que está obsoleto. ¿El resultado? Nos impide vivir el presente tal como es, así como también desarrollarnos tal como en realidad somos.

¿Te has encontrado alguna vez dándole vueltas y más vueltas a una conversación que ya ha terminado, imaginando lo que deberías haber dicho? ¿O anticipando todo lo que podría salir mal en una situación futura? Ese es tu ego, que te mantiene ocupado con «ruido mental» para que no conectes con el silencio del presente, donde su poder se desvanece.

El ego llena la mente de ruido; te lanza a analizarlo todo, a rumiar lo que pasó o a anticipar lo que podría pasar. Te impide ser espontáneo, te ancla al pasado y te plantea alternativas de comportamiento, aunque lo hace *a posteriori* y usando la culpa de lo que podrías haber hecho —pero no hiciste— para atraparte. Te compara, te interroga, te empuja a evaluar continuamente tus decisiones y emociones. No te permite simplemente estar. Es el origen de esos pensamientos automáticos, los que nos roban naturalidad y sabotean la conexión con el ahora.

En el fondo, y aunque cueste asumirlo, el ego es la causa invisible de buena parte del sufrimiento psicológico moderno. Quizá pienses que hay que relativizar esta afirmación, porque los eventos externos nos afectan. Y tienes razón, por supuesto. No obstante, muchas veces no es el hecho en sí lo que nos derrumba, sino la historia que ese personajillo temeroso nos cuenta sobre ese hecho.

No es lo que te pasa lo que te daña, sino la historia que el ego te cuenta sobre lo que ha ocurrido.

La gestión que hacemos del dolor depende, en gran medida, del marco interpretativo que hemos heredado o construido. Y ese marco, si no lo revisamos, es propiedad exclusiva del ego.

Si tú haces una propuesta laboral y no recibes respuesta, tu ego puede susurrarte sibilinamente: «No eres suficiente, lo estás haciendo mal, no te valoran, ¡eres un fracasado!». Desde ahí, te sumerges en la frustración, la duda o incluso la parálisis. No obstante, si esa misma situación la interpretaras desde una consciencia más despierta, podrías decirte: «Tal vez no es el momento adecuado. Confío en que lo que está para mí llegará en el tiempo correcto. Mientras tanto, sigo avanzando». O quizá sonaría mejor: «No es que haya nada malo en mí, simplemente no encajo con sus necesidades, y está bien, no podemos encajar en todo ni con todos». El hecho externo es el mismo (una propuesta sin respuesta), pero la vivencia interna es por completo distinta. Y eso marca la diferencia entre vivir en paz o con sufrimiento.

Aunque sin duda es imposible, por no decir inhumano, estar alegres cuando nos sucede algo malo —como una enfermedad o la muerte de un ser querido—, tal vez te vaya a sonar raro lo que te voy a decir: algo tan natural no tendría que condicionar que seamos felices. Solemos confundir la felicidad con la euforia, la alegría o el placer, pero se trata más bien de un estado de plenitud en el que reinan la paz interior, la aceptación, la empatía, la gratitud y el amor hacia todos los seres.

En su libro *En defensa de la felicidad*, el monje budista francés Matthieu Ricard deja muy claro que la felicidad profunda, verdadera, está en nuestras manos, y que es precisamente el ego lo que nos boicotea constantemente y nos impide acceder a nuestro propio estado esencial, ese que es ajeno a nuestra historia personal y a nuestros constructos mentales:

> La tendencia a aferrarse al ego está fundamentalmente vinculada a los sufrimientos que sentimos y a los que infligimos a los demás. Abandonar ese apego a nuestra imagen íntima, dejar de conceder tanta importancia al ego equivale a ganar una inmensa libertad interior. Eso permite abordar a todos los seres y todas las situaciones con naturalidad, benevolencia, fortaleza y serenidad. No esperando ganar y no temiendo perder, somos libres de dar y de recibir. [...] Aferrándonos al universo confinado del ego, tendemos a preocuparnos únicamente por nosotros mismos. La menor contrariedad nos perturba y desanima. Estamos obsesionados por nuestros éxitos y fracasos, nuestras esperanzas e inquietudes, y así hay muchas posibilidades de que la felicidad se nos escape. El mundo estrecho del yo es como un vaso de agua en el que se echa un puñado de sal: el agua se vuelve imbebible. En cambio, si rompemos las barreras del yo y la mente se convierte en un vasto lago, el sabor del agua no cambiará por echarle un puñado de sal. [...] Si el ego constituyera realmente nuestra esencia profunda, comprenderíamos nuestra inquietud ante la idea de desembarazarnos de él. Pero, si es una mera ilusión, liberarse de él no significa extirpar el corazón de nuestro ser, sino solo abrir los ojos.

El ego teme el vacío y por eso lo llena todo con urgencias, metas, expectativas. Funciona como un GPS que nunca te dice que has llegado a tu destino. Siempre hay otro punto en el mapa, otra ruta que tomar, otra meta que alcanzar. Y cuando al fin llegas a donde creías que querías ir, reprograma la ubicación y te impide disfrutar del paisaje actual. Como un agujero negro que devora sin saciarse, te exige más logros, más validación, más seguridad, pero nunca te ofrece descanso. Por eso su patrón fundamental es la insatisfacción.

Tu ego quiere hipercontrolar su entorno para no padecer. Ansía y desea sin fin para compensarnos por esas heridas recibidas en el pasado y de las cuales él surgió. No obstante, puesto que siempre se proyecta hacia fuera, nos va inundando de una profunda sensación de vacío que nunca se colma, como un pozo que engulle todos nuestros éxitos sociales, laborales o sentimentales. De ahí que, una vez alcanzada una meta, el ego nos obliga a fijar inmediatamente otro objetivo y nos aboca a no sentirnos satisfechos jamás.

Pero aquí llegan las buenas noticias. Por mucho que nos identifiquemos con nuestro ego, no *somos* nuestro ego, básicamente porque no es real, porque es una creación de nuestra mente para procesar el conjunto de vivencias que hemos tenido. Si seguimos convencidos de que somos de una manera y no de otra, si juzgamos alegremente a los demás y a cuanto pasa en el mundo, si creemos que la fatalidad rige nuestra vida y la de todos los seres humanos, nos estamos dejando llevar por nuestro ego para crear una realidad que nos limita a muchos niveles.

Cómo el ego te sabotea sin que te des cuenta

La maquinaria silenciosa del ego

Ahora que sabes que el ego es una construcción protectora originada en tu infancia y que se mantiene operando por inercia, es importante entender cómo se manifiesta en tu vida cotidiana. Porque no solo se esconde tras grandes decisiones, también opera en los pequeños gestos, en lo que callas, en lo que temes, en lo que juzgas sin darte cuenta.

Solemos vivir con la mente siempre «encendida», siempre saturada de ideas, y el ego aprovecha todo lo que hay en ella para seguir aferrándose al poder. El ego es muy hábil, se alimenta de los problemas como una planta carnívora y siempre nos da argumentos para justificarnos y evitar que hagamos los cambios que necesitamos para sentirnos mejor.

Por ejemplo, responde con sinceridad: ¿nunca te has aferrado a un trabajo que odiabas, por temor a perder la estabilidad económica, y te has dado cuenta de que te hicieron un gran favor cuando te despidieron, ya que en tu nuevo empleo sí te has sentido realizado y valorado? ¿Lo has pasado muy mal en una salida con amigos pensando que la ropa que llevabas no te favorecía y después has descubierto que a todos les había encantado cómo te quedaba?

Si tu mente está ahí, juzgando y manipulando, es imposible que puedas disfrutar del momento presente, incluso cuando sus juicios de valor sean positivos, ya que te hace escindirte entre el «yo» que actúa y el «yo» que analiza, sopesa, recuerda o fantasea.

El ego es útil para sobrevivir, pero destructivo para vivir.

La trampa fundamental: la ilusión de separación

La raíz de todo el sabotaje del ego está en una ilusión fundamental: creerte separado de todo lo demás. Esta falsa separación es el origen de todas las trampas que veremos a continuación.

Entre muchos otros de sus engaños, el ego puede llegar a hacerte creer que eres la única persona «real» que existe. Es decir, que tu mundo interno —emociones, pensamientos y deseos— es lo único relevante, mientras que las demás personas son casi un decorado: figuras que entran y salen de escena según lo que tú sientes o necesitas.

Desde esta perspectiva egocéntrica, los demás dejan de ser sujetos con su propia profundidad emocional y pasan a ser comparsas que te afectan, te agradan o te decepcionan, pero cuya existencia emocional rara vez consideras tan importante como la tuya.

Un ego mal orientado te hace vivir como si tú fueras el centro del universo, interpretando todo lo que ocurre desde una perspectiva radicalmente subjetiva. Y, cuidado, esto no es una forma de egoísmo deliberado, sino un mecanismo inconsciente que distorsiona tu percepción y te aísla.

Esto me recuerda a uno de los aforismos que el escritor Arthur Bloch ha hecho a partir del principio de Edward A. Murphy Jr., y que todos conocemos popularmente como las «leyes de Murphy»: «No se preocupe por lo que los demás piensan de usted; están demasiado preocupados preguntándose qué piensa usted de ellos».

Desde la mirada cuántica, la separación entre tú y los demás es una ilusión. Pero más allá de la física, esta falsa separación te mete en una trampa psicológica que se manifiesta de cuatro formas específicas.

LAS CUATRO MANIFESTACIONES DEL SABOTAJE DEL EGO

La comparación tóxica

Cuando te comparas, solo tienes dos opciones, ambas tóxicas. Si te crees superior, desarrollas lo que yo llamo «el síndrome del elegido»: la vida te debe más que a los otros, puedes hacer lo que quieras, las reglas no se aplican en ti. Resultado: te conviertes en una persona egoísta que justifica cualquier comportamiento porque «mereces más».

Si te crees inferior, pasa lo contrario: desperdicias tu potencial, te conformas con las migajas, vives como la sombra de quien podrías ser. Te saboteas antes de que te rechacen.

Una autoestima sana no necesita compararse. Se valida a sí misma y respeta a los demás sin necesidad de competir. Y, cuando te das cuenta de que en realidad no estás separada del mundo, comprendes una verdad liberadora: todo lo bueno que das te lo estás dando a ti misma.

La adicción a la validación externa

Otra de las trampas de nuestro ego consiste en obsesionarnos por gustar a los demás, lo que nos deja expuestos a los caprichos de los otros o, dicho de otra forma, a los egos de los demás. Y, por tanto, coarta nuestra libertad y nuestra capacidad de realizarnos.

El ego es vanidoso e inseguro, y es común que aspire a lograr el reconocimiento mediante estrategias que, *a priori*, pueden parecer opuestas: desde la adopción del papel de víctima para despertar la compasión y la protección ajenas hasta un comportamiento dominante —inclusive violento— para imponerse sobre los demás, pasando por los alardes físicos o intelectuales y la búsqueda continua de que le den la razón.

Asimismo, puede darle por aparentar humildad o sacrificio como una forma encubierta de manipular emocionalmente a quienes lo rodean. El ego no busca verdad ni autenticidad; pretende obtener la validación y está dispuesto a adoptar cualquier disfraz para conseguirla, desde el victimismo hasta la arrogancia.

La victimización: el refugio del ego

La mentalidad de víctima es una de las estrategias más encubiertas del ego. Nos convence de que todo lo que nos sucede, en especial lo que nos desagrada, es responsabilidad de los demás o del azar. Y con ello nos arrebata nuestro poder.

Así, cada dificultad se vive como una injusticia externa, como algo que nos ocurre y nos aplasta desde fuera y sin que podamos hacer nada al respecto. Nos quita la libertad de cambiar las circunstancias.

Tomemos el ejemplo que señalé con anterioridad: permanecer en un trabajo que se odia. Aunque seguramente haya condicionantes económicos serios que justifiquen esa permanencia, en el fondo es nuestra decisión seguir allí. No es culpa de nuestro jefe ni de la labor en sí que nos sintamos infelices, es nuestra forma de relacionarnos con lo que nos pasa.

Si de momento no podemos dejar ese empleo, lo lógico, sensato y adulto sería aceptar la realidad y tratar de encontrarle el lado positivo: «Con este trabajo pago la hipoteca» o «aunque no me gusta, me siento orgulloso de llevarlo a cabo lo mejor posible».

Pero el ego, con su tendencia a infantilizarnos, boicotea este tipo de enfoque maduro. Nos empuja a negar nuestra responsabilidad, a sentirnos víctimas de los demás, de las circunstancias o del destino. Mientras la culpa recaiga fuera, permaneceremos en el mismo punto en el que el ego nos dejó.

El control emocional y la intolerancia

Esta percepción distorsionada te desconecta profundamente del entorno. Cuando crees que solo tu perspectiva importa, cualquier diferencia o decepción ajena se vive como una amenaza personal. Así, es fácil que termines sintiéndote frustrado, incomprendido o incluso solo, especialmente cuando las personas que más quieres no se comportan según tus expectativas internas de lo que «deberían» hacer si fueran, según tu personaje, «buena gente».

No te sorprenderá, por tanto, que sea en el ego donde resida la fuente de toda intolerancia, odio o fanatismo. Está muy bien tener un sistema de creencias propio, pero el ego convierte dicho sistema —que es personal e intransferible— en una verdad universal que no admite discusiones. De modo que, en el mejor de los casos, quien no la acepta está equivocado o nos decepciona, pero, en el peor, lo convertimos en un mentiroso o en una persona de «segunda categoría».

En ocasiones, el ego es un pequeño tirano que tiene muy claro qué comportamientos son admisibles e inadmisibles, tanto si los llevan a cabo los demás como uno mismo. En consecuencia, se pasará todo el rato enjuiciando, ridiculizando o criticando cualquier acto, expresión, faceta o aspecto que no encaje con su estrecho concepto de lo bueno o malo.

La única salida: reconectar con el presente

El ego siempre busca distraernos de una verdad esencial: la plenitud solo puede experimentarse aquí y ahora. Su estrategia consiste en arrastrarnos hacia el pasado con culpas y nostalgias o hacia el futuro con miedos y expectativas. Pero la vida, en su verdad más pura, solo sucede en este instante.

Tal y como plantea el biólogo celular Bruce Lipton en *La biología de la creencia*, nuestras creencias no son neutras, sino que condicionan los patrones bioquímicos de nuestro cuerpo e influyen tanto en el bienestar emocional como en el funcionamiento celular. Cuando sostenemos percepciones distorsionadas, el cuerpo entero responde como si fueran reales y quedamos atrapados en un software mental que nos roba la riqueza del presente.

No existe una versión de ti más auténtica que la que ya eres en este preciso momento. El pasado ya no está, el futuro todavía no ha llegado. Y, sin embargo, la mente insiste en distraerte de lo único que permanece vivo, el presente.

Eso no significa resignarse ni negar lo que ocurre. Significa que debemos recordar que, aunque a menudo no podamos elegir las circunstancias, siempre podemos elegir cómo responder ante ellas. Esa es la libertad más profunda: tomar distancia de los automatismos, cuestionar las viejas creencias y comprender que lo que te pasa no es lo que eres.

El ego teme lo que no puede controlar. Por eso insiste en el miedo, en la rigidez o en imponer condiciones a la vida y a los demás. Pero cuando aprendes a reconocer esa maquinaria interna y a abrirte a la diversidad —la tuya y la de quienes te rodean—, algo se transforma. Empiezas a desactivar el piloto automático del ego y a reconectar con tu energía esencial, esa fuerza creativa y coherente que vive más allá de la ilusión de separación.

Cada vez que eliges volver al presente, aunque sea solo por un instante, estás recordando tu verdad más profunda: no eres tus miedos, ni tus pensamientos, ni tus circunstancias, sino la consciencia que los observa. Y, desde ese lugar, todo se vuelve posible.

Mapea tus patrones para liberarte

¿Te has visto reflejado en alguna de estas trampas del ego? Entiendo que este nivel de autoanálisis puede resultar doloroso, pero es necesario. El ego es la parte de nuestra mente más primitiva y visceral, ligada al instinto de supervivencia y preservación. Es por ello por lo que, en especial, se rige por el miedo y la búsqueda de seguridades y placeres que nos hagan sentir bien, protegidos y a salvo. Como resultado, nuestra dignidad y autoestima se pueden ver gravemente perjudicadas en el intento.

Al final, no deja de ser una especie de voz de la consciencia que, en vez de apuntar en la dirección correcta para ayudarte a crecer cada día, a vencer las dificultades o a alcanzar la plenitud, te encierra en una celda de apriorismos. Esta cárcel, si no la detectas a tiempo, puede volverse tu hogar emocional permanente.

Pero lo más paradójico es que, mientras creemos que el ego nos protege como un guardaespaldas, es él quien nos mantiene lejos de nuestra libertad. Y eso tiene consecuencias profundas. Una de ellas, y quizá la más extendida, es la victimización, ese hábito de vernos a nosotros mismos como rehenes de las circunstancias.

Práctica esencial. Mapeo de patrones del ego

Si de verdad deseas transformar tu vida, este es el punto de partida. No basta con comprender la teoría; la única manera de empezar a cambiar es **mirarte con honestidad**. El ego opera como un software automático que dicta el 95 por ciento de lo que piensas, sientes y haces. Este ejercicio es tu laboratorio cuántico personal: al observar conscientemente tus patrones, los iluminas. Y, en cuanto los iluminas, empiezan a transformarse.

Recuerda: la física cuántica nos enseña que el observador modifica lo observado. Cada vez que llevas consciencia a un automatismo, estás colapsando la función de onda de un patrón inconsciente y abriendo la posibilidad de una nueva versión de ti.

Necesitarás papel, un lápiz y un espacio tranquilo. Regálate al menos cuarenta minutos para ti.

1. Observación de *triggers* (quince minutos)

Empieza por identificar las situaciones que activan tu ego.

Pregúntate:

- ¿Qué contextos me disparan reacciones automáticas?

  Ejemplos de respuesta:

  - «Cuando alguien cuestiona mi opinión en reuniones, siento que debo defenderme inmediatamente».
  - «Si no cumplo con un plazo, me critico y siento ansiedad intensa».

- ¿Qué tipo de personas me irritan o me ponen a la defensiva?

  Ejemplos de respuesta:

  - «Las personas arrogantes o que hablan con superioridad me frustran y me hacen competir inconscientemente».
  - «Los que actúan de forma pasivo-agresiva me confunden y me generan tensión interna».

- ¿En qué momentos siento que debo justificarme o protegerme?

  Ejemplos de respuesta:

  - «Cuando alguien no entiende mi punto de vista, siento que debo explicarme para no parecer incompetente».
  - «Cuando alguien se involucra en mis decisiones, me pongo a la defensiva para mantener el control».

Para cada respuesta, busca la necesidad que se esconde detrás. Quizá tu ego intenta darte seguridad, reconocimiento o control. Imagina por un momento qué pasaría si soltaras esa necesidad de defensa. ¿Qué espacio nuevo se abriría en ti?

Ejemplo de análisis y exploración de necesidades ocultas:

- *Trigger*: «Me irrito cuando alguien me interrumpe».
- Necesidad detrás del ego: «Necesito sentir que mi voz y mis ideas son valoradas».
- Pregunta de reflexión cuántica: «¿Qué espacio nuevo se abriría si soltara esta necesidad de validación externa?».
- Posible *insight*: «Puedo escuchar y expresarme desde la calma, confiando en que mi valor no depende de la aprobación inmediata».

2. Trabajo con proyecciones (diez minutos)

El universo funciona como un espejo cuántico: lo que ves en los demás también habita en ti.

Anota tres comportamientos que criticas con fuerza en otras personas. Luego respóndete:

- ¿En qué momentos yo también actúo así, aunque sea en menor medida?
- ¿Qué herida no sanada está detrás de esa crítica?

Cuando reconoces la proyección, colapsas la onda de la sombra. Lo que antes estaba fragmentado comienza a integrarse.

3. Diálogo con la sombra (quince minutos)

Elige el aspecto de ti que más rechazas y dale voz escribiéndole una carta. Pregúntale:

- ¿Qué necesitas que yo comprenda?
- ¿Cómo puedo honrarte sin que me limites?
- ¿Qué fortaleza oculta tienes para ofrecerme?

Luego responde desde esa parte rechazada, permitiendo que se exprese libremente. A menudo descubrirás que tu sombra guarda tesoros: sensibilidad, fuerza, creatividad...

Práctica de continuidad: Mapeo exprés diario

En términos cuánticos, la observación ya es transformación. Esta propuesta no es un trámite más, es una puerta. Si la postergas, seguirás atrapado en los mismos circuitos de siempre. Si la practicas con honestidad, tu vibración comenzará a cambiar y tu campo se abrirá a nuevas realidades. El ego seguirá ahí, pero ya no como carcelero, sino como energía disponible para tu crecimiento.

Todo es energía, ¡hasta el ego lo es!

No es una mera metáfora espiritual. Cuando lo enunciamos desde la física contemporánea, «todo es energía» se convierte en una afirmación con profundas implicaciones existenciales. Como expliqué con anterioridad al citar a David Bohm, lo que percibimos como realidad es solo la superficie de un orden más profundo: un campo de potencialidades donde todo influye en todo. Desde esa visión, no hay separación entre el observador y lo observado; pensamiento y emoción son ondas que resuenan y participan activamente en lo que vivimos.

La física moderna refuerza esta visión. El principio de entrelazamiento cuántico —demostrado por los experimentos de Anton Zeilinger, Alain Aspect y John Clauser, premiados con el Nobel en 2022— nos recuerda que la realidad no está formada por partes aisladas, sino por conexiones invisibles que se mantienen incluso a distancia. Aplicado a lo humano, esto significa que nuestros estados internos no son simples reacciones pasivas; funcionan como «campos generadores» que influyen en cómo interpretamos, seleccionamos y organizamos nuestra experiencia. Pensar, sentir y actuar no son procesos aislados; forman parte de un mismo campo energético desde el cual interactuamos con el mundo.

Cuando el ego nos mantiene atrapados en patrones de miedo, queja o victimismo, no solo distorsiona nuestra percepción; también reduce las posibilidades de experiencia que podemos reconocer. Tu vibración se convierte en un filtro: cuanto más denso es tu estado interno, más limitada es tu visión de la realidad. En cambio, cuando diriges tu atención consciente hacia emociones más elevadas, tu campo cambia y, con él, también las experiencias que puedes colapsar hacia ti.

Como señala Sharon Salzberg, reconocida maestra de meditación y una de las grandes referentes de la psicología contemplativa en Occidente, uno de los malentendidos más comunes es creer que emociones como la ira, la desconfianza o la queja no dejan huella interna. Pero toda emoción que no se transforma permanece en nosotros y acaba por teñir nuestra percepción, cerrando la mente como un sistema que solo reconoce lo que confirma sus creencias previas. El ego, alimentado de esa densidad, confunde protección con prisión.

Reconocer que incluso el ego es energía nos libera de la lucha contra él. No se trata de anularlo, sino de observar con atención cómo opera y de aprender a elevar su frecuencia hacia estados más coherentes y luminosos. Porque si todo vibra, también nosotros podemos elegir sintonizar con realidades más amplias, libres y verdaderas.

Programas del ego y sus antídotos energéticos

El ego actúa como un sistema operativo interno, formado por programas aprendidos desde la infancia que regulan cómo interactuamos con el mundo. Estos programas fueron útiles para la supervivencia, pero muchos de ellos se convierten en patrones limitantes que condicionan nuestros pensamientos, emociones y decisiones. Los programas del ego son un recurso para identificar estos patrones automáticos y aplicar antídotos energéticos que los neutralicen. Cada programa representa un patrón del ego y el enfoque consciente o práctica energética que ayuda a disolverlo, y al mismo tiempo libera espacio para tu verdadero yo y fomenta la coherencia, la libertad interior y la autenticidad. Trabajar con estos programas te permite:

- Reconocer los patrones automáticos que gobiernan tu comportamiento.
- Transformar la reacción automática en respuestas conscientes.
- Reequilibrar tu energía interna y abrir un canal para la intuición, la creatividad y la sincronicidad.

Esta tabla presenta trece programas del ego comunes —patrones mentales automáticos aprendidos que generan limitaciones emocionales y conductuales—, junto con su manifestación típica y un antídoto energético específico. Cada antídoto implica un cambio vibracional consciente: pasar de la frecuencia reactiva del ego (miedo, escasez, control) a una frecuencia expansiva (confianza, abundancia, unidad). El objetivo es neutralizar el programa mediante prácticas diarias y liberar energía para la autenticidad y la coherencia interna, como se describe en la introducción adaptada.

La tabla se divide en columnas claras:

- Programa del ego: el patrón limitante principal.
- Cómo se manifiesta: síntomas observables en pensamientos, emociones o acciones.
- Antídoto energético: la práctica o mentalidad opuesta que disuelve el programa.
- Frecuencia que activa: la vibración clave que el antídoto genera (por ejemplo, «Reconocer tu unicidad» eleva la autoestima intrínseca).

Patrones clave y cómo transformarlos

Los programas del ego agrupan temas recurrentes, como la comparación, el control y la separación, que mantienen ciclos de estrés. Por ejemplo:

- «Comparación» surge al medirte con otros y activa la inseguridad. El antídoto «Autoafirmación consciente» activa «Reconocer tu unicidad» y te enfoca en tu valor inherente.
- «Victimitis» genera impotencia al culpar al exterior. «Responsabilidad creativa» activa «Sentir "yo puedo elegir"» para recuperar poder personal.

- «Control» resiste la incertidumbre con rigidez. «Confianza» activa «Rendir el cómo y abrirte a lo posible», lo que permite el flujo.
- Los programas como «Perfeccionismo» o «Autoexigencia» bloquean el descanso. Los antídotos como «Compasión» y «Descanso consciente» fomentan el progreso gentil.
- Los temas profundos como «Separación» o «Autoimportancia» se resuelven con «Unidad» y «Humildad consciente», reconectando con el todo.

Aplicar estos antídotos implica la observación diaria. Nota el programa cuando surge, respira y elige la frecuencia opuesta mediante afirmaciones, meditación o acciones alineadas.

Tabla visual: programas del ego y sus antídotos energéticos

Programa del ego	Cómo se manifiesta	Antídoto energético	Frecuencia que activa
Comparación	Medir tu valor en contraposición con otros	**Autoafirmación consciente**	Reconocer tu unicidad
Victimitis	Culpar al exterior, sensación de impotencia	**Responsabilidad creativa**	Sentir «yo puedo elegir»
Control	Temor a lo incierto, hiperplanificación	**Confianza**	Rendir el cómo y abrirte a lo posible
Aprobación	Necesidad de ser validado	**Autoestima esencial**	Actuar desde tu verdad interna
Perfeccionismo	Parálisis, exigencia extrema	**Compasión**	Permitir el progreso sin presión
Carencia	Sensación de «no hay suficiente»	**Abundancia interna**	Apreciar y expandir lo que ya es
Autoexigencia	Culpa al descansar, tensión constante	**Descanso consciente**	Dar espacio para recibir

Programa del ego	Cómo se manifiesta	Antídoto energético	Frecuencia que activa
Identificación con el pasado	Revivir heridas, repetir roles	**Presencia**	Crear desde el «aquí y ahora»
Miedo al rechazo	Adaptarte para encajar	**Autenticidad**	Mostrarte tal como eres
Resistencia al cambio	Apego a lo familiar	**Apertura**	Acoger la evolución
Autoboicot	Procrastinar, saboteos invisibles	**Autocuidado**	Tratarte como alguien valioso
Separación	Sensación de soledad o desconexión	**Unidad**	Sentir pertenencia al todo
Autoimportancia	Necesidad de tener razón o destacar	**Humildad consciente**	Reconocer el valor compartido

Preguntas transformadoras: despierta tu verdadero yo y acelera tu evolución

Para integrar esta tabla y evolucionar, responde estas preguntas honestamente en un diario. Regresa a ellas semanalmente para rastrear cambios.

- Sobre Comparación y Victimitis: ¿en qué áreas de tu vida (trabajo, relaciones) mides tu valor en contraposición con otros o culpas al exterior por tu insatisfacción? ¿Qué pasaría si afirmaras tu unicidad y eligieras una acción responsable hoy?
- Sobre Control y Aprobación: ¿qué situaciones te llevan a hiperplanificar o a buscar validación externa? ¿Cómo te sentirías si te rindieras al flujo y actuaras desde tu verdad interna, sin esperar permiso?
- Sobre Perfeccionismo y Carencia: ¿dónde exiges perfección o sientes «no hay suficiente»? ¿Puedes practicar compasión contigo mismo y apreciar lo que ya tienes para expandir abundancia?

- Sobre Pasado y Rechazo: ¿revives heridas pasadas o te adaptas para evitar rechazo? ¿Qué crea la presencia aquí y ahora o mostrarte auténtico sin filtros?
- Sobre Cambio y Autoboicot: ¿qué hábitos familiares te resistes a soltar o cómo te saboteas sutilmente? ¿Tratarte con autocuidado, como a un amigo valioso, acelera tu evolución?
- Visión Global: de esta lista, ¿cuál es el programa del ego más activo en ti esta semana y qué antídoto probarás primero? ¿Cómo imaginas tu vida con mayor unidad y humildad conscientes? ¿Qué sincronicidad ha surgido al trabajar un antídoto previamente?

La ejecutiva que rompió el ciclo del control con aceptación radical

Imagina a Laura, CEO de cuarenta y dos años, una líder implacable que escaló al éxito corporativo ignorando las alarmas de su cuerpo. Jornadas de catorce horas, vuelos transatlánticos semanales y una agenda que no permitía pausas. Su ego le dictaba: «Controla todo, demuestra valor, nunca pares». Pero el agotamiento llegó disfrazado de migrañas crónicas, insomnio y fatiga adrenal. Siguió empujando —más café, más listas— hasta que un colapso en una junta la aterrizó en urgencias con un diagnóstico de *burnout* severo y agotamiento inmunológico.

En consulta, el punto de inflexión fue introducir la aceptación radical: en vez de «luchar contra el enemigo» (su cuerpo «traidor»), Laura aprendió a verlo como un mensajero sabio. Exploramos cómo su patrón de Control y Autoexigencia (de la tabla de programas del ego) generaba incoherencia energética; la tensión constante bloqueaba su flujo vital. Las prácticas diarias incluyeron:

- Respiración consciente para rendir el «cómo» y activar Confianza.
- Diarios de gratitud para pasar de Carencia a Abundancia interna.
- Meditaciones guiadas enfocadas en Presencia, soltando la Identificación con el pasado de «debo ser invencible».

Seis meses después, Laura renegoció su rol. Delegó, priorizó la familia y los *hobbies*, y su vitalidad regresó. Hoy dirige con autenticidad y reporta «energía ilimitada» y ninguna recaída. Su caso demuestra que la verdadera transformación surge al neutralizar el ego con antídotos energéticos; lo que parece crisis es una invitación a la coherencia superior. ¿Estás listo para escuchar el mensaje de tu propio cuerpo?

Preguntas para tu reflexión: ¿qué «alarma» ignoras hoy (fatiga, irritabilidad, procrastinación) que podría ser la llamada de tu ego a soltar control?, ¿qué antídoto probarás esta semana?

Cultiva la gratitud

Y es que, como habita en el miedo, el ego siempre anhela más para sentirse seguro. Por eso no lleva bien eso de sentirse agradecido, porque el temor nos impulsa a fijarnos en lo que aún no poseemos —y en nuestra incapacidad para conseguirlo— o en la idea de perder lo que sí tenemos.

Practicar la gratitud nos permite valorar lo que ya tenemos, dejando la idea de pérdida a un lado; acallar la insatisfacción crónica de nuestro ego, pues nos predispone a entender que lo que sí tenemos es importante y valioso, y, en consecuencia, incrementar nuestra calidad de vida.

Como explica la doctora Candace Pert en *Las moléculas de la emoción* (1997), cada emoción activa diferentes combinaciones bioquímicas en el cuerpo. Cuando eliges conscientemente sentir gratitud, aunque sea por algo tan simple como encontrar una moneda en la calle, estás liberando neurotransmisores asociados al bienestar.

Este concepto no es un detalle menor. Ese cambio emocional genera un cambio físico, y ese cambio físico refuerza un nuevo patrón mental. Es un ciclo que se retroalimenta. Al agradecer, entrenas tu mente en enfocar la atención en lo que sí funciona, en lo que sí tienes. Y, al cambiar el foco, cambias también tu forma de pensar, de sentir y, finalmente, de vivir.

Párate un momento, aquí y ahora. Observa atentamente a tu alrededor. ¿Hay algún objeto que te facilite la vida y al que no sueles dar importancia? ¿Puedes identificar al menos una cosa que hoy haya salido bien, por pequeña que sea?

Seguro que son muchas más de las que tu ego, empeñado en ver el vaso medio vacío, te hace creer. Agradécelas ahora. No con la mente, sino con el corazón. Siente la gratitud expandirse dentro de ti, aunque solo sea por un instante, y verás cómo cambian tu mirada... y tu energía.

Cuando consigas equilibrar tu ego, la parte de ti que hasta entonces se hallaba dominada por él comenzará a salir, libre para tomar decisiones, actuar y reaccionar sin la influencia de tu pasado y de ese disfraz que has vestido para tirar hacia delante. Poco a poco, dejarás de responder desde la herida, la defensa o la costumbre y empezarás a elegir desde un lugar más honesto y pleno.

Finalmente, serás y obrarás desde tu interior, desde tu verdadero yo: ese que no necesita validarse ni esconderse, ese que sabe quién es sin compararse con nadie. Vivir desde ahí no significa eliminar el ego, sino ponerlo a tu servicio, y no al revés. Equivale a habitarte con consciencia y sencillez, sin máscara, sin ruido, sin permiso.

Libertad para elegir: desapEgo y transformación

Una vez comprendidos el funcionamiento del ego y la necesidad de mantenerlo bajo control, es fundamental empezar a desarticular los obstáculos que impone. Solo así podremos acceder a la verdadera esencia de nuestra consciencia, al campo cuántico de posibilidades infinitas y a la experiencia profunda de unidad con todo lo que existe. En realidad, es el ego el que genera la ilusión de separación, el que crea los conflictos, el juicio, la comparación y la lucha.

Este estado de separación no es únicamente emocional o filosófico, también es energético. Tal como señalan los estudios del HeartMath Institute, el ser humano puede operar desde dos circuitos distintos: un circuito inferior, basado en la supervivencia, y un circuito superior, basado en la coherencia del corazón. Mientras el primero se rige por el miedo, la lucha y el automatismo, el segundo nos conecta con la sabiduría, la intuición y el amor.

El desapego no es frialdad ni indiferencia. Es la puerta de entrada a una libertad más profunda, que nace cuando dejamos de identificarnos con lo que nos duele, lo que tememos perder, lo que creemos que «nos pertenece». Entonces elegimos dejar atrás la lucha para empezar a crear una realidad más coherente con lo que verdaderamente somos.

Cuando la vida te enfrenta a lo que más temes soltar

Hace unos años, acompañé en consulta a una paciente que llegó completamente rota. Había descubierto una infidelidad y sentía que su mundo se había desmoronado. Lo había perdido todo: la confianza, el sentido, las ganas de seguir. Su cuerpo lo reflejaba con claridad —insomnio, fatiga, falta de aire— y su mente no dejaba de repetir la misma pregunta: «¿Por qué me hizo esto?».

Durante las primeras sesiones apenas podía hablar. Lloraba con rabia, con esa mezcla de dolor y orgullo que tanto desgasta. No necesitaba que yo le explicara nada, solo un espacio donde su mundo interior pudiera volver a respirar. Le propuse algo sencillo: detener la búsqueda de respuestas y comenzar, en cambio, a escuchar su cuerpo.

Con el tiempo, empezamos a trabajar en lo que llamo el desapego consciente. Le expliqué que no se trata de dejar de sentir, sino de aprender a sentir sin quedar atrapada en el dolor. El sufrimiento no desaparece porque lo ignores, sino cuando puedes mirarlo sin convertirte en él. La acompañé en el proceso de observar su experiencia con curiosidad, sin juicio, sin necesidad de analizar cada pensamiento o justificar cada emoción. Le pedí que, simplemente, respirara dentro de lo que estaba sintiendo.

Y algo cambió. Su respiración se volvió más profunda, su cuerpo se aflojó, su mirada recuperó presencia. Era como si su sistema nervioso, al sentirse finalmente acompañado y no empujado, comprendiera que ya no hacía falta seguir en modo defensa. Su organismo pudo empezar a descansar, y en ese descanso se inició la verdadera reparación.

Le expliqué que el desapego real no consiste en olvidar, sino en liberar la energía que se queda atascada cuando nos resistimos, cuando no aceptamos, y finalmente sentir que no se trata de una renuncia al amor, sino de aprender a amar sin aferrarse. En ese proceso, ella descubrió que detrás de la ira había tristeza, y detrás de la tristeza, una ternura antigua: la necesidad de sentirse vista, reconocida, elegida.

A medida que esa verdad emergía, su cuerpo empezó a responder. La fatiga desapareció poco a poco, el sueño volvió, y con él una nueva sensación de presencia. Había dejado de gastar energía en sostener el pasado, y esa energía, que antes destinaba a sobrevivir, ahora se liberaba para vivir.

Recuerdo que, en una de las últimas sesiones, me dijo algo que resumía todo su proceso: «He comprendido que no se trata de dejar de amar, sino de dejar de necesitar que el otro me complete».

Esa frase me conmovió profundamente, porque expresaba el sentido más esencial del desapego: amar desde la libertad, no desde la carencia. Lo que comenzó como una historia de traición terminó convirtiéndose en un acto de reencuentro consigo misma, y eso, para mí, es la verdadera sanación: el amor deja de ser un vínculo que ata y se convierte en la fuerza que te devuelve a tu centro.

El verdadero cambio sucede **en tu forma de estar en el mundo.**

Práctica. Dejar ir desde el corazón

La técnica «Dejar ir desde el corazón» está inspirada en David R. Hawkins. A diferencia de otras técnicas que apuntan a modular la emoción, esta propuesta busca liberar las cargas que distorsionan tu vibración emocional. No consiste en cambiar el estado, sino en dejar de resistirse a él. Es un gesto profundo de aceptación y liberación.

Técnica de soltar desde la consciencia cardiaca:

1. **Reconoce la emoción que estás sintiendo.** No la etiquetes como buena o mala. Solo obsérvala: está en ti, no eres tú.

2. **Permite su presencia en el cuerpo.** Siéntela en el pecho, en el estómago, en la garganta. No la bloquees. No la racionalices.

3. **Respira lentamente mientras sostienes la atención en esa emoción.** Cada exhalación es un permiso para que se exprese y se libere.

4. **Abre el espacio del corazón.** Visualiza esa emoción como una nube que atraviesa tu pecho. Dile internamente: «Puedes estar aquí». Sin lucha.

5. **Déjala pasar.** Puede que vuelva. Puede que se diluya. Pero, si no la retienes ni la reprimes, no se cronifica.

Esta técnica, en vez de eliminar la emoción, te invita a devolverla a su frecuencia natural. Y, desde esa liberación, tu sistema recupera coherencia. Cada vez que permites que una emoción se exprese sin juzgarla ni retenerla, estás recordándole a tu cuerpo cómo volver a su centro. No fuerces el bienestar; simplemente, libera lo que lo bloquea.

El libre albedrío no se tiene: se es

Durante siglos, los filósofos se han preguntado si los seres humanos somos de verdad libres al tomar decisiones o si, por el contrario, estamos determinados por factores que escapan a nuestra voluntad: el entorno, la genética, la cultura o incluso el inconsciente. La neurociencia moderna ha demostrado que muchos de nuestros impulsos son automáticos, fruto de patrones cerebrales aprendidos y profundamente arraigados. Sin embargo, las propuestas de la psicología transpersonal y de los modelos de «cognición cuántica» abren una forma distinta de comprender cómo decidimos y hasta qué punto podemos transformar esos patrones.

Si el universo, en su funcionamiento más profundo, no se rige por certezas sino por probabilidades que de certezas, algunos investigadores han sugerido que ciertos procesos mentales también pueden modelarse así, usando el formalismo cuántico para representar estados de duda, cambio de opinión y decisiones bajo incertidumbre. Esto no significa que el cerebro funcione literalmente como un sistema cuántico físico, sino que la matemática cuántica ofrece una metáfora y una herramienta útil para entender cómo la mente maneja múltiples posibilidades antes de elegir. Desde esta mirada, no somos engranajes totalmente predeterminados, sino consciencia capaz de moverse entre distintas opciones antes de concretar una sola. Más que «tener» libre albedrío como si fuera un objeto, podemos entender que somos ese espacio de elección consciente que, instante a instante, se inclina hacia una posibilidad entre muchas.

Esto matiza radicalmente lo que significa vivir con libertad. El libre albedrío no depende tanto de lo que ocurre fuera de ti como de lo que sucede dentro de ti. No es una facultad que se enciende o apaga a conveniencia, sino una forma de ser que solo se manifiesta cuando hay presencia. Cuando funcionas en automático, repites patrones. Cuando haces una pausa, te observas y eliges desde la consciencia, estás ejerciendo tu naturaleza más profunda: no creas la realidad externa a tu antojo, pero sí creas la forma en que la vives y cómo respondes a ella.

Este espacio entre el estímulo y la respuesta es el territorio donde vive el libre albedrío real, y tiene una base fisiológica y emocional. El neurocientífico António Damasio, con su hipótesis del marcador somático, ha mostrado que nuestras decisiones no son producto de una razón «pura» desconectada del cuerpo; la emoción es parte esencial del proceso de elección. Sin conexión emocional, la decisión se vuelve casi imposible. Cuanto más presentes estamos en lo que sentimos, más información tenemos para elegir de manera alineada. Esta libertad, sin embargo, no es impulsividad ni «hago lo que me apetece y punto», sino la capacidad de distinguir qué opción nos expande y cuál nos encadena.

Aquí entra en juego una herramienta silenciosa pero poderosa: la intuición. No es una corazonada aleatoria, sino una forma de conocimiento que emerge cuando el ruido mental disminuye. Si lo miramos desde la física cuántica como metáfora, podemos imaginar la intuición como una forma de captar rápidamente información que ya está disponible en el «campo» de posibilidades antes de que la mente lógica la ordene paso a paso. Los modelos de cognición cuántica usan precisamente esta idea de superposición y «colapso» para describir cómo, ante una decisión, nuestra mente baraja varias opciones hasta que una se vuelve clara. No pasa por un razonamiento lineal consciente, sino por una vía más directa, muchas veces no verbal.

En esa quietud interior emerge una libertad más profunda: dejas de reaccionar por hábito, defensa o deseo de control y empiezas a escuchar lo que tu consciencia ya sabe, pero suele quedar tapado. Lo más transformador es que esta capacidad está disponible en cualquier momento. No necesitas cambiar de vida ni retirarte a una montaña; necesitas disposición para mirar hacia dentro antes de actuar.

Por eso, te propongo una pequeña práctica para experimentar el libre albedrío como forma de existencia. Durante un día completo, observa cómo tomas tus decisiones: qué comes, a quién respondes, qué dices o callas. Pregúntate: ¿estoy eligiendo desde la costumbre, la necesidad de aprobación o el miedo al conflicto? ¿O desde mi verdad y mi calma interior? No intentes cambiar nada al principio. Solo observa. El primer paso para ser libre es darte cuenta de cuántas veces funcionas por inercia; en el momento en que lo ves, ya estás empezando a salir del piloto automático.

Quizá te haya pasado alguna vez: cambias completamente de opinión en un instante, como si algo hiciera clic. Este fenómeno, que todos conocemos, ha empezado a modelarse matemáticamente usando principios de la teoría cuántica aplicados a la cognición. Según la teoría de la información cuántica en dinámica cognitiva, el proceso de actualizar creencias puede describirse con el llamado postulado de proyección de Von Neumann-Lüders, que formaliza cómo un estado de «superposición» mental se actualiza cuando aparece nueva información o tomamos una decisión.

Antes de tomar una decisión, nuestra mente no está fija en un sí o en un no; se encuentra en un estado intermedio contemplando varias opciones. Es como cuando eliges qué película ver: durante unos instantes, todas las alternativas están abiertas. En el momento en que decides, esa nube de posibilidades se «colapsa» en una elección concreta. Los modelos cuánticos de decisión sugieren que este modo de representar la duda, el contexto y el cambio de opinión describe mejor ciertos comportamientos humanos que los modelos clásicos, especialmente cuando nuestras respuestas dependen del orden de la información o de cómo se formulan las preguntas.

El verdadero desapego consiste en aprender a permanecer un poco más en esa superposición antes de precipitarse hacia una conclusión cerrada. En lugar de aferrarnos a la primera interpretación que aparece, podemos sostener un estado abierto que nos permita ver matices, integrar perspectivas y descubrir alternativas que que de otro modo pasarían desapercibidas.

El verdadero desapego consiste en aprender a permanecer un poco más en esa superposición antes de precipitarse hacia una conclusión cerrada. En lugar de aferrarnos a la primera interpretación que aparece, podemos sostener un estado más abierto que nos permita ver matices, integrar perspectivas y descubrir alternativas que de otro modo pasarían desapercibidas.

Y es precisamente en ese espacio de consciencia donde aparece la posibilidad más transformadora: soltar. Soltar la urgencia de decidir rápido, la rigidez de las etiquetas y la necesidad de aferrarnos a una única versión de lo que hemos vivido. Cuando dejamos de encadenarnos a una interpretación fija, la mente se expande y se abre a nuevas formas de comprender y habitar la vida. En ese movimiento, el libre albedrío deja de ser una idea abstracta y se convierte en una práctica diaria, la de elegir, una y otra vez, desde la presencia.

LA FÓRMULA PARA SOLTAR LO QUE PESA

Soltar no es rendirse, no es perder, no es dejar de sentir. Es, sencillamente, reconocer que algo ya cumplió su función y que seguir sosteniéndolo solo te está restando espacio, energía y vida. Pero si soltar fuera tan fácil como decirlo, todos viviríamos más ligeros.

El problema no es soltar, sino todo lo que creemos que perderemos si lo hacemos. El ego, que vive aferrado al control y al miedo, se resiste ferozmente a esa posibilidad. Nos aferramos inconscientemente al dolor y lo llegamos a normalizar, convirtiéndolo en parte de nuestra identidad o zona de confort emocional. Este es uno de los grandes dramas que bloquean el salto cuántico o cualquier transformación real.

En el sistema de creencias del ego, soltar equivale a fracasar. Si dejas una relación, «has perdido». Si cambias de rumbo profesional, «has fallado». Si renuncias a un deseo, «te estás rindiendo». Así, acabamos cargando con vínculos que ya no nos nutren, proyectos que ya no nos motivan, narrativas que ya no nos representan o cualquier otra circunstancia que nos pesa solo por miedo a soltar.

Pero la verdad es otra. Lo que no sueltas te posee. Lo que te niegas a soltar se convierte, muchas veces, en una carga que consume tu energía vital, el apego es miedo disfrazado de amor.

Por lo general, se trata de miedo a perder, a quedarnos solos, a enfrentar el vacío que aparece cuando algo se va. Desde fuera puede parecer afecto, pero en realidad es una forma de control, una necesidad de que las cosas o las personas se mantengan como están para no sentirnos en peligro. Por eso el apego no libera, sino que retiene. Y lo que retiene, al final, pesa y apresa. No amamos cuando nos aferramos: controlamos, exigimos, proyectamos. Y eso, lejos de acercarnos a la plenitud, nos mantiene atrapados en una cárcel emocional invisible.

El apego no te une, te encadena.

Soltar no significa que no te importe. Significa que te importan tanto tu paz, tu verdad y tu libertad que eliges no aferrarte a lo que te daña. Soltar no es cortar de forma brusca ni rechazar lo vivido. Es, más bien, un gesto interno de liberación emocional, una forma de decir: «Gracias por lo que fuiste, ya no necesito seguir sosteniéndote».

Piénsalo. ¿Cuántas veces has seguido esperando un mensaje, una respuesta, una validación externa que no llega? ¿Y cuánta energía has invertido en ese vacío? Soltar es darte cuenta de que tu energía está atrapada en algo que no tiene retorno, de que tu atención está anclada en lo que no se mueve. Y que ahí, en ese punto exacto, estás perdiendo poder personal.

Desde el marco cuántico, esto también tiene sentido: donde pones tu atención, pones tu energía. Y lo que sostienes con tu energía se activa. Si tu energía está ocupada en sostener una expectativa que no se cumple, no puede estar disponible para crear nuevas realidades.

En este sentido, soltar es también un acto energético de recalibración vibratoria: dejas de invertir tu frecuencia en aquello que no te devuelve coherencia y permites que esa energía vuelva a ti para redirigirla a algo más alineado con tu momento presente.

Dejar una relación —y no solo de pareja— no siempre duele por amor. A veces duele porque esa relación te daba un lugar en el mundo: eras «la pareja de», «el que cuidaba de», «el que esperaba a». Cuando sueltas eso, se desarma también una parte de tu estructura emocional, de tus certezas sobre quien eres. Lo mismo ocurre con ciertos trabajos o estilos de vida: no sueltas una función, sino que sueltas una imagen de ti mismo. Por ejemplo, dejas de ser «director» para ser algo muy diferente, «parado», lo que impacta de frente en la imagen que tú mismo tenías de ti y, por ende, que proyectabas hacia los demás.

Otra razón por la que cuesta soltar es porque confundimos apego con fidelidad emocional. Creemos que, si soltamos, estamos traicionando lo vivido, como si dar las gracias y seguir adelante fuera una forma de deslealtad. Pero la verdad es que puedes honrar lo que fue sin cargarlo contigo, así como recordar con amor sin retener con angustia y agradecer sin prolongar el sufrimiento.

El neurocientífico Joseph LeDoux demostró que el miedo no se activa únicamente por lo que está ocurriendo, sino por asociaciones inconscientes con experiencias pasadas. La amígdala actúa como un sistema de alarma que responde incluso cuando el peligro ya no existe. Por eso a veces no soltamos, porque nuestro sistema nervioso sigue reaccionando como si estuviéramos en riesgo.

Y luego está el miedo a lo desconocido. El ego prefiere lo que duele, pero le resulta familiar, antes que lo incierto que podría hacerle libre. Eso nos aboca a aferrarnos, porque no confiamos en que el vacío se llenará de otra cosa y no creemos, ni confiamos, en que lo que viene pueda ser mejor que lo que se va. Y sin esa confianza, el apego se vuelve la única forma de seguridad disponible, aunque resulte tóxico.

Hay vínculos que se sueltan sin odio pero con firmeza, sin saber aún lo que vendrá, aunque con la certeza de que ya no puedes quedarte ahí. Esas son las situaciones que duelen tanto y en las que la única alternativa es soltar. Cuando quedarte ya no es una opción, probablemente tu nivel de desgaste haya sobrepasado el límite sano para cualquier ser humano.

DESPRENDERSE PARA PROSPERAR: UN CASO DE SALTO CUÁNTICO FINANCIERO

En el marco de la psicología cuántica aplicada a consulta, uno de los casos más ilustrativos es el de Javier, un empresario que llegó a mí en un estado de colapso emocional y físico. Estaba al borde de perder la empresa que había construido durante veinte años, y esa inminente caída se reflejaba en cada parte de su cuerpo: tensión extrema en los hombros, insomnio constante, ansiedad anticipatoria, varios ictus y un agotamiento que ya había dejado de ser solo mental.

Sin embargo, lo verdaderamente significativo emergió cuando exploramos su inconsciente con técnicas de observación cuántica. Allí descubrimos una resonancia profunda: Javier estaba vibrando en la misma frecuencia emocional que la historia de su abuelo paterno, quien había creado un negocio próspero para luego perderlo abruptamente.

Cuando le pregunté qué creencias familiares había en torno al dinero, lo expresó con total claridad: «En mi familia se cree que para ganar dinero hay que sacrificarse, y aun así siempre existe el riesgo de perderlo todo».

En psicología cuántica, esto constituye un campo de información transgeneracional que influye en la realidad material de la persona. Javier estaba atrapado en lo que llamamos un nudo cuántico financiero, una forma de condicionamiento que mantiene a la consciencia repitiendo historias que no le pertenecen.

Trabajamos en dos niveles:

1. **Liberación del patrón heredado.** Mediante ejercicios de observación consciente y técnicas de decodificación transgeneracional, Javier pudo identificar la carga emocional que había asumido sin darse cuenta. El simple hecho de observarla sin juicio comenzó a desprogramarla.

2. **Reconfiguración de su campo mental.** Le enseñé a activar nuevas rutas neuronales y energéticas a través de afirmaciones cuánticas como: «El dinero fluye hacia mí con facilidad», «estoy alineado con la prosperidad», «me permito recibir sin sacrificio».

No se trataba de repetir frases mecánicas, sino de sostener una vibración distinta que desplazara la vieja narrativa interna.

El punto de inflexión ocurrió en una sesión profunda de coherencia corazón-mente. Después de un ejercicio de presencia total, Javier abrió los ojos y, por primera vez, habló desde un lugar de absoluta claridad: «Creo que tengo que dejar ir la empresa. No porque haya fracasado…, sino porque ya no es mi camino».

En psicología cuántica, soltar no es renunciar, es liberar la energía atrapada en una estructura que ya no sostiene tu evolución. Y entonces sucedió lo que suele ocurrir cuando la persona suelta y se desapega desde la consciencia y no desde el miedo: la realidad empezó a reorganizarse. Al cerrar la empresa, Javier recuperó energía mental y emocional, y pudo ver oportunidades que antes eran invisibles para él. Descubrió que un pequeño local que poseía —pasado completamente por alto durante la crisis— podía alquilarse de inmediato. Ese ingreso, junto con ajustes estratégicos, generó un flujo financiero estable que lo sostuvo mientras rediseñaba su vida.

Dos años después, Javier no solo vive de ingresos pasivos, sino que además está creando proyectos alineados con su propósito real. Como él mismo dice: «Tuve que soltar un negocio para descubrir quién soy realmente».

El caso de Javier ejemplifica uno de los principios clave de la psicología cuántica: la transformación real no ocurre al «empujar» la realidad, sino al liberar aquello que la está distorsionando internamente. El salto cuántico no es un milagro externo, es un movimiento interno en el que la persona deja de aferrarse, crea espacio y permite que la energía —y la vida— se reorganicen de forma más coherente con su verdad.

Este caso demuestra algo que veo constantemente. A veces, el mayor acto de creación es simplemente soltar lo que creíamos que debíamos mantener a toda costa. El verdadero salto cuántico ocurre cuando dejamos de aferrarnos y confiamos en que el vacío que queda no es una pérdida; constituye el espacio necesario para que algo nuevo y más alineado pueda manifestarse.

Soltar no siempre es luminoso ni parece liberador al principio. Pero, cuando lo consigues, te sientes tan ligero que te preguntas por qué tardaste tanto. No porque lo anterior no tuviera valor, sino porque por fin recuperas el espacio interno que habías cedido al miedo, a la expectativa o al autoengaño. Soltar, a veces, es cerrar una puerta temblando y descubrir que dentro de ti siempre estuvo la llave de otra mucho más grande.

ENTONCES ¿CÓMO SE SUELTA?

Déjame serte sincera. Es un proceso que puede ser más doloroso que complicado. De hecho, si hubiera una fórmula para soltar, empezaría con tres verbos esenciales: reconocer, agradecer y liberar.

Reconocer es asumir con honestidad que algo te está pesando, que sigues ahí más por miedo que por amor, más por inercia que por deseo. Nombrar eso ya es un acto de poder.

Agradecer lo que fue no se hace desde la obligación espiritual, sino desde la comprensión: «Esto me enseñó algo, aunque me duela», «esto me ayudó a sobrevivir a esta situación, pero ya no me es útil». Luego hay que dar las gracias, desde el corazón, por la utilidad que aquello que has de soltar tuvo en tu vida.

Liberar implica dejar de repetir la historia, dejar de justificar, de esperar, que lo que quiere irse se vaya. Sin pelear con la realidad, sin resistirte al cambio, sabiendo que ese capítulo de tu vida llegó a su fin.

Soltar no es un acto puntual. Es un proceso. Y, como todo proceso, requiere consciencia, constancia y espacio. En el siguiente ejercicio, te invito a crear un diario de desapego para observar en qué situaciones te aferras, qué emociones se activan y cómo puedes empezar a liberar lo que ya no necesitas sostener.

Diario de siete días para aprender a soltar

Antes de empezar, dedica un momento a comprender por qué soltar importa. A veces sostenemos cosas que ya no nos sostienen: recuerdos, relaciones, creencias, deseos, incluso emociones que en su día nos dieron sentido pero que ahora se han vuelto un peso. Cuando no soltamos, nuestra energía se atasca; repetimos patrones, nos sentimos agotados y vivimos con una mochila invisible que nos impide avanzar.

Este ejercicio no busca respuestas rápidas ni definitivas, sino abrir un espacio de consciencia en el que puedas reconocer con claridad qué te está reteniendo y qué te pide libertad.

Instrucción inicial: escoge una libreta, una nota en el móvil o un documento que solo utilices para esta práctica. Elige un momento del día, durante siete días seguidos, para responder con honestidad. No importa si escribes mucho o poco. Lo esencial es que lo hagas desde tu sinceridad más íntima.

Día 1: ¿qué estás sosteniendo que ya no te sostiene?
Anota cualquier situación, relación, deseo, idea o recuerdo que sientas que te pesa. No lo juzgues, solo escríbelo. Pregúntate:

- ¿Por qué sigo sosteniéndolo?
- ¿Qué me da miedo perder si lo suelto?
- ¿Qué parte de mí se identifica con eso?

Día 2: ¿cómo se manifiesta ese apego?
Describe cómo afecta eso a tu cuerpo, a tu estado de ánimo y a tu energía.

- ¿Te agota?
- ¿Te da ansiedad?
- ¿Te hace sentir inseguro, pequeño o estancado?

Pon nombre a lo que sientes. Observa también en qué parte de tu cuerpo se manifiesta: ¿en la respiración, en la garganta, en la espalda, en el estómago?

Día 3: ¿qué historia te estás contando?
El apego suele sostenerse a través de una narrativa. Identifícala. Puede ser algo como:

- «Sin esto, no valgo».
- «Si lo dejo ir, nunca volveré a sentirme así».
- «No hay otra opción».

Pregúntate: ¿esa historia es cierta? ¿Quién serías sin ella?

Día 4: gratitud por lo vivido
Piensa en lo que te ha aportado eso a lo que te aferras: qué aprendiste, qué descubriste de ti, para qué te sirvió en su momento. Escríbelo en forma de agradecimiento:

- Gracias por enseñarme…
- Gracias por mostrarme que…

Cerrar un ciclo empieza con **honrarlo**.

Día 5: visualiza el acto de soltar

Cierra los ojos y visualiza cómo liberas eso. Puedes imaginar que lo dejas caer al mar, que lo escribes y lo quemas, que abres las manos y lo dejas volar.

- ¿Qué se siente al soltar?
- ¿Qué emociones aparecen?
- ¿Qué espacio se libera en ti?

Día 6: ¿qué podrías elegir ahora?

Desde el espacio creado al soltar, escribe tres decisiones, actitudes o movimientos que podrías hacer desde tu estado actual.

- Si ya hubieras soltado, ¿cómo actuarías?
- ¿Qué te permitirías hacer o sentir?
- De estas elecciones, ¿qué surge de la confianza y no del miedo?

Día 7: compromiso contigo mismo

Cierra el ejercicio escribiéndote una carta breve desde tu consciencia presente. No desde el miedo ni la urgencia, sino desde la ligereza del soltar, desde la confianza de que tienes una puerta por abrir que te llevará a nuevas oportunidades vitales.

- ¿Qué te prometes?
- ¿Qué ya no estás dispuesto a cargar?
- ¿Qué eliges priorizar?

Si has llegado hasta aquí, no solo has escrito durante siete días: has abierto un espacio interno de observación. Cada pregunta, cada anotación, cada visualización ha sido una manera de mantener tu mente en ese estado de superposición del que hablábamos antes, ese lugar donde conviven varias posibilidades antes de que una se convierta en decisión.

El ego, en cambio, no nos da opciones; nos empuja a cerrar rápido, a aferrarnos a la primera interpretación, a la historia conocida. Por eso este ejercicio tiene un valor tan profundo: te ha permitido sostener durante unos días esa apertura, retrasar el colapso en una sola visión y descubrir que dentro de ti hay más alternativas de las que el ego quiere mostrarte.

Soltar, entonces, no es simplemente dejar ir algo concreto. Es reconocer que puedes habitar un espacio de consciencia más amplio que el relato que tu mente repite. Es elegir no precipitarte a lo que encadena, sino quedarte un poco más en ese lugar abierto donde aparece lo nuevo.

Ahora, al mirar lo que has escrito, puedes ver con claridad qué merece quedarse y qué pide marcharse. Y, al hacerlo, percibes que soltar no es perder, sino confiar en que lo vivido ya cumplió su función, en que tu energía se libera y en que lo que viene tiene un espacio fértil para florecer.

Por eso soltar no es perder, es confiar en que lo vivido ya cumplió su función, en que lo que pesa puede liberarse y en que lo que viene tendrá espacio para crecer. Esa es la verdadera transformación: dejar de vivir atado a lo que te encadena y empezar a caminar más ligero hacia lo que te expande.

Energía, atención y vínculos: la libertad de elegir en qué y con quién

Permíteme compartir contigo un descubrimiento verdaderamente revolucionario que está en desarrollo: un equipo liderado por Hartmut Neven, en el Laboratorio de Inteligencia Artificial Cuántica de Google, está diseñando experimentos para «entrelazar» el cerebro humano con computadoras cuánticas y crear una especie de «puente cuántico» entre la mente y los cúbits (bits cuánticos) en procesadores cuánticos.

Lo que comenzó como una especulación teórica está dando sus primeros pasos experimentales y abre posibilidades que antes solo pertenecían al ámbito de la ciencia ficción. Estos avances podrían explicar científicamente por qué dos personas que han establecido un vínculo profundo parecen desarrollar una especie de «comunicación instantánea» que trasciende el tiempo y el espacio.

Los participantes en estos ensayos podrían en potencia experimentar estados de consciencia del todo nuevos, una forma de entrelazamiento consciente que explicaría fenómenos como la telepatía entre gemelos o las sincronicidades entre personas íntimamente conectadas. Al introducir el concepto de consciencia, nos referimos a aquella que precede a la vida, la cual constituye la base para entender el salto cuántico como un cambio mental o emocional y como una reorganización profunda del ser.

Estos progresos científicos comienzan a validar lo que los meditadores avanzados y las tradiciones contemplativas han descrito durante milenios: existe un estado de consciencia expandida en el que las fronteras entre seres en apariencia separados se difuminan. Así que la próxima vez que notes esa conexión inexplicable con alguien cercano, como si pudieras sentir lo que el otro siente o anticipar sus pensamientos, recuerda que podrías estar experimentando un fenómeno de entrelazamiento cuántico genuino entre vuestras consciencias. Y pronto podréis medirlo científicamente.

Por si acaso, cuida tu energía porque, como ya has visto a lo largo de las páginas anteriores, esta no es infinita. Lo que piensas, sientes y sostienes tiene un impacto directo en cómo experimentas la realidad. Pero hay algo que a menudo pasamos por alto: no solo invertimos energía en nuestros pensamientos o emociones, sino también en las personas con las que nos vinculamos.

Elegir con quién compartes tu tiempo —capacidad de escucha, intimidad o incluso presencia silenciosa— es una de las decisiones más determinantes para tu bienestar energético. Porque los vínculos no son neutrales; modifican tu campo, percepción y fisiología. Afectan a tu estado de ánimo y moldean tu frecuencia interna.

Cuando operamos desde la consciencia inferior, vivimos a la defensiva; el entorno se percibe como una amenaza y la atención se dispersa en microalertas constantes. En ese estado, es muy fácil abrirnos a vínculos disfuncionales no por mala voluntad, sino por la necesidad de validación o el miedo al abandono. Pero vivir desde la consciencia superior implica otra cosa: elegir con quién es coherente compartir tu energía y cuándo es necesario poner un límite.

Y esa elección, lejos de ser un gesto egoísta, es una forma de autocuidado profundo. Porque si compartes tu campo energético con personas que permanentemente te exigen, te juzgan, te absorben o te manipulan, no importa cuánta práctica espiritual tengas. Tarde o temprano sentirás que tu energía se fragmenta.

Muchos de los vínculos que sostenemos no fueron elegidos de forma consciente. Fueron heredados, asumidos o interiorizados en una época en la que no sabíamos elegir. Familiares, entornos laborales, amistades del pasado, exparejas... son relaciones que en algún momento ocuparon un lugar útil o estructurante, pero que, con el paso del tiempo, pueden haber perdido coherencia con tu proceso actual.

A veces, esas relaciones no siguen existiendo por amor, sino por culpa, miedo o simple costumbre energética. Hay vínculos que ya no nos reflejan, nos reactivan. Es decir, esas relaciones no sacan lo mejor de nosotros; al contrario, nos devuelven al yo antiguo, a esa versión temerosa, complaciente, irritable o dependiente. Si cada vez que estás con alguien sientes que retrocedes emocionalmente, no estás compartiendo desde la consciencia superior, sino desde tu sistema de supervivencia.

Y esto no siempre tiene que ver con conflictos visibles. A veces es más sutil: un gesto, un tono, un tipo de humor que te invalida, un comentario que desestabiliza. Pero tu cuerpo lo sabe y te lo anuncia con incomodidad, tensión, fatiga. El cuerpo guarda memoria somática de cómo fue tratado y, cuando detecta un patrón vincular que se parece a algo que lo hirió en el pasado, activa la defensa antes incluso de que tú lo notes, como indica el psiquiatra neerlandés Bessel van der Kolk.

Por ello, y esto es muy importante, no todo vínculo que duele es tóxico, pero sí merece ser observado porque, tal vez, no todo debería estar puesto en la otra persona, sino que eres tú quien está entrando en ese vínculo desde una programación que ya no te representa.

Una de las formas más claras de identificar si un vínculo es saludable o no es preguntarte desde dónde estás sosteniéndolo. ¿Desde el miedo a perder? ¿Desde la obligación? ¿Desde una herida que aún no has mirado? ¿O desde una elección libre, genuina, actual? ¿Desde la necesidad de ganar la jugada?

El ego busca vínculos que le den seguridad, poder o confirmación, pero la consciencia busca conexión, expansión y autenticidad.

Al ego le atrae quien lo alimenta; al alma, quien lo libera.

No necesitas relaciones perfectas, sino relaciones verdaderas en las que puedas estar en tu centro sin justificarte, en las que la escucha sea mutua y la presencia no esté medida por lo que das, sino por lo que sois juntos los dos implicados.

Desde una mirada inspirada en la noción de campo cuántico, podemos imaginar que cada persona actúa como una frecuencia emisora y receptora: un conjunto único de emociones, pensamientos y estados fisiológicos que se expresan en su cuerpo y su presencia. Cuando compartes tiempo con alguien, estos campos personales se «superponen»;

no solo hay intercambio de palabras o gestos, sino también una influencia mutua a nivel sutil, similar a como dos ondas se combinan cuando se encuentran. No es que literalmente colapsen juntas en una nueva partícula, pero sí que de ese encuentro puede emerger una nueva posibilidad de percepción, de relación y de consciencia para ambos.

Además, Daniel Siegel explica que cada interacción humana genera una experiencia fisiológica mensurable: activamos patrones de seguridad o de amenaza según cómo nos sentimos vistos, escuchados o ignorados. La co-regulación emocional —ese baile sutil entre dos sistemas nerviosos— es real y constante. A esto se suma lo que sabemos del campo cardiaco: cuando una persona entra en coherencia, su campo electromagnético se ordena y se vuelve más armónico, repartiendo armonía a su alrededor.

Imaginarás que, si compartes energía con personas que viven desde la queja, el juicio o el miedo, estarás filtrando tu percepción a través de esa frecuencia, y no porque se «pegue» como una maldición, sino porque la atención compartida genera resonancia. En cambio, cuando te rodeas de personas que viven desde la presencia, la autenticidad o la vulnerabilidad real, tu campo se regula, tu energía se reorganiza y tu sistema nervioso se relaja. Y, desde ahí, puedes ver con más claridad, sentir con más profundidad y elegir con más libertad.

No debería ser necesario recordártelo, pero, como tengo muchos pacientes que lo sufren, te menciono que no estás obligado a quedarte donde te desmantelas para que el otro no se rompa. Y cuando no puedes cambiar la relación, sí puedes cambiar desde dónde la sostienes. Tienes la potestad de decidir si entras desde la vieja programación o desde tu consciencia actual, lo que te permite permanecer, pero sin perderte. Puedes cuidar sin sobrecargarte.

Si decides tomar distancia, que no sea por rabia, sino por respeto. No huyas, decide marcharte como una opción consciente, desde la claridad de que es un acto de amor por ti y por la otra persona. Ni ella te aporta lo que tú deseas, ni tú puedes serle útil si no deseas estar a su lado.

La verdadera libertad energética no se impone ni se explica; se practica en el día a día, en cómo eliges estar, cómo respondes cuando algo se vuelve incoherente, cómo decides volver a ti sin necesidad de explicar nada.

No es egoísmo elegir a quién abres la puerta, es respeto por el hogar que estás aprendiendo a ser. Y cuando comienzas a habitarte desde ese lugar más limpio, sereno y auténtico, algo dentro de ti se activa. Como si una puerta interna, olvidada durante años, comenzara a entreabrirse. Ahí empieza otro tipo de percepción más afilada, profunda, conectada con lo que eres de verdad.

Debemos recordar que esa percepción no surge de la fantasía ni del pensamiento mágico; constituye un estado neurológico y fisiológico que puede entrenarse. La ciencia ha mostrado que ciertos procesos internos —como la coherencia emocional, la meditación sostenida o la reducción del ruido mental— activan regiones cerebrales implicadas en la percepción interna y la regulación de la consciencia. Y, entre ellas, destaca una estructura pequeña pero fuerte, la glándula pineal.

Tal vez la verdadera libertad no consiste en acumular certezas, sino en soltar aquello que ya no resuena contigo, en dejar de aferrarte a lo que fue para empezar a habitar lo que es, en elegir el momento perfecto para soltar.

Y tú, ¿estás eligiendo lo que sostienes o solo lo estás repitiendo?

Recuerda: elígete a ti, suelta y… *Be sunshine!*

No busques la señal, sé la frecuencia que la genera; sé luz, porque, cuando tú brillas, el universo entero recuerda su propio resplandor, suelta y confía.

No somos islas. Nuestra consciencia, nuestra identidad, incluso nuestras emociones se moldean en interacción con los demás. Comprendernos a nosotros mismos exige, por tanto, mirar más allá del «yo» y comenzar a vernos como parte de una red de vínculos. No desde la dependencia, sino desde la interdependencia consciente.

La glándula pineal y la percepción ampliada

Los estados expandidos de consciencia

¿Te has preguntado alguna vez por qué algunas sustancias psicotrópicas tienen tanto éxito, a pesar de algunos comentarios acerca de los posibles efectos secundarios negativos? Porque permiten al ser humano rodear la senda cerrada y acotada que ha creado nuestro ego sobre la realidad que nos circunda para adquirir nuevas perspectivas perceptivas y emocionales que, sin los filtros del ego, se sienten más puras, intensas y esenciales.

¿Qué me dirías si te contara que tienes en el cerebro un pequeño órgano que puede producir cualquiera de las experiencias de expansión y clarividencia mental, euforia, vitalidad, energía, plenitud, paz e incluso iluminación que provocan esas sustancias... y, lo que es más sorprendente, sin ninguno de sus efectos nocivos? Pues prepárate para descubrir cómo vivimos «sintonizados» con la potencialidad infinita del universo cuántico sin ser conscientes de ello. Y ya has visto que esa sintonización no es una invención mística, es vibratoria, fisiológica y mensurable.

Ya te he hablado sobre la energía que de forma natural todos los seres vivos poseemos, de tipo bioeléctrico. Antes de meterme de lleno en la glándula pineal, debo añadir que cualquier energía, según los principios más básicos de la física clásica, se produce cuando las partículas elementales interaccionan entre sí, es decir, se mueven, lo que provoca vibraciones. Estas son movimientos de la materia causados por la oscilación de las partículas respecto a una posición de equilibrio. En consecuencia, la energía de nuestro cuerpo —que lo recorre y se expande más allá de él— no solo emite campos magnéticos, sino también vibraciones. Así es como nos relacionamos con el entorno, con los demás y con nosotros mismos: a nivel energético.

La glándula pineal: ciencia y función

Hoy sabemos que el cuerpo humano no es solo un conjunto de sistemas mecánicos y químicos, también es una red bioeléctrica viva. Tu corazón genera un campo electromagnético tan intenso que puede medirse fuera del cuerpo, mientras que tu cerebro produce ondas eléctricas que cambian según tu estado de atención, descanso o meditación. Incluso cada célula emite diminutas señales luminosas y eléctricas que forman parte de una comunicación invisible pero fundamental.

Lejos de ser curiosidades, estos fenómenos muestran que lo que llamamos «energía» es, en realidad, información en movimiento: una organización dinámica entre cuerpo, emociones y consciencia. Cuando este flujo está en equilibrio, sentimos calma y coherencia; cuando se altera, nos desconectamos de nosotros mismos y del entorno.

Por eso no es una metáfora recordar que allí donde ponemos la atención, ponemos nuestra energía; es una forma real de comprender cómo nuestra biología y nuestra consciencia se entrelazan.

Pero ¿qué es en realidad la glándula pineal?

Se trata de una estructura endocrina muy pequeña, del tamaño de un grano de arroz, situada en el centro del cerebro, en el techo del diencéfalo. Su función principal es la regulación de los ritmos circadianos, que son los ciclos biológicos que se suceden en nuestro cuerpo y mente a lo largo del día, marcados por factores como la luz solar, la alimentación o la actividad física, y que regulan procesos esenciales como el sueño, la vigilia, el metabolismo o la producción hormonal. Algunos investigadores, como Claude Gronfier, han documentado con detalle que la glándula pineal actúa como un sensor fotosensible interno y ajusta nuestro reloj biológico a los estímulos ambientales.

La glándula pineal secreta serotonina (un neurotransmisor que produce sensaciones de bienestar, satisfacción y autoestima) y melatonina (una hormona clave para el descanso, la regeneración y la relajación profunda). Como demostró el investigador Russel J. Reiter, la melatonina también tiene efectos antioxidantes, neuroprotectores e incluso, en ciertos contextos, moduladores del sistema inmunológico y con posibles propiedades anticancerígenas. Sus niveles aumentan de forma natural en condiciones de oscuridad, lo que ralentiza la actividad de la mente consciente y favorece un cambio en las ondas cerebrales hacia patrones más lentos, como las theta y las delta, asociadas a la introspección, el sueño profundo y los estados de percepción expandida, como ya mencioné con anterioridad.

La sensibilidad de esta glándula a la luz solar es una muestra tanto de su vinculación directa con los ritmos naturales como de su capacidad para responder a estímulos sutiles, incluidas ciertas frecuencias electromagnéticas. En este sentido, ha sido descrita como una especie de radio biológica: un sistema capaz de «sintonizar» con información ambiental y modular respuestas internas.

Cuando se activa de forma intensa, la melatonina se transforma en metabolitos más refinados, como las beta-carbolinas, que inducen estados de profunda relajación, expansión del contenido inconsciente y alteraciones significativas de la percepción. La similitud entre estos compuestos endógenos y ciertas sustancias psicodélicas no es casualidad. Investigaciones recientes en neurociencia están revelando que ambos actúan sobre receptores cerebrales similares, en particular los receptores de serotonina, que juegan un papel crucial en la regulación del estado de ánimo, la percepción y la consciencia. Algunos científicos han vinculado estos metabolitos con experiencias que comúnmente se describen como visiones internas, intuiciones profundas o estados no ordinarios de consciencia.

Es por ello por lo que, en muchas tradiciones espirituales, se ha considerado la glándula pineal como el llamado «tercer ojo»: un ojo invisible que no se orienta hacia el mundo externo, sino hacia dentro, y que permite acceder a niveles de realidad más sutiles. Cuando esta glándula se encuentra en equilibrio y activación plena, parece actuar como un transductor, es decir, un sistema que convierte una forma de energía en otra, transformando información vibratoria en experiencia sensorial interna. De ahí que se la relacione con la percepción intuitiva, la sensibilidad extrasensorial y la conexión espiritual.

Este no es un libro de religión ni de metafísica, así que resulta irrelevante discutir si el «tercer ojo» existe como órgano espiritual, físico o simbólico. Pero lo que sí han demostrado las técnicas actuales de neuroimagen y neurociencia es que, cuando se dan condiciones para la activación profunda de la pineal (oscuridad, silencio, estados meditativos, etcétera), muchas personas reportan experiencias místicas similares: una sensación de disolución del yo, conexión con un todo invisible, percepción expandida y claridad interior.

Todo ello ha sido estudiado por autores como Andrew Newberg o Rick Strassman, quienes han planteado hipótesis fisiológicas sobre cómo ciertos estados cerebrales —incluyendo la activación pineal— podrían facilitar una percepción «más allá del yo».

La psilocibina y la glándula pineal: paralelos reveladores

Lo fascinante es que estas experiencias de activación pineal tienen notables similitudes con aquellas inducidas por sustancias psicodélicas, como la psilocibina. Investigadores de Johns Hopkins Medicine han demostrado que la psilocibina puede provocar lo que denominan un «sentimiento de unidad con el universo», comparable con los estados meditativos profundos y las experiencias de iluminación espiritual.

Este efecto no es casual. Los estudios neurológicos han revelado que tanto la meditación profunda como la psilocibina producen una reducción de actividad en la red de modo predeterminado del cerebro, precisamente la región neural responsable del sentido del «yo» y de los pensamientos autorreferenciales. La mencionada red constituye un conjunto de regiones cerebrales que tienden a activarse cuando no estamos concentrados en una tarea externa específica. Esta «disolución del ego» permite acceder a estados de consciencia en los que las barreras perceptivas habituales se desvanecen.

Como explica el doctor Óscar Álvarez, investigador principal en un ensayo con psilocibina en Barcelona, «estamos asistiendo al nacimiento de un nuevo paradigma en psiquiatría» en el que convergen los efectos de sustancias psicoactivas con los métodos psicoterapéuticos. Sin embargo, estos compuestos no están exentos de riesgos, incluyendo reacciones de ansiedad (hasta un 26 por ciento, según los estudios), dolores de cabeza, náuseas y, en casos raros, reacciones psicológicas adversas más duraderas.

Por su parte, el psicólogo Marc B. Aixalà, autor de *Psychedelic Integration*, enfatiza que lo valioso no es la experiencia psicodélica en sí, sino la integración posterior de sus enseñanzas en la vida cotidiana. Este mismo principio se aplica a la activación natural de la glándula pineal: no buscamos una experiencia alterada, aspiramos a un conocimiento más profundo que pueda transformar nuestra relación con nosotros mismos y con el mundo.

La glándula pineal, en definitiva, puede alterar nuestra percepción sin necesidad de recurrir a estímulos físicos externos ni a la mente consciente. Se convierte, así, en un instrumento interno —con el que ya venimos de serie— para acceder al campo cuántico y desarrollar facultades sutiles como la intuición, la inspiración profunda o la sensación de propósito.

Lo que la ciencia moderna está descubriendo, y que resulta revolucionario para la psicología terapéutica, es que estos estados de consciencia expandida —ya sean facilitados por la activación pineal o experimentados controladamente mediante psicodélicos en entornos clínicos— parecen tener un profundo valor terapéutico. Tenemos estudios recientes que muestran resultados prometedores para condiciones como la depresión resistente, la ansiedad ante la muerte, el trastorno de estrés postraumático y las adicciones. Lo más sorprendente es que, en muchos casos, una o dos experiencias profundas pueden catalizar cambios sostenidos durante meses, algo muy distinto al modelo tradicional de medicación diaria.

Las anteriores consideraciones nos llevan a la conclusión de que nuestra percepción habitual es solo una fracción de lo que nuestro cerebro puede captar. Al aprender a activar de forma consciente nuestra glándula pineal, podemos expandir nuestra experiencia del mundo sin depender de sustancias externas ni exponer nuestro sistema a riesgos innecesarios. Es una capacidad natural que todos poseemos, aunque raramente la cultivemos.

Pero ¿y si no se tratara de ver más, sino de ver desde otro lugar?

Meditación guiada para activar la glándula pineal

A continuación, te facilito una meditación pensada para activar la glándula pineal y tener la posibilidad de abrir la mente a nuevas posibilidades. Puedes repetirla varias veces por semana, preferiblemente en horarios nocturnos, con el fin de facilitar el efecto fisiológico de la melatonina y favorecer estados de percepción más amplificados. No requiere conocimientos previos, solo atención, calma y constancia.

Como los niveles de melatonina alcanzan su punto más alto entre la una y las cuatro de la madrugada, este es el mejor horario para llevar a cabo esta práctica. Sin embargo, si no te es posible, basta con que sea de noche.

Elige un espacio tranquilo. Siéntate con la espalda recta, en una postura cómoda. Puedes adoptar la posición del loto, si te resulta natural, o simplemente sentarte con las piernas cruzadas y las manos sobre las rodillas, con las palmas hacia arriba.

Inicio de la respiración. Cierra los ojos y comienza a respirar de forma profunda y pausada. Con cada inhalación, toma aire por la nariz. Con cada exhalación, suéltalo por la boca. Deja que el cuerpo se relaje progresivamente.

Respiración alterna (Nadi Shodhana). A continuación, introduce una respiración alterna por las fosas nasales. Cierra suavemente la fosa nasal derecha e inhala por la izquierda. Luego cierra ambas fosas un instante, sin forzar, y exhala por la derecha. Inhala ahora por la derecha, realiza una breve pausa cómoda y exhala por la izquierda. Continúa este ciclo durante unos minutos, manteniendo un ritmo lento y regular. Esta respiración favorece la regulación del sistema nervioso autónomo, equilibra la actividad entre ambos hemisferios cerebrales y prepara el cerebro para estados de atención interna sostenida.

Escaneo corporal ascendente. Deja la respiración alterna y vuelve a una respiración natural. Visualiza cómo, con cada respiración, el cuerpo se va llenando de energía y vaciando de tensión. Comienza desde los pies y asciende lentamente hasta llegar a la cabeza.

Activación de la glándula. Cuando llegues a la cabeza, haz una ligera retención de la respiración, al mismo tiempo que contraes los músculos del abdomen y el pecho. Este gesto genera una presión interna que estimula la glándula pineal. Exhala suavemente. Repite varias veces.

Foco en la zona pineal. Dirige tu atención a la zona ligeramente por encima del entrecejo. Mantente respirando de forma consciente, sin forzar.

Visualización energética. Imagina que en ese punto se concentra una energía clara, estable, que activa un centro interno. Si surge una forma, un color o una sensación, deja que aparezca sin analizarla.

Recorrido interno. Permite que esa energía se expanda hacia el interior del cerebro. Visualiza cómo recorre tu estructura mental y tus pensamientos sin necesidad de intervenir. Solo observa.

Estancia focalizada. Permanece entre cinco y diez minutos en ese estado. Mantén la atención en la zona de la glándula pineal, sin distracciones, simplemente observando lo que se presenta.

Expansión y cierre. Extiende la percepción al resto del cráneo, luego al entorno. Cuando lo sientas, permite que la respiración vuelva a su ritmo habitual.

Transición final. Si has realizado esta práctica de madrugada, puedes acostarte directamente a dormir. Si ha sido más temprano, quédate unos minutos en silencio antes de abrir los ojos y retomar la actividad.

Te recomiendo practicar esta meditación durante siete noches consecutivas y anotar cualquier cambio que observes en tu descanso, percepción o claridad mental. La glándula pineal responde con mayor intensidad cuando se estimula de forma regular, en condiciones de calma y oscuridad.

Cuando bajas el ruido del ego, también permites que tu glándula pineal —ese pequeño centro de equilibrio neuroendocrino— recupere su sensibilidad natural. Y lo que antes parecía confuso empieza a mostrarse con una luz nueva.

Entonces aparece el verdadero reto: entrenar una percepción más amplia, compasiva y conectada. Una mirada que no se quede en lo inmediato ni en lo evidente, sino que vaya más allá del juicio, de la historia personal o del personaje que has construido. Para eso necesitamos relaciones conscientes. Lo que yo llamo relaciones cuánticas.

Porque, si bien todo está unido, no todas las uniones nos elevan.

Unirse no siempre es crecer. A veces es solo repetirse.

Cuando empiezas a mirar tus relaciones desde este lugar más amplio, descubres que cada vínculo no solo te une a alguien más, sino que también moldea la realidad que ambos co-creáis. En otras palabras, tus conexiones no son neutrales. Elevan o contraen, expanden o repiten.

Y aquí surge una pregunta inevitable: ¿cómo reconocer en qué vibración estás cuando te relacionas? ¿Cómo saber si esa energía te está impulsando hacia delante o manteniéndote atrapada en viejos patrones?

Ahí es donde entra en juego tu mapa de consciencia.

Tu consciencia tiene un mapa: aprende a leerlo

Piénsalo por un momento. ¿Nunca te ha pasado que, después de una discusión, sientes el cuerpo vacío, como si te hubieran arrancado la fuerza vital? ¿O que, en días de tristeza profunda, hasta lo más cotidiano —levantarte de la cama, ducharte, vestirte— se convierte en una hazaña casi imposible? Tal vez recuerdes alguna vez en la que no querías asistir a un evento porque estaba tu ex, pero fuiste igualmente, movido solo por el orgullo… ¿Cómo volviste a casa? Seguramente más cansado que si hubieras corrido una maratón.

Y también has experimentado lo contrario, ese momento de felicidad en el que todo encajaba, en el que tu cuerpo parecía cargarse como si fuera una batería infinita. Caminaste durante horas o reíste hasta el cansancio y aun así la energía no se agotaba.

¿Ves? Todo esto responde a un mismo principio: emanamos una energía cuya intensidad y calidad fluctúan según dónde ponemos la atención y en qué vibración de consciencia habitamos.

No es algo abstracto. Tu mapa vibracional se dibuja en cada gesto, en cada palabra, en la manera en que entras en una sala o en cómo cierras una conversación. Esa energía no miente: se percibe, se transmite y se contagia.

El psiquiatra David R. Hawkins propuso con su mapa una manera de poner nombre a esa experiencia, desde los estados más densos, como la vergüenza o la culpa, hasta los más expansivos, como el amor o la paz. Y aunque no sea un instrumento científico en el sentido tradicional, lo cierto es que nos ofrece una brújula clara que nos permite saber en qué frecuencia estás vibrando y hacia dónde puedes moverte.

Porque lo más revelador de todo es esto: no vibras igual en todas las áreas de tu vida. Quizá te mueves con confianza en tu trabajo, pero vibras con miedo cuando piensas en tu relación de pareja. Tal vez te sientes en aceptación en lo profesional, pero con culpa cuando se trata de tu familia. La consciencia cambia, se mueve, y tu vibración también.

Por eso este mapa no está aquí para juzgarte, sino para darte un lenguaje, una guía, un espejo ante el que reconocerte. Porque cuando pones atención a tu vibración, empiezas a ver que no es fija, que puedes entrenarla, moverla, transformarla.

Imagina tu consciencia como un paisaje en constante movimiento. No hay un único lugar donde estés siempre: a veces habitas en las zonas más bajas, otras alcanzas cimas que te llenan de aire y claridad. Y lo importante no es «fijarte» en un nivel, sino aprender a reconocer dónde estás para saber cómo moverte.

El **mapa de la consciencia** describe **niveles de consciencia humana** en una escala logarítmica del **0 al 1000**, según el grado de verdad, la coherencia interna y la apertura al amor de cada estado. Hawkins lo presentó como una herramienta para comprender **cómo percibimos la realidad y desde dónde actuamos**. No vivimos los hechos tal como son, sino **según el nivel de consciencia desde el que los interpretamos**. A mayor nivel, mayor claridad, responsabilidad y capacidad de respuesta; a menor nivel, más reactividad, miedo y sufrimiento.

Los niveles principales del mapa son:

- **Estados de baja consciencia (0–199).** Asociados a supervivencia, miedo y contracción.

- **Vergüenza (20)** → humillación, autoataque.
- **Culpa (30)** → autocastigo, victimismo.
- **Apatía (50)** → desesperanza, impotencia.
- **Pena (75)** → tristeza profunda, pérdida.
- **Miedo (100)** → ansiedad, control.
- **Deseo (125)** → apego, carencia.
- **Ira (150)** → resentimiento, lucha.

Aquí la persona suele verse como víctima de la vida.

- Punto de inflexión.
  - **Coraje (200).**

  Es el nivel clave. Aquí comienza el verdadero crecimiento psicológico: la persona **asume responsabilidad**, deja de culpar exclusivamente al exterior y empieza a elegir conscientemente.

- **Estados de mayor consciencia (200–499).** Asociados al poder personal y la regulación emocional.
  - **Neutralidad (250)** → flexibilidad, desapego.
  - **Voluntad (310)** → motivación, aprendizaje.
  - **Aceptación (350)** → responsabilidad plena.
  - **Razón (400)** → comprensión, claridad mental.

  Aquí el yo deja de reaccionar automáticamente y empieza a observar.

- **Estados transpersonales (500-1000).** Asociados a la integración, la compasión y la unidad.
  - **Amor (500)** → apertura, conexión.
  - **Alegría (540)** → gratitud profunda.
  - **Paz (600)** → ecuanimidad.
  - **Iluminación (700–1000)** → estados no duales.

Y ahora ¿qué haces con toda esta información?

Seguro que ya intuyes algo esencial: tu estado interno no es neutro. Lo que sostienes con tu atención —pensamientos, emociones, hábitos— modela tu cuerpo, tu mente y tu manera de vincularte. Y, como vimos con anterioridad, la ciencia nos ofrece tres buenas noticias: tu cerebro es plástico, tu sistema nervioso puede aprender seguridad y tu corazón entra en coherencia cuando entrenas estados como la gratitud o la compasión. Es decir, puedes entrenarte para vibrar distinto.

Sobre el mapa de la consciencia, quiero recordarte algo importante: úsalo como una brújula, no como una sentencia. No lo leas como una regla matemática ni como un diagnóstico; léelo como un lenguaje para nombrar dónde te encuentras y hacia dónde puedes moverte. Lo verdaderamente transformador no es «en qué número estoy», sino qué elijo cultivar hoy.

También conviene tener muy presente esto: no tienes por qué vibrar igual en todas las áreas de tu vida. Quizá te sientes en confianza cuando trabajas en lo que amas y, sin embargo, aparece el miedo cuando se activa una herida en tus relaciones. Puede que en lo profesional vivas la aceptación y en tu familia asome la culpa. La consciencia se mueve; la vibración, también. Por eso hablamos de entrenamiento: de elegir, una y otra vez, hacia dónde diriges tu atención.

Y recuerda: tu vibración no solo te afecta a ti. Lo nota tu cuerpo, sí, pero también lo perciben tus vínculos, tus decisiones, tu entorno. Cada vez que te colocas en la culpa, el juicio o la tristeza crónica, tu mundo se estrecha. Y, del mismo modo, cada vez que eliges la empatía, la paciencia o el autocuidado, no solo elevas tu frecuencia, también contribuyes a ordenar el campo relacional que compartes con los demás.

¿Cómo se traduce todo esto en tu día a día?

- **Neuroplasticidad aplicada.** Como vimos, tu cerebro cambia con la práctica repetida. No busques saltar del miedo al amor en un día; elige una transición viable —del miedo al coraje, de la queja a la gratitud, de la rigidez a la curiosidad— y repítela con constancia. Repetición y amabilidad, ahí está el puente.

- **Sistema nervioso y seguridad.** La seguridad no es un pensamiento, es una sensación entrenable. Respira más lento, baja el tono de la voz, apoya la mano en el corazón; son los pequeños gestos que le dicen a tu organismo: «No estamos en guerra». Desde ahí, decidir es más fácil.

- **Coherencia corazón-mente.** Practica estados emocionales elevados unos minutos al día (gratitud específica, aprecio concreto por alguien, compasión hacia ti). Como ya explicamos, estas prácticas ayudan a organizar tu fisiología y a clarificar la mente.

Micropráctica de dos minutos: Elección consciente, aquí y ahora

Pon una mano en tu corazón y otra en el abdomen. Respira 5-5 (inhalas durante cinco segundos y luego exhalas durante cinco segundos).

Pregúntate: **¿en qué estado he vivido hoy la mayor parte del tiempo?** (miedo, prisa, orgullo…, o coraje, gratitud, aceptación).

Elige una **transición pequeña** para el resto del día. Escríbela en una frase operativa:

- «Hoy, cuando note tensión, respiro y elijo curiosidad».
- «Cuando me juzgue, me hablo con respeto y corrijo».
- «Antes de responder, pongo atención en mi cuerpo y suavizo el tono».

Mantén la frase a la vista (móvil/cuaderno). Repite la respiración 5-5 cada vez que te acuerdes.

Para cerrar (y abrir el siguiente paso)

No necesitas «estar en amor» todo el tiempo ni «alcanzar» un estado perfecto. Necesitas practicar elecciones pequeñas, sostenidas, que alineen tu atención con la persona que quieres ser. Si un día caes, vuelves. Si te olvidas, vuelves. Si te da pereza, te acompañas y vuelves. Esa es la disciplina amable de la consciencia.

Y si te preguntas si esto sirve «de verdad», míralo así: cuando cambias tu forma de atender, cambias tu forma de estar; cuando cambias tu forma de estar, cambias lo que co-creas. No es un ideal abstracto; es tu siguiente conversación, tu próxima respuesta, el gesto que hoy puedes elegir.

¿Seguimos? Entonces dime: ¿qué transición pequeña vas a entrenar hoy —y en qué área— para que tu mapa empiece a moverse hacia más coherencia?

Cuando la herida se convierte en maestra: un caso de coherencia cuántica en pareja

Una pareja llegó a consulta en plena ruptura. Ambos estaban atrapados en un estado de supervivencia emocional y reaccionaban desde heridas profundas que su cuerpo manifestaba con síntomas claros: tensión en el pecho, nudos en el estómago, respiración entrecortada.

En el marco de la psicología cuántica, entendemos que estos bloqueos corporales son expresiones de memorias emocionales activadas y que el cuerpo funciona como un auténtico mapa energético de las heridas no resueltas.

Según el mapa de la consciencia de Hawkins, la pareja estaba vibrando en niveles bajos —culpa, miedo, ira—, estados que drenan energía y crean campos relacionales incoherentes.

En la primera sesión, les expliqué que el corazón actúa como un emisor cuántico y que su campo electromagnético influye directamente en quienes los rodean, especialmente sus hijos.

Utilizamos el Inner Balance, un sistema de *biofeedback* basado en la variabilidad cardiaca (HRV, por sus siglas en inglés). El gráfico mostraba de forma inmediata su incoherencia cardiaca, la manifestación física de su conflicto emocional. Ese momento fue revelador: pudieron observar en su propio cuerpo —no en la teoría— el impacto real de sus emociones.

Les planteé una pregunta desde un nivel de consciencia superior: «¿Podéis dejar el ego por un momento, no por la relación que termina, sino por la salud emocional y neurológica de vuestros hijos?».

La pregunta les permitió salir del nivel de lucha (200 en el mapa de Hawkins) y comenzar a moverse hacia la voluntad, el aprecio y la aceptación.

Les enseñé dos prácticas:

1. **El abrazo consciente** para reprogramar el cuerpo y activar la coherencia del corazón.
2. **La meditación del corazón** para elevar su estado interno y armonizar su campo energético.

Al principio fueron ejercicios mecánicos; con el tiempo, se convirtieron en rituales que transformaron su comunicación. Seis meses después, la pareja llegó a un nuevo nivel de consciencia. Ya no estaban juntos, pero se relacionaban desde la coherencia, no desde la herida.

Incluso posteriormente, ya con nuevas parejas, mantenían un vínculo familiar estable y respetuoso. Sus hijos, en consecuencia, pasaron de habitar un campo emocional caótico a un entorno de seguridad neuroemocional.

Cuando las personas aprenden a regular su coherencia cardiaca y a leer su cuerpo como un mapa emocional, pueden salir de la reactividad y ascender en el nivel de consciencia. En ese estado elevado, las relaciones dejan de ser batallas y se convierten en espacios donde sanar, crecer y crear bienestar compartido.

La coherencia cardiaca no es solo una técnica; es una vía cuántica para transformar el campo emocional entre las personas y elevar la frecuencia de toda la familia.

El amor cuántico como estado vibratorio: más allá del romanticismo

El amor es sin duda una emoción. Sin embargo, resulta aún más curioso considerarlo una frecuencia, ¿no te parece? Cuando logras habitar esa frecuencia no como un estado transitorio, sino como una manera fundamental de estar en el mundo, todo se transforma: tu percepción de los demás, tu respuesta ante el dolor e incluso la calidad misma de tu presencia.

Este cambio profundo suele emerger después de un trabajo interno, de entrenar la coherencia y aprender a sostener tu corazón en orden. Es entonces cuando se abre la posibilidad de amar desde un lugar diferente: no desde la necesidad, la dependencia o el simple deseo de compartir, sino desde una vibración mucho más elevada.

Me refiero a lo que se entiende hoy por hoy como amor cuántico: un estado de consciencia que va más allá de un sentimiento, una emoción o un vínculo particular. Es una frecuencia inclusiva que transforma y sostiene sin poseer; una vibración que no se impone, que se reconoce y que, sin depender del otro, lo incluye, pues se sabe intrínsecamente parte de un todo. Visto así, el amor cuántico es ese estado de consciencia alineado con la red relacional del universo, desde el cual todo vínculo se torna más lúcido, limpio y expansivo.

El amor cuántico no se busca, se habita.

Sé que no te estoy revelando un secreto al afirmar que pocas cosas nos conectan de forma tan profunda e inmediata con los demás como el amor. Y cuando hablo de amor, no me refiero a un tipo específico —romántico, filial o espiritual—, sino a esa experiencia vibratoria que rompe las fronteras de lo lógico y atraviesa incluso los principios más básicos de la física clásica.

Hay algo en el amor que desafía la linealidad del pensamiento, que percibe antes de que haya pruebas, que sabe antes de que lo racional confirme. Lo vemos en escenas cotidianas en apariencia intrascendentes pero profundamente reveladoras, como ese caso que me contaba un amigo pediatra en el que una madre insistía en que su hijo «tenía algo», aunque todas las pruebas médicas dijeran lo contrario. Su convicción no nacía de los datos, sino de una conexión invisible, visceral, inexplicable pero cierta. Cuando una madre asume que le pasa algo a su hijo, me decía, prefiere seguir investigando, pues la madre tiene razón en el 99 por ciento de los casos.

¿Qué es lo que opera en esa certeza silenciosa? ¿Qué tipo de resonancia se activa cuando sentimos sin pensar, cuando sabemos sin comprobar?

El corazón no es solo un órgano vital, ni siquiera un símbolo cultural del afecto. Constituye un nodo energético real, un resonador central en nuestro sistema bioeléctrico. Como hemos explorado en bloques anteriores, su campo electromagnético es el más potente del cuerpo humano, y su actividad rítmica se ve modulada —y a su vez modula— los estados fisiológicos internos y la calidad de nuestras interacciones externas.

No es casual que el centro cardiaco haya sido descrito, desde múltiples tradiciones filosóficas y místicas, como el punto de transición entre la consciencia individual y la consciencia colectiva. A nivel energético, se sitúa entre los centros inferiores —ligados a la supervivencia, la sexualidad o el poder personal— y los superiores —asociados a la intuición, la visión y la trascendencia—. Es, por tanto, el cruce entre el «yo» y el «nosotros», el punto donde se pasa de la autopreservación al altruismo, de la carencia al dar, del deseo de tener al deseo de compartir.

Cuando no habitamos este centro, es decir, cuando está cerrado, colapsado o hiperactivado, el vínculo se distorsiona. Y entonces amamos desde la necesidad, la expectativa o la herida. Nos movemos desde el miedo a perder, la ansiedad por controlar o la compulsión de recibir.

Pero, cuando este centro energético se regula y se equilibra, ya no necesitamos tanto del otro para completarnos, nos dedicamos a compartir desde un estado de plenitud interna. De ahí nacen la compasión auténtica, la gratitud espontánea, el cuidado desinteresado y la presencia transformadora.

Es entonces cuando se produce el salto cuántico del ego al encuentro y dejamos de percibir al otro como objeto de deseo, amenaza o salvación para empezar a sentirlo como parte de un mismo campo vibratorio. Esta apertura del corazón trae varios beneficios: mejora el estado emocional, reorganiza nuestras percepciones, activa patrones de coherencia en el sistema nervioso y genera un campo de resonancia que, como han demostrado estudios de sincronización fisiológica, puede ser medido y compartido con otras personas.

La energía del corazón, en este sentido, no es metafórica. Es una corriente informacional que nos permite conectar con algo más grande que nuestro propio ser. Por eso vamos a hacer una práctica que siempre te va a venir muy bien.

Ejercicio. Recalibración energética

Antes de cualquier interacción importante, tu energía marca el tono de lo que va a suceder. Este ejercicio te permite ajustar conscientemente lo que proyectas.

Check-in energético (dos minutos)

Haz una pausa antes del encuentro. Observa tu cuerpo:

- ¿Hay tensión (mandíbula, cuello, estómago)?
- ¿Tu respiración es superficial o profunda?
- ¿Te sientes en defensa o disponible?

Verificación de estado (tres minutos)

Pregúntate con honestidad:

- ¿Qué estoy proyectando ahora mismo?

- Si mi energía hablara, ¿qué diría?
- ¿Lo que transmito está alineado con lo que realmente deseo?

Recalibración consciente (tres minutos)
Si percibes energía de cierre o miedo:

- **Físico:** respira profundo, relaja hombros, suelta la mandíbula.
- **Emocional:** elige una cualidad (apertura, claridad, respeto, firmeza).
- **Mental:** «Elijo cómo estar presente. Puedo ser yo con calma y confianza».

Visualización del encuentro (dos minutos)
Imagina que la conversación fluye con respeto mutuo y claridad. No controles el resultado, solo prepara tu presencia para un vínculo constructivo.
Aplicación: úsalo antes de reuniones importantes, conversaciones difíciles o primeras citas.

Verás que justamente esa conexión vivida, sostenida y no idealizada es la que da sentido al concepto de amor cuántico. Ojo, porque no debes esperar un amor perfecto, ni permanente, ni inmune a la contradicción. Su gran virtud es que nace de una consciencia en la que ya no hay separación entre el dar y el recibir, entre el uno y el todo.

Cuando logras sentir ese estado, aunque sea por unos instantes, algo en ti se ordena. Y no solo a nivel emocional, también en el cuerpo. El corazón y el cerebro entran en sintonía, el sistema nervioso abandona la trinchera y el campo vibratorio que emitimos se vuelve más estable, nítido y disponible. Es el tipo de presencia que no necesita imponerse para ser sentida, ni justificarse para ser comprendida. Es la presencia que sana por sí sola, como una melodía afinada que regula todo lo que toca.

Desde ahí, las relaciones humanas se convierten en campos de expansión. Se acabaron los escenarios de drama o supervivencia emocional; ahora surgen oportunidades de resonancia, de despertar y de regreso a lo esencial.

Al final, como ya intuían muchas sabidurías antiguas y hoy confirma la neurocardiología, todo vínculo verdadero nace con la apertura del corazón. De esta manera, la consciencia deja de estar atrapada en el personaje y empieza a habitar el tejido cuántico del amor.

Lo que es más y mejor, cuando hablamos del amor como frecuencia vibracional, se refiere a una forma concreta —aunque aún enigmática— en la que la consciencia se expresa y se entrelaza con otras. Y si existe un fenómeno en la física cuántica que ilustra con mayor precisión esta capacidad de conexión profunda, instantánea y aparentemente inexplicable, ese es el entrelazamiento.

En ese sentido, podríamos considerar el amor como una quinta fuerza relacional que acompaña a las cuatro fuerzas fundamentales que rigen el comportamiento de las partículas subatómicas: gravedad, electromagnetismo y fuerzas nucleares débiles y fuertes. No obstante, a diferencia de estas, el amor no se limita al intercambio de energía o al mantenimiento estructural de la materia. El amor, entendido como frecuencia de consciencia y no como emoción transitoria, parece operar más cerca de los principios que rigen el entrelazamiento cuántico.

Este fenómeno, ampliamente observado y replicado en física de partículas, demuestra que dos sistemas que han estado en interacción permanecen correlacionados con independencia de la distancia que los separe. Una vez entrelazadas, las partículas se afectan mutuamente de forma inmediata, sin importar si se encuentran a milímetros o a años luz. Y aunque esto nos desconcierte en nuestra lógica tradicional, es una de las propiedades más robustas y verificadas del mundo cuántico.

Ahora bien, ¿y si esa propiedad no fuera exclusiva del plano subatómico? Si aceptamos que la consciencia también participa de las dinámicas cuánticas —así se plantea en ciertas interpretaciones de la física contemporánea, como la teoría del colapso por observador o el enfoque relacional de Carlo Rovelli—, entonces podríamos suponer que los vínculos humanos más profundos operan bajo principios similares.

¿Nunca has sentido, sin explicación racional e incluso a distancia, que algo le ocurría a alguien a quien amas? ¿Nunca has pensado en una persona que no ves desde hace años y justo entonces te escribe, te sueña o te llama? ¿Nunca has notado cómo el dolor de otro te atraviesa, aunque no le hayas visto expresarlo? Hay experiencias humanas que, aunque difíciles de cuantificar, se repiten con demasiada frecuencia como para ser descartadas como coincidencias.

Aunque no podamos probar que nuestros átomos se entrelazan físicamente al amar, sí sabemos que la memoria emocional y el campo energético que compartimos con otra persona pueden dejar una impronta duradera en nuestro sistema nervioso, en nuestra fisiología y, como sugieren las investigaciones sobre la resonancia cardiaca, incluso en nuestra frecuencia cardiaca. No hace falta estirar los datos para comprender que algo queda vibrando entre dos personas que han compartido amor profundo, aun cuando el vínculo ha cambiado de forma o la distancia parece definitiva.

Ese tipo de conexión —intensa, inexplicable, persistente— es lo que en este enfoque entendemos como entrelazamiento relacional. (No lo confundas con aferrarte a un ex, por favor). Es una especie de huella energética que permanece más allá del contacto directo y que puede reactivarse por resonancia emocional, memoria afectiva o sincronización sutil.

Cuando sentimos que seguimos unidos a alguien, aunque ya no está, o nos emocionamos al pensar en un vínculo que permanece vivo más allá de la lógica; cuando algo en nosotros se ordena al pensar en esa persona, a pesar de que haya pasado mucho tiempo, quizá no estamos recordando, sino sintonizando.

Y es que el tiempo, como lo concebimos en nuestra experiencia lineal, tal vez no sea la única forma válida de existir. Como sugiere la física cuántica, lo que llamamos pasado, presente y futuro podrían ser solo estados superpuestos de una misma realidad extendida. Si eso es cierto, entonces los vínculos que tejimos, los amores que nos habitaron y las decisiones que tomamos con el corazón no desaparecen, sino que permanecen en el campo de posibilidades que seguimos colapsando con cada elección vibratoria.

Sé que esto suena complicado e incluso místico, pero explicaría por qué podemos seguir sintiendo amor por alguien que ha muerto, por qué somos capaces de conectarnos emocionalmente con alguien a quien no vemos y por qué ciertos encuentros nos transforman para siempre, aunque hayan durado solo unos minutos. Existen ocasiones en las que un simple recuerdo fugaz nos cambia sin entender el porqué, una mera presencia sin contacto físico o una frase nos resuenan años después de haber sido sentidas una sola vez. No pecas de nostalgia, es el entrelazamiento.

En todo caso, el amor cuántico no es una idea romántica, sino una hipótesis vibracional sobre la permanencia de los vínculos. Y, si bien no podamos medirlo con exactitud, somos capaces de sentir su efecto en la forma en que algo de nosotros se enciende cuando pensamos en el otro o una mirada sincroniza dos latidos, o el corazón recuerda lo que la mente olvida. Vivir desde el amor cuántico no es aspirar a una emoción perfecta ni a una relación ideal. Es un modo de vida desde la conexión con tu centro, donde ya no esperas que lo externo cure lo interno, porque ya has reconocido en ti la fuente. Desde ahí, tus decisiones cambian, tus vínculos se ordenan y tu intuición comienza a guiarte con una claridad nueva.

A estas alturas del libro, tal vez ya intuyas que la consciencia no es una idea abstracta, sino una energía que se expresa en cada gesto, vínculo o decisión que tomas cuando nadie te está mirando. No tienes que vibrar «alto» como mandato espiritual, lo importante es aprender a habitar tu frecuencia con honestidad y, desde ahí, poner los cimientos del mundo que eliges construir.

Porque, en el fondo, eso es lo que estás haciendo a cada momento: construir mundo. Con tu presencia, tu campo y tu corazón.

Cuando comprendes que cada estado emocional es también un estado vibratorio, y que tu cuerpo es un sistema abierto en diálogo constante con otros cuerpos, campos y consciencias, entonces algo se ordena. Ya no puedes seguir actuando en automático ni tratar tus emociones como si fueran residuos que deben ocultarse o controlarse, y, por supuesto, tampoco tratar al otro como si no te afectara, como si no te reflejara.

El mapa de la consciencia te ha mostrado un territorio interno. Una cartografía simbólica de lo que sientes, de cómo respondes, de dónde tiendes a habitar. No para etiquetarte, sino para ayudarte a elegir con más lucidez qué emociones quieres alimentar, qué frecuencia quieres sostener, qué vínculos quieres permitir.

La coherencia cardiaca te ha revelado una herramienta, un modo de alinear el cuerpo con la mente, la emoción y la intención, desde la fisiología en estado consciente a través de una práctica que puedes entrenar y que cambia, literalmente, el modo en que te relacionas contigo y con el resto del planeta.

Y el amor cuántico te ha mostrado una posibilidad no como ideal romántico ni como consigna espiritual, sino como estado vibratorio en el que el «yo» se disuelve un poco y el nosotros se vuelve más presente, en el cual puedes ver y ser visto sin máscaras.

Toda esta segunda parte del libro ha girado en torno a una idea sencilla pero radical: lo que vibra en ti vibra contigo, y lo que vibra contigo crea la red que te sostiene.

De modo que no te empeñes en hacerlo a la perfección. Sobra con hacerlo presente, escucharte más allá del ruido, dejar de tener miedo a habitar tu propio cuerpo y entrenar tu sistema nervioso como quien afina un instrumento para poder defender con coherencia lo que dices que eres.

Y recuerda que, en los momentos difíciles, puedes elegir de nuevo.

Como has podido descubrir a lo largo de estas páginas, la línea que separaba la física cuántica de nuestra experiencia mental cotidiana comienza a difuminarse. Lo que una vez consideramos dominios separados —materia y consciencia, ciencia y experiencia subjetiva— se revela ahora como dimensiones de una misma realidad interconectada. Las investigaciones más recientes en neurociencia cuántica —desde la superradiancia en las neuronas hasta los experimentos de entrelazamiento cerebro-computadora— están validando científicamente lo que las tradiciones contemplativas han intuido durante milenios: nuestra mente opera según principios cuánticos, y su potencial es muchísimo mayor de lo que habíamos imaginado. La mente cuántica no es solo una suposición inspiradora, sino una realidad emergente con profundas implicaciones para nuestra evolución consciente.

Las prácticas que estás aprendiendo en este libro son apenas el comienzo de un bello camino hacia la expansión de tus capacidades mentales y tu conexión con la inteligencia universal que nos sostiene a todos. El futuro de la mente humana está apenas desplegándose ante nosotros, y tú estás en la vanguardia de esta extraordinaria aventura.

Guía rápida de consulta

- **El ego no eres tú.** Es una construcción adaptativa creada para protegerte, pero no es tu esencia ni tu verdad.
- **La mente egoica vive en defensa.** Se activa ante el miedo, el juicio o el control y bloquea tu expansión.
- **El drama emocional es adictivo.** El ego se alimenta de conflicto para reforzar su identidad.
- **Los programas del ego son patrones automáticos de protección.** La regulación neuroenergética actúa como antídoto, restaurando coherencia y flexibilidad en el sistema nervioso.
- **Tu estado interno afecta a tu forma de vincularte.** No se trata tanto de con quién te relacionas, más bien de desde qué emoción y frecuencia estás sosteniendo ese vínculo.
- **Cada emoción tiene una frecuencia.** No son solo reacciones internas; tus estados emocionales moldean tu campo energético y afectan a lo que atraes y a cómo te vinculas.
- **Victimitis = renuncia de poder.** Cuando te instalas en el rol de víctima, cedes tu capacidad de transformación.
- **Tu frecuencia es tu filtro.** Lo que experimentas en tus relaciones depende del estado vibratorio en el que habitas.
- **El mapa de la consciencia no juzga, orienta.** No hay emociones «malas», solo niveles de consciencia desde donde creas tu realidad.

- **Todo vínculo tiene una vibración.** Las relaciones que sostienes son tan coherentes como lo seas tú internamente.
- **Coherencia emocional = relaciones limpias.** Solo puedes vincularte de forma sana cuando tu emoción, tu pensamiento y tu acto están alineados.
- **El corazón regula más allá de la sangre.** Su campo electromagnético influye en tu cuerpo, en tus pensamientos y en los demás.
- **El cuerpo no miente.** Tu sistema nervioso revela tu frecuencia antes de que digas una sola palabra.
- **Lo que callas, tu campo lo emite.** Puedes fingir con palabras, pero tu vibración siempre dice la verdad.
- **La coherencia cardiaca se entrena.** Es una práctica accesible y fisiológica que puedes activar a diario.
- **Tu energía contagia.** El campo del corazón puede regular o desregular el sistema emocional de quienes te rodean.
- **El amor cuántico no es romanticismo.** Es un estado vibracional que te conecta con la totalidad y disuelve la sensación de separación.
- **El entrelazamiento emocional existe.** Algunos vínculos dejan una huella vibratoria que permanece más allá del tiempo y del espacio.
- **Cuando el corazón se ordena, todo se alinea.** La coherencia fisiológica crea presencia, claridad y conexión profunda.
- **El ego busca tener; el amor, ser.** Una relación desde el ego exige. Una relación desde el corazón transforma.
- **No es lo que haces, es desde dónde lo haces.** Tu vibración interior modifica el impacto de cada gesto, palabra y decisión.

TERCERA PARTE

Diseña tu realidad

Creas lo que crees: activando el ADN del éxito

¿Te has dado cuenta de que llevas toda la vida siendo el arquitecto de tu propia experiencia? Lo has visto a lo largo de cada capítulo: tus pensamientos, creencias y emociones colorean tu forma de ver la vida y también moldean lo que vives día tras día. Tu mente no es solo un observador pasivo, es tu herramienta de creación más poderosa.

La ciencia está empezando a ponerse al día con algo que tú, en el fondo, siempre has sabido. Ahora toca lo mejor: que todo eso deje de ser teoría y se vuelva acción real, consciente y elegida por ti, hoy.

Te invito a que te adueñes de todo lo que ya sabes, de todo eso que, estoy convencida, te ha hecho vibrar por dentro, y que empieces a dar el siguiente gran paso: convertirte en el diseñador consciente de tu propia historia.

Esto no consiste solamente en saber que eres energía en movimiento o en teorizar sobre el campo cuántico. Se trata de algo mucho más emocionante: aprender a dirigir esa energía con intención, coherencia y propósito.

En este capítulo vamos a poner en práctica estrategias de manifestación respaldadas por la neurociencia y la epigenética, así como un sistema completo para activar lo que yo llamo tu «ADN del éxito» —no en sentido genético literal, sino como ese código interno que te alinea con las realidades que deseas experimentar.

Mi objetivo es simple: que dejes de mirar tu vida como espectador y tomes el papel principal como diseñador de cada detalle.

Tu mente no solo percibe, crea.

La sincronicidad como lenguaje del campo cuántico

El cambio de vivir desde el ego —basado en el miedo, el caos y la limitación— a hacerlo desde la mente cuántica —anclada en la coherencia y las infinitas posibilidades—, como ya te he comentado, se alcanza mediante prácticas que, desde una perspectiva neurocientífica, promueven la coherencia cerebral, la neuroplasticidad y la alineación entre la mente, el corazón y la energía vital.

Cuando una persona entra en ese estado de coherencia interna, su campo electromagnético se ordena y comienza a resonar con frecuencias más elevadas del entorno. En ese punto de alineación profunda, surge un fenómeno fascinante descrito por Carl Gustav Jung: la sincronicidad.

La sincronicidad es la manifestación de acontecimientos significativos que ocurren sin relación causal aparente, pero que están unidos por un sentido común, como si una inteligencia invisible organizara la realidad para responder a nuestra vibración interna. No son «casualidades»; son correspondencias cuánticas entre el campo mental y el campo universal.

Desde la visión cuántica de la mente, la sincronicidad actúa como un *feedback* del universo, una confirmación de que nuestra frecuencia interna está en coherencia con el propósito o la línea de tiempo que deseamos manifestar. Cuanto más elevada es la coherencia entre pensamiento, emoción y acción, más evidente se vuelve el flujo de sincronicidades en nuestra vida.

Integrar la sincronicidad en la mente cuántica significa dejar de buscar señales desde el control y comenzar a vivir en estado de apertura, observación y confianza. Significa reconocer que la realidad no nos ocurre a nosotros, sino a través de nosotros.

La sincronicidad se convierte entonces en un lenguaje de comunicación entre la consciencia individual y el campo cuántico, un diálogo constante entre lo que somos y lo que manifestamos.

Practicar la atención plena, la regulación emocional y la coherencia cardiaca abre la puerta a ese lenguaje. Cuando vibramos en orden interno, el universo responde en orden externo. Las coincidencias dejan de ser azar y se vuelven guías.

Así, el salto de vivir desde el ego a la mente cuántica no solo transforma la biología, sino también la manera en que percibimos e interpretamos la realidad: la vida comienza a sincronizarse con nuestra vibración más alta y revela que el verdadero poder creador no proviene del esfuerzo, sino de la sintonía con la inteligencia universal que todo lo entrelaza.

Ejercicio. Activar la sincronicidad cuántica

Este ejercicio tiene como objetivo entrenar la coherencia neuroemocional y abrir el canal de comunicación con la mente cuántica, de manera que puedas reconocer y atraer sincronicidades: eventos significativos que confirman tu alineación con el propósito, el amor y la expansión.

Cuando lo practicas con constancia, comienzas a observar cómo el universo responde a tu frecuencia interna con precisión matemática y belleza simbólica.

1. **Preparación: sintoniza tu campo**
   Busca un lugar tranquilo.
   Cierra los ojos y realiza tres respiraciones profundas.
   Al inhalar, imagina que llenas tu cuerpo de luz; al exhalar, liberas todo lo que ya no está en coherencia con tu nueva frecuencia.
   Siente cómo tu sistema nervioso se regula y tu respiración se vuelve el puente entre el mente, el cuerpo y la energía.
   Recuerda: la sincronicidad no ocurre en el ruido mental, sino en el silencio consciente.

2. **Coherencia cardiaca**

   Coloca la mano sobre el corazón y dirige allí tu atención.
   Respira lentamente, como si tu respiración entrara y saliera desde el centro del pecho.
   Este simple gesto alinea los hemisferios cerebrales, activa el sistema parasimpático y genera un campo electromagnético coherente.
   Ahora trae a tu mente una emoción elevada: gratitud, amor, alegría, asombro.

3. **Intención cuántica: abre el canal**

   Cuando la emoción elevada esté plenamente activa en tu pecho, formula internamente una intención clara. No es un deseo desde la carencia, sino una señal coherente enviada al campo cuántico.
   Elige una frase sencilla que exprese tu dirección interior, por ejemplo:

   - «Me abro a las sincronicidades que guían mi camino».
   - «Estoy en coherencia con mi propósito más elevado».
   - «Confío en la inteligencia del universo.

   Siente cómo esta intención se expande desde tu corazón hacia todo tu cuerpo, como ondas que viajan más allá de ti y entran en el campo de infinitas posibilidades.
   Permite que la intención se sostenga sin esfuerzo, como una semilla que ya ha sido plantada y que ahora descansa en la tierra fértil de tu atención consciente.

4. **Observación consciente: el punto de encuentro**

   Abre lentamente los ojos, manteniendo la suavidad interna.
   Tu tarea ahora es simple: estar disponible.
   Durante las próximas horas, pon atención a:

   - Coincidencias sutiles.
   - Símbolos repetidos.
   - Personas que aparecen inesperadamente.

- Intuiciones repentinas.
- Sensaciones internas de «esto es por aquí».

No fuerces nada; observa.
La sincronicidad no se «busca», se reconoce.
Es un diálogo entre tu campo interno y el entorno.

5. **Aterrizaje: integra la experiencia**
   Al final del día, toma unos minutos para registrar cualquier señal o sincronicidad que haya surgido.
   Escribe:

   - ¿Qué ocurrió?
   - ¿Cómo te hizo sentir?
   - ¿Qué mensaje o dirección intuyes?
   - ¿En qué parte de tu vida sientes que el campo te está guiando?

   Al escribir, estás reforzando el patrón de coherencia que activaste. Estás comunicando al universo: «Estoy prestando atención».

6. **Cierre**
   Agradece, incluso si aún no percibiste nada evidente.
   Cada práctica es una calibración.
   La sincronicidad no siempre se manifiesta de inmediato, pero la coherencia que generas deja una huella energética que modifica tu percepción y tu realidad.
   Recuerda: primero sintonizas tu frecuencia interna; luego el mundo externo responde.

La ley de resonancia personal

Como bien ya sabes, si el universo es energía en movimiento y tú también lo eres, entonces no existe separación entre lo que piensas, lo que emites y lo que experimentas. Este principio es la base de la ley de resonancia personal: no atraes lo que deseas, sino lo que resuenas internamente.

Es una ley sutil que has experimentado miles de veces, pero que aquí cobra un nuevo nivel de precisión y consciencia.

En física, la resonancia ocurre cuando dos sistemas vibran en la misma frecuencia, provocando una amplificación mutua. En tu vida ocurre exactamente igual: cuando vibras en miedo, tu «antena interna» sintoniza más razones para temer; cuando vibras en confianza, comienzan a abrirse caminos que antes parecían cerrados. Y acuérdate de que, cuando no estás en coherencia, no es que las oportunidades no se encuentren disponibles, sino que tu estado interno determina el espectro de realidades que puedes percibir.

Entrena tu capacidad para redefinir lo que ves y cómo lo ves, de manera que nuestra energía y percepción se alineen con la realidad que queremos crear. Es una de las claves más poderosas de la creación consciente. No atraes lo que deseas, atraes lo que percibes como disponible desde tu estado vibratorio actual.

¿Cómo puedes hacerlo?

- **Reconoce tu frecuencia actual.** Observa patrones recurrentes en tu vida: ¿qué atraes?, ¿qué situaciones se repiten? Nota tus emociones dominantes: miedo, frustración, ansiedad, entusiasmo, gratitud. Pregúntate: «¿Qué estoy vibrando que hace que mi experiencia actual sea así?».

- **Elige la frecuencia deseada.** Define cómo quieres sentirte usando pensamientos cuánticos. Por ejemplo: «Atraigo oportunidades que expanden mi potencial».
- **Reentrena la percepción.** Cada vez que notes un pensamiento o una interpretación negativa, detén la narrativa automática y reformúlala desde tu frecuencia deseada. Formúlate la pregunta cuántica interna: «¿Cómo puedo reinterpretar esta situación para que resuene con mi intención?».
- **Practica con micromomentos del día.** Por ejemplo: tránsito, reuniones, interacciones, correos. Observa lo que antes pasaba desapercibido y cómo tu percepción cambia cuando estás alineado.

El caso de Elena: cuando tu señal interna no coincide con lo que deseas

Quiero contarte un caso que ilustra perfectamente cómo funciona la ley de resonancia personal. Elena llegó a mi consulta con una preocupación aparentemente simple: «Siento que todo el mundo me ignora. No entiendo cómo pueden pasar de mí cuando sé que tengo mucho que ofrecer».

A primera vista, podría haberlo interpretado como una baja autoestima, pero algo en su energía no encajaba. Elena irradiaba confianza genuina en su valor, pero experimentaba perplejidad ante la brecha entre su realidad interna y la respuesta del mundo.

Durante nuestras sesiones emergió un patrón revelador: Elena había desarrollado mecanismos sofisticados de protección que creaban exactamente lo que más temía. Su historia incluía experiencias en las que mostrar vulnerabilidad había resultado doloroso, por lo que había aprendido a proyectar principalmente fortaleza, independencia y autosuficiencia. Su biocampo enviaba señales perfectamente coherentes con esas creencias de protección, pero incongruentes por completo con lo que su corazón deseaba.

Elena estaba experimentando lo que llamo «interferencia de frecuencias»:

- Su frecuencia consciente (independencia, fortaleza) atraía respeto profesional, pero creaba distancia emocional.
- Su frecuencia inconsciente (necesidad de conexión) generaba señales contradictorias que otros percibían como inaccesibilidad.
- Su biocampo enviaba el mensaje: «Valórame, pero mantén distancia segura».

El mundo respondía coherentemente: admiración a distancia pero poca conexión íntima.

El momento de transformación llegó cuando Elena reconoció: «Creo que más allá de mi necesidad de independencia hay un miedo a que descubran que no soy tan perfecta».

Le enseñé lo que denomino «verificación energética», que consiste en que, antes de las interacciones importantes, se hace una pausa de treinta segundos para preguntarse: «¿Qué estoy proyectando realmente? ¿Mi energía dice "acércate" o "respétame desde lejos"?».

Luego comenzamos con experimentos de «microdosis de autenticidad»: compartir una pequeña incertidumbre en contextos seguros, admitir no saber algo cuando antes habría fingido conocimiento, mostrar aprecio genuino sin compensar inmediatamente con logros propios.

Los resultados fueron inmediatos: las personas se acercaron más naturalmente, surgieron invitaciones que antes no ocurrían, sus interacciones profesionales ganaron calidez sin perder profesionalismo.

Seis meses después, Elena me escribió: «Es increíble. No he cambiado mi valor ni mis competencias, pero el mundo ahora responde de forma completamente diferente. Era como si hubiera estado transmitiendo en una frecuencia que no correspondía con lo que realmente soy».

Este caso muestra algo fundamental: no atraes lo que mereces, sino lo que vibras. Elena siempre tuvo valor, pero hasta que su biocampo no irradió coherencia entre su valía interna y su disponibilidad emocional, el mundo no pudo responder a su verdadera esencia.

Calibra tu campo antes de actuar

No hay nada mágico en esto, pero sí es transformador. Antes de manifestar, antes de esa reunión importante, de una conversación difícil o incluso de una primera cita, puedes elegir conscientemente qué energía llevas contigo. Porque lo que no eliges, lo decides por defecto, y el defecto suele ser tu programación más antigua.

Aquí tienes un ejercicio práctico que uso constantemente:

1. Para y respira hondo. Donde sea: escaleras, ascensor, aparcamiento. No necesitas un lugar especial, solo treinta segundos. Tres respiraciones profundas y reales.
2. Escanea tu cuerpo desde la honestidad. ¿Dónde está la tensión? ¿En la mandíbula porque vienes de aguantar a tu jefe? ¿En el estómago porque no sabes qué va a pasar? No lo arregles, solo reconócelo: «Hola, tensión. Te veo».
3. Pregúntate la verdad incómoda: «¿Qué estoy proyectando ahora mismo?». Si mi energía fuera una canción, ¿cuál sonaría? Sin juicio, solo claridad.
4. Elige cómo quieres estar presente. No puedes determinar cómo saldrá todo (eso no lo controlas), pero sí puedes elegir si entras desde la apertura o la defensa, desde la prisa o la presencia.
5. Ajusta tu señal interna. Si llegas contracturado, afloja: hombros abajo, mandíbula suelta. Si llegas disperso, céntrate: pies en el suelo, columna recta, atención aquí.
6. Entra sin expectativas pero con intención. Tu intención no es controlar el resultado. Tu intención es estar presente, escuchar de verdad y responder desde tu centro.

El resultado: no vas a manipular nada ni a nadie, pero cuando cambias tu frecuencia interna, cambias lo que permites que suceda. Y lo que permites que suceda cambia lo que realmente sucede.

Cuando sostienes una vibración determinada durante el tiempo suficiente, enfocas tu atención en esa dirección y comienzas a generar las condiciones para que esa vibración se concrete. Empiezas a mover el campo.

Lo que consideras posible no es una verdad objetiva; es una frontera definida por tu frecuencia actual. Por eso, cuando elevas tu vibración, expandes automáticamente tu rango de posibilidad. Lo que antes ni siquiera aparecía en tu radar se vuelve visible, accesible, real. Tu energía es más que lo que emites, constituye la lente con la que interpretas lo que sucede. Y esa interpretación determina cómo el mundo te responde.

Aquí es donde la ciencia cuántica y la sabiduría ancestral convergen. En el *Tao Te Ching*, Lao-Tse escribió: «Observa tus pensamientos, porque se convierten en palabras. Observa tus palabras, porque se convierten en actos… Y observa tu carácter, porque se convierte en tu destino». Lo que no dijo explícitamente, pero ahora sabemos, es que todo este proceso es vibracional.

Cada eslabón de esa cadena es una frecuencia que resuena en el campo.

Esta perspectiva también está presente en los Upanishads, textos sagrados milenarios en los que se afirma: «Tú te conviertes en lo que contemplas». No en lo que deseas, sino en aquello que mantienes energéticamente porque lo observas con la lente de tu propia vibración. La contemplación prolongada es una forma de programación vibratoria. Y esa programación determina tu frecuencia dominante.

Lynne McTaggart profundiza en esta idea al señalar que la consciencia humana interactúa directamente con el campo cuántico, y que esta interacción es mediada por la intención. Para McTaggart no existe separación clara entre el observador y lo observado: somos nodos activos en una red vibratoria de información. Esto significa que tu forma de estar en el mundo afecta a cómo lo vives y, literalmente, altera las posibilidades disponibles en el campo.

Desde esta visión, la manifestación no consiste en forzar la realidad, sino en afinarse con aquello que ya vibra en la frecuencia de lo que deseas. Por eso la clave no es pedir; la clave es convertirse en lo que queremos en nuestra vida.

El campo responde a tu coherencia, no a tus palabras.

Y si bien esta idea puede sonar abstracta, en la práctica es profundamente transformadora, porque te devuelve el poder. Ya no necesitas controlar cada resultado. Lo esencial es sostener tu vibración, cultivar una frecuencia alineada con lo que anhelas y permitir que el campo haga su trabajo.

Reprogramación mental y neuroplasticidad cuántica

¿Y si pudieras cambiar la forma en que tu mente responde al mundo? Tu cerebro, lejos de estar programado de forma definitiva, es una herramienta viva capaz de adaptarse a tus decisiones más conscientes durante toda tu vida.

No obstante, existe una diferencia importante entre «cambiar hábitos» y lo que yo denomino «reprogramación cuántica». Cuando aplicas la neuroplasticidad desde una perspectiva cuántica, estás creando nuevos circuitos cerebrales y alterando tu campo vibratorio para que esos nuevos patrones se sostengan desde una frecuencia elevada.

El problema de la reprogramación tradicional es que muchas personas logran crear nuevos hábitos mentales, pero desde la misma energía de carencia o esfuerzo que tenían antes. Es como pintar una casa con los mismos colores: cambia la superficie, aunque el fondo sigue igual.

La reprogramación cuántica va más allá. Utiliza la capacidad de tu cerebro para generar nuevos circuitos, pero lo hace desde un estado de coherencia interna. Así, los nuevos patrones se instalan más rápido y se sostienen desde la facilidad, no desde la lucha.

Tu cerebro no distingue entre realidad e imaginación vívida

Aquí entra en escena un hallazgo que me parece extraordinario: tu cerebro no distingue entre lo que estás viviendo y lo que estás imaginando con suficiente emoción y detalle. Cuando visualizas algo desde un estado de coherencia cardiaca, tu sistema nervioso ya se encuentra creando las redes neuronales necesarias para que esa realidad sea familiar cuando se manifieste.

Es como si le estuvieras proporcionando a tu cerebro un mapa del territorio antes de llegar allí.

Hagamos un pequeño experimento. Cierra los ojos e imagina que estás a punto de morder un limón jugoso. Nota su olor, su tacto en la mano, la frescura de su piel. ¿Qué sientes? ¿Cómo reacciona tu cuerpo? Es muy probable que tus glándulas salivales hayan comenzado a producir saliva, como si el limón estuviera realmente ahí.

Este es el poder de la visualización vívida: se convierte en una experiencia biológica. Esta plasticidad neuronal es la base de todo el trabajo de reprogramación consciente.

Para que entiendas mejor cómo funciona este proceso, permíteme explicarte lo que ocurre con tus neurotransmisores, esos mensajeros químicos que facilitan o dificultan la creación de nuevos hábitos.

La dopamina es tu sistema de recompensa interno. Se libera cuando haces algo que te produce satisfacción y te anima a repetir esa acción. Puedes utilizarla a tu favor: celebra conscientemente tus avances, incluso los más pequeños, y tu sistema neurológico te ayudará a consolidar el hábito.

La serotonina está vinculada a tu estado de ánimo y autoestima. Un paseo al sol, una conversación afectuosa o el recuerdo de algo bonito pueden elevar tus niveles de serotonina. Es fundamental para sostener una visión optimista y la capacidad de perseverar en nuevas prácticas.

El GABA (ácido gamma-aminobutírico, por sus siglas en inglés) actúa como el freno natural de tu sistema nervioso. Cuando está en niveles adecuados, te permite salir del estado de alerta constante y favorece un ambiente interno de calma en el que la mente puede aprender y reorganizar patrones. Actividades como la meditación o la respiración consciente estimulan la producción de GABA.

El glutamato es tu principal neurotransmisor excitatorio, directamente implicado en la formación de memorias. Cuando estás comprendiendo algo nuevo, cuando una idea te hace clic, el glutamato está muy activo. Por tal motivo, los ambientes ricos en estímulos positivos favorecen la plasticidad sináptica.

La noradrenalina regula tu atención y estado de alerta. En equilibrio, es tu mejor aliada para mantener el foco. Si hay exceso, en cambio, se activa el modo supervivencia y el cerebro se vuelve rígido, menos abierto al cambio.

Cuando estos neurotransmisores se encuentran en equilibrio, tu mente está preparada para aprender, desaprender y construir rutas neuronales más alineadas con la vida que deseas vivir.

En los últimos años se ha confirmado algo que cambia profundamente nuestra comprensión del cerebro: la mente funciona como un procesador cuántico natural. El investigador John-Dylan Haynes ha descubierto que el cerebro «explora» múltiples opciones hasta diez segundos antes de que seas consciente de tomar una decisión. Es como si existiera un procesamiento inconsciente que evalúa alternativas y después «elige» la que más se alinea con tu estado emocional. Esto sugiere que la mente está explorando posibilidades simultáneas antes de colapsar en una decisión específica. Por eso es tan efectiva la reprogramación cuántica; además de modificar circuitos cerebrales, influye en cómo el cerebro procesa y selecciona realidades a un nivel más profundo.

En este sentido, la hipótesis Orch-OR de Roger Penrose y Stuart Hameroff plantea que la consciencia emerge de procesos cuánticos en los microtúbulos neuronales —estructuras del citoesqueleto presentes en las células cerebrales—. Según este modelo, los microtúbulos actúan como nodos de procesamiento cuántico, en los cuales los colapsos de superposición darían lugar a momentos discretos de consciencia. En lugar de que la mente funcione como una simple cadena de causa y efecto, estaría eligiendo —en niveles subyacentes— entre múltiples posibilidades energéticas antes de que estas se manifiesten como pensamientos o acciones.

La interpretación de los múltiples mundos propuesta por Hugh Everett ofrece una poderosa metáfora para comprender cómo la mente maneja la incertidumbre y las decisiones. Según este modelo físico, todas las posibilidades cuánticas coexisten simultáneamente hasta que una observación «selecciona» una trayectoria específica. Simbólicamente, podemos imaginar que, antes de tomar una decisión consciente, nuestra mente mantiene abiertas múltiples opciones posibles —emocionales, cognitivas, conductuales— evaluándolas en paralelo. La decisión final equivaldría entonces a la «selección» de una de esas trayectorias mentales, comparable metafóricamente al colapso de la función de onda.

Este enfoque dialoga con ideas especulativas como la hipótesis

Orch-OR de Penrose y Hameroff, que propone (aún sin confirmación experimental) que procesos cuánticos en microtúbulos neuronales podrían contribuir a la consciencia. Sin embargo, desde la neurociencia convencional, es más sólido entender este proceso como la integración dinámica de múltiples redes cerebrales —límbica, prefrontal, somatosensorial— que compiten y cooperan para generar una respuesta coherente. La consciencia actuaría entonces como el «filtro final» que estabiliza la información neuronal en una experiencia subjetiva unificada.

Un ejemplo práctico: estás a punto de responder un mensaje molesto. Sientes el impulso de reaccionar con enojo, pero de repente surge una pausa. Tomas aire y decides contestar con calma. Desde la psicología cognitiva, durante esa pausa tu cerebro integra señales conflictivas: la amígdala pide reacción inmediata, la corteza prefrontal evalúa consecuencias a largo plazo y el sistema somatosensorial registra tu tensión corporal. El acto de decidir es un proceso neuropsicológico complejo en el que emerge victoriosa una configuración neural específica que preserva tu coherencia interna deseada.

Lo que la ciencia descubre sobre tu capacidad de elegir

Algunos científicos, como Henry Stapp y Jack Tuszynski, han llegado a la conclusión de que la mente podría funcionar de manera similar a las partículas cuánticas.

¿Qué significa esto en términos prácticos? Cuando te enfrentas a una decisión —desde elegir qué desayunar hasta decidir si cambiar de trabajo—, todas las posibilidades existen al mismo tiempo en tu campo de consciencia, como si fueran opciones flotando en el aire. Solo cuando finalmente eliges, esa decisión «colapsa» las demás posibilidades y se convierte en tu realidad.

Es como si fueras el director de una película en la que todos los finales posibles están filmados, pero solo uno llegará a los cines.

Esta idea explica por qué a veces sientes que podrías haber tomado caminos completamente diferentes en tu vida. No es nostalgia, significa que esas otras versiones de tu historia en realidad existían como probabilidades hasta que tomaste una decisión específica.

La buena noticia es que cada momento te ofrece un nuevo set de posibilidades para elegir. Tu próxima decisión consciente puede activar una realidad completamente nueva.

Quiero compartir contigo dos investigaciones recientes que apoyan esta visión revolucionaria de la consciencia. En abril de 2025, en un estudio de siete años publicado en la revista *Nature*, el Instituto Allen comparó dos teorías principales sobre cómo surge la consciencia en el cerebro. Lo que descubrieron te sorprenderá: incluso cuando un estímulo desaparece, la actividad cerebral relacionada con la consciencia persiste durante un tiempo. Esto significa que tu mente consciente no depende solo de lo que llega desde fuera, sino que tiene vida propia procesando información por dentro. Por otra parte, en un estudio de septiembre de 2024 de la Universidad de Wellesley, se observó que, al alterar con un fármaco los mencionados microtúbulos, los animales tardaban más en perder la consciencia bajo anestesia. Es como si esas diminutas estructuras de las neuronas fueran antenas que mantienen «conectada» tu consciencia.

Ambos estudios refuerzan la posibilidad de que tu consciencia tenga componentes que vinculan la actividad de tu cerebro con dinámicas más profundas, tal vez incluso cuánticas.

Reprogramando desde la coherencia vibracional

Todo esto nos lleva a un punto clave: tus creencias más profundas modelan tus circuitos neuronales y configuran tu energía. Estas creencias repetidas y cargadas emocionalmente no solo se quedan en tu cabeza, también transforman la red de información vibratoria que proyectas al mundo.

Esto significa que reprogramar tu mente —con nuevas ideas, emociones y hábitos—, además de transformar tu forma de pensar, cambia la frecuencia que emites. Es una forma de activar tu ADN del éxito no en sentido genético estricto, sino como un código vibracional que te alinea con las realidades que deseas experimentar.

Como demostró la neurocientífica Candace Pert, las emociones están codificadas en moléculas específicas —los neuropéptidos— que circulan por todo el cuerpo. Esta red molecular permite que cada emoción que sientes se traduzca en una señal bioquímica que tus células reconocen. Cuando mantienes una emoción con suficiente intensidad y repetición, esa vibración se convierte también en biología.

Este puente entre lo emocional y lo físico es clave para comprender por qué tus creencias, cuando están sostenidas por la emoción y la repetición, moldean tu mente tanto como tu campo energético.

Un caso inspirador: reprogramación vibracional

Manuela llevaba meses sintiendo que, por más que se esforzaba, siempre terminaba saboteando sus propias oportunidades. Había probado tanto las afirmaciones como la visualización, pero su mente y sus emociones seguían ancladas en la inseguridad y la autoexigencia.

En consulta, le propuse pedir durante veinticuatro horas una señal clara de que estaba alineada con una versión más elevada de sí misma, acompañando la intención con respiración de coherencia cardiaca, diálogo interno supervisado y una emoción guía, confianza tranquila. Al día siguiente, recibió noticias inesperadas que revelaron talentos que ella misma había minimizado y oportunidades profesionales alineadas con esas habilidades.

Desde el punto de vista de la neurocuántica, lo que cambió fue su **coherencia interna**: su diálogo interno se volvió seguro, su sistema nervioso se abrió a nuevas posibilidades y su campo emocional emitió señales de disponibilidad. La percepción de oportunidades se amplió y la realidad comenzó a resonar con su nuevo estado. Este caso demuestra que **la transformación empieza desde dentro** y que, al alinear el pensamiento, la emoción y el cuerpo, emergen nuevas realidades.

La inteligencia artificial como herramienta de apoyo técnico en la reprogramación cuántica del diálogo interno

En los procesos de reprogramación que realizo en consulta, uno de los ejes centrales es la modificación del diálogo interno, entendido como una frecuencia mental que genera coherencia o incoherencia dentro del campo de consciencia del paciente.

Desde la perspectiva de la psicología cuántica, los pensamientos funcionan como paquetes de información que modulan el estado vibracional de la persona. Cada creencia —limitante o expansiva— actúa como un código que organiza la experiencia interna y, por extensión, las respuestas fisiológicas, emocionales y conductuales.

Para optimizar este proceso de recodificación, integro la inteligencia artificial como herramienta de apoyo técnico entrenándola y adaptándola a cada persona.

1. Mecanismo de trabajo

Cuando el paciente identifica y redacta una creencia limitante, pedimos a la IA que genere una reformulación expansiva y coherente acorde con el nivel de consciencia que buscamos instaurar.

Este procedimiento permite interrumpir inmediatamente el bucle cognitivo restrictivo y proponer alternativas de alta coherencia, evitando la ambigüedad o las frases que perpetúen la vibración de la creencia original, e introducir información correctiva en el campo mental del paciente de forma rápida y precisa.

2. Por qué es eficaz dentro del modelo cuántico

En psicología cuántica, el diálogo interno es un vector de energía-información. Cuando se transforma el lenguaje, se modifican la frecuencia emocional asociada, la estructura del campo mental y la narrativa interna que sostiene los estados de consciencia inferiores.

La reformulación automática que genera la IA facilita un cambio inmediato en la capa cognitiva del campo cuántico personal, lo cual acelera la transición hacia estados superiores (aceptación, poder, voluntad, coherencia).

3. Integración con la dinámica terapéutica

Aunque la IA proporciona la reformulación inicial, toda la intervención está supervisada por mí. Mi rol consiste en validar que la frase expansiva sea coherente con el proceso terapéutico, asegurar que no haya disonancia emocional y guiar al paciente en la integración somática y energética de la nueva creencia. El objetivo no es solo sustituir una frase por otra, sino anclar en el cuerpo y en la consciencia un nuevo patrón vibracional.

4. Entrenamiento neurocuántico continuo

Fuera de sesión, el paciente puede seguir utilizando este método para reentrenar su diálogo interno, siempre con las pautas estructurales que hemos establecido. Así, se favorece la consolidación de nuevas rutas neuronales, la estabilización del campo emocional y la creación de un estado interno más coherente y menos reactivo.

El uso de la IA en consulta no sustituye la intervención terapéutica; funciona como un modulador de coherencia cognitiva, capaz de generar reformulaciones rápidas que facilitan el proceso de reprogramación cuántica. La supervisión clínica asegura que cada cambio de creencia se integre adecuadamente en el cuerpo, la emoción y la consciencia, permitiendo una evolución más eficiente del campo interno del paciente.

Un caso clínico: reprogramación de la coherencia vibracional asistida por IA. Del autosabotaje silencioso a la autorregulación consciente

Nina, de cuarenta y un años, llega a consulta con un patrón recurrente: «Cada vez que estoy a punto de avanzar en mi proyecto, me bloqueo. Me digo que no soy lo suficientemente buena». Este pensamiento no es solo una frase; es un **disparo neurofisiológico** que activa su sistema de amenaza, contrae su percepción y la desconecta de su capacidad creativa. A nivel vibracional, es un estado de incoherencia: su deseo va en una dirección y su energía, en otra. En consulta, le propongo trabajar el pensamiento con la ayuda de la IA con el fin de entrenarla.

Le pedimos al sistema que transforme su creencia limitante en un pensamiento cuántico, es decir, una reformulación diseñada para generar un salto de estado —no lineal, no incremental— que restaure agencia, amplitud perceptual y coherencia interna.

El pensamiento limitante original era: «No soy lo suficientemente buena para lograrlo». La reformulación cuántica generada por la IA (supervisada por mí) fue: «No necesito sentirme suficiente para avanzar. Avanzo, y es ese movimiento el que reconfigura mi sensación de capacidad».

Este pensamiento desactiva el perfeccionismo, evita el bucle de autoevaluación constante, traslada la agencia del juicio al movimiento y genera un cambio vibracional inmediato (contracción → expansión). Desde la neurociencia, esto es clave: la acción pequeña modifica la autoimagen más rápido que la reflexión (plasticidad experiencial).

Nina, al leer la reformulación, dijo: «Pero no siento que eso sea verdad». Y aquí ocurre algo esencial: detectamos una disonancia entre la narrativa consciente y la memoria implícita.

Le pedimos a la IA una intervención de integración somática breve. La propuesta neurocuántica asistida por IA fue un ejercicio de veinte segundos, diseñado para abrir la coherencia cuerpo-mente: «Inhala contando hasta 4. Exhala contando hasta 6. Mientras exhalas, repite internamente: "Mi cuerpo puede antes que mi mente"».

Esta última frase funciona porque alinea la biología y la cognición, disuelve la necesidad de «creer» para poder cambiar y modifica el estado vibracional en tiempo real (activación del nervio vago, incremento de coherencia cardiaca).

Una vez regulado el sistema, pedimos a la IA que generase el movimiento de dos minutos más pequeño posible que desmontase la parálisis (activación de la microacción cuántica). La propuesta fue: «Abre tu archivo del proyecto y nombra el primer paso como si ya estuviera hecho: "Fase 1 completada". Guarda y cierra».

Este gesto mínimo rompe el bloqueo, introduce evidencia sensorial de avance, reactiva el circuito dopaminérgico del logro y eleva la coherencia vibracional al sentir «movimiento». El resultado fue que la paciente experimentó un cambio inmediato: menos juicio, mayor claridad, activación espontánea de acciones pequeñas, reducción del ruido mental, sensación de «paz activa» típica de la coherencia vibracional. En sesiones siguientes, reportó que la frase cuántica había empezado a aparecer de forma automática en momentos de bloqueo, señal de que la neuroplasticidad repetitiva ya había integrado el nuevo patrón.

Este caso muestra cómo la integración de la IA en procesos de consulta permite reformular creencias limitantes en tiempo real, acelera la neuroplasticidad al ofrecer precisión semántica inmediata, ayuda a generar coherencia vibracional mediante cambios somáticos guiados, proporciona microintervenciones que el paciente aplica sin esfuerzo y sirve como espejo cognitivo para ver el diálogo interno y reprogramarlo.

La IA conversacional es una herramienta revolucionaria en psicología cuántica y neurovibracional. Permite reformular pensamientos, generar anclajes y acelerar la reprogramación. Sin embargo, su potencial viene acompañado de riesgos éticos y clínicos que requieren una atención rigurosa. La IA no reemplaza a la terapia, sino que se convierte en un amplificador del trabajo clínico, permitiendo que el paciente internalice antes los nuevos estados mentales, energéticos y emocionales. Mi objetivo es establecer criterios y procedimientos seguros, éticos y efectivos para integrar herramientas de IA en procesos de reprogramación neurocuántica de un modo que se garantice que el paciente recibe un acompañamiento profesional completo y regulado. Para ello he desarrollado una Checklist de buenas prácticas, un recurso rápido de ética y seguridad en el uso de la IA en psicología cuántica.

Checklist de buenas prácticas. Uso de la IA en psicología cuántica

1. Evaluación inicial del paciente

- ☐ Estabilidad emocional básica comprobada.
- ☐ No presenta crisis aguda ni riesgo grave (ideación suicida, psicosis, trauma activo).
- ☐ Comprende que la IA es una herramienta de apoyo, no un terapeuta.
- ☐ Consentimiento informado obtenido y firmado.

2. Supervisión profesional

- ☐ Todas las respuestas o reformulaciones generadas por IA están revisadas por el terapeuta.

- ☐ Están ajustadas a la fase terapéutica y al nivel de consciencia del paciente.
- ☐ Han sido evaluadas la coherencia vibracional y la respuesta emocional.
- ☐ Está registrada la intervención en la sesión clínica.

3. Aplicación segura

- ☐ Utilizar la IA solo en pensamientos limitantes o microprácticas de reprogramación.
- ☐ Evitar en situaciones de alta vulnerabilidad o desregulación.
- ☐ Integrar con técnicas de respiración, anclajes o micromovimientos.
- ☐ Limitar la duración de exposición a la IA según tolerancia del paciente.

4. Ética y transparencia

- ☐ Se ha explicado claramente el rol de la IA al paciente.
- ☐ Se ha aclarado que no sustituye a la supervisión profesional ni al diagnóstico.
- ☐ Se ha informado de los riesgos y los beneficios potenciales.
- ☐ Han sido garantizadas la confidencialidad y la protección de datos.

5. Seguimiento y ajuste

- ☐ Observar la respuesta física, emocional y cognitiva tras la intervención.
- ☐ Registrar los progresos y posibles efectos adversos.
- ☐ Ajustar la técnica o reformulación según los resultados.
- ☐ Mantener la retroalimentación constante con el paciente.

6. Formación y actualización del profesional

- ☐ Mantener los conocimientos en ética de IA.
- ☐ Formarse en neurociencia aplicada y psicología cuántica.
- ☐ Evaluar periódicamente los riesgos y las mejoras en los protocolos.
- ☐ Revisar los algoritmos y sesgos de la IA utilizada.

Regla clave: la IA **acelera la reprogramación** solo si el profesional mantiene **control clínico total**.
Advertencia: el paciente nunca debe interactuar solo con la IA sin supervisión ni usarla en crisis graves o como sustituto de la contención terapéutica.

Guía práctica de entrenamiento: recodificación de frecuencias cuánticas

Objetivo del ejercicio: recodificar patrones subconscientes mediante la sustitución de narrativas limitantes por pensamientos cuánticos, esto es, creencias expansivas, alineadas con el deseo y ancladas mediante resonancia emocional. El entrenamiento constante durante veintiún días busca consolidar nuevas autopistas neuronales, de modo que la nueva creencia se transforme en la señal interna por defecto.

Fase 1. Diagnóstico y consciencia (la sombra y la luz)

1. Preparación del entorno. Toma un cuaderno o plantilla digital. Dibuja una línea vertical para crear dos columnas:
   - Columna izquierda: creencias limitantes (frecuencia de miedo)
   - Columna derecha: pensamientos cuánticos (frecuencia de expansión)
2. Identificación de patrones limitantes. Escribe frases internas que te detienen. Usa preguntas guía:

- Relaciones: ¿qué temo que me pase si soy vulnerable?
- Finanzas: ¿qué pienso sobre la riqueza o mi capacidad de generar ingresos?
- Capacidades: ¿qué excusas utilizo para no iniciar un proyecto o tomar decisiones?

Regla: formula la frase tal como la repite tu mente subconsciente, aunque te parezca irracional.

Fase 2. Formulación cuántica (la nueva señal)

3. Principios del pensamiento cuántico. Todo pensamiento cuántico debe cumplir tres reglas de coherencia y potencia:

- Tiempo presente: formula como una realidad ya existente («Soy», «Tengo», «Fluye»), evita el futuro («Voy a...», «Espero...»).
- Positivo y expansivo: indica lo que quieres, nunca negaciones. Por ejemplo: reemplaza «No quiero ser pobre» por «Soy próspero».
- Primera persona / yo soy: ancla la información directamente en tu identidad.

2. Ejemplos de transformación:

Creencia limitante	Pensamiento cuántico
«Siempre que logro algo bueno, algo malo lo arruina».	«Mi éxito es sostenible y expansivo. Cada logro genera una base sólida para el siguiente».
«Debo trabajar muy duro y sacrificar mi vida personal para ganar dinero».	«La prosperidad fluye hacia mí con facilidad y alegría, permitiéndome disfrutar de mi vida y abundancia simultáneamente».
«Es demasiado tarde para cambiar de carrera o alcanzar mis metas».	«Mi potencial es infinito. Cada día es perfecto para crear la realidad que elijo; mi experiencia es mi mayor activo».

«Necesito la aprobación de otros para sentirme seguro».	«Mi valor y seguridad emanan de mi interior. Yo soy la única fuente de mi validación emocional».

Fase 3. Resonancia y anclaje (el núcleo transformador)

Proceso de anclaje emocional:

- Aísla y profundiza: cierra los ojos y concéntrate únicamente en el pensamiento cuántico.
- Visualización activa: imagina una escena concreta en la que esa creencia ya es tu realidad.
- Sintoniza la frecuencia: presta atención consciente a la emoción que surge (gratitud, poder, alegría).
- Amplifica y sostiene: haz circular la emoción por todo el cuerpo durante al menos sesenta segundos, respirando profundamente.
- Principio clave: no basta con pensar la creencia; debes convertirte vibracionalmente en la persona que ya la posee.

Fase 4. Integración y mantenimiento

Protocolo de veintiún días:

- Repetición: realiza el ciclo completo (creencia limitante → pensamiento cuántico → anclaje emocional) dos veces al día.
- Momentos óptimos: por la mañana, al despertar, y por la noche, antes de dormir.
- Duración de cada sesión: de cinco a diez minutos.
- Objetivo: consolidar la nueva información vibracional, lograr la recodificación neuronal y establecer el pensamiento cuántico como la señal por defecto.

El arte de la manifestación: crea la vida de tus sueños

En las páginas anteriores, hemos explorado el funcionamiento de tu mente cuántica. Has aprendido que tus pensamientos tienen frecuencia, que tus emociones dejan huellas biológicas y que lo que sientes moldea tu biocampo. Ahora toca dar el siguiente paso. Si ya sabes que tu realidad se construye desde dentro, la pregunta que abre esta sección es directa: ¿cómo lo manifiestas de forma práctica?

Manifestar no es pedirle un deseo al universo y sentarse a esperar. No es hacer una lista de sueños y confiar en que se cumplan por arte de magia. Y definitivamente no es una promesa de resultados rápidos y garantizados. Manifestar, desde la perspectiva de la neurociencia y la física cuántica, es el arte de alinear lo que piensas, sientes y proyectas con lo que de verdad quieres vivir.

Es aprender a vibrar en coherencia. Es tomar la responsabilidad de tu frecuencia y convertirla en una herramienta creativa.

Según lo que exploramos con David Bohm, existe un campo de potencialidades infinitas, el orden implicado. Aunque la ciencia debate cómo y en qué medida la consciencia interactúa con este campo, podemos usar el efecto del observador a modo de una potente metáfora de nuestro poder de elección. Tu consciencia, al enfocarse, actúa como un filtro que selecciona, de entre todas las posibilidades, la experiencia que eliges habitar.

Por eso cada pensamiento sostenido, emoción repetida y elección coherente actúa cual si fuese un gesto creativo que moldea tu mundo interior y, en consecuencia, las acciones que tomas en el mundo exterior.

Desear versus manifestar: la diferencia que cambia todo

Aquí va una distinción clave: no es lo mismo desear que manifestar.

El deseo superficial nace muchas veces del ego, la carencia o la comparación. «Quiero esto porque me falta». Esa vibración, por mucho que la adornes con afirmaciones positivas, sigue enviando el mensaje de que algo está incompleto. Tu biocampo refleja esa carencia y atrae más situaciones desde esa frecuencia.

Desapégate del resultado: el multiplicador esencial de la manifestación. Este concepto significa soltar la obsesión por el «cómo», el «cuándo» o el «exactamente así» de lo que visualizas, y liberar así el control egoico que genera resistencia. No es pasividad —mantienes la intención clara y la emoción elevada—, sino una confianza profunda en que el universo responde a tu alineación interna, no a tu ansiedad por *timelines* o formas específicas. Al desapegarte, evitas la trampa del apego: aferrarte bloquea el flujo; soltar invita a sincronicidades y soluciones óptimas que superan tus expectativas.

En cambio, la manifestación profunda nace de la coherencia interna, del merecimiento, de saber que ya eres suficiente y que lo que atraes solo refleja tu estado de alineación. El poder está en elegir. Y esa elección empieza por tu frecuencia, potenciada por el desapego.

La buena noticia es que esa coherencia se entrena. En este capítulo vamos a integrar prácticas que van más allá de la teoría: la activación de tu canal central energético, el uso de la intención dirigida, la visualización efectiva y la conexión con versiones más elevadas de ti mismo, todo amplificado por el desapego del resultado.

También exploraremos herramientas que la neurociencia estudia con creciente atención: la influencia de los neurotransmisores en el proceso creativo, la utilidad de los *mind movies* y la capacidad de acceder a información no local mediante sueños lúcidos o meditación conectiva.

A estas alturas del libro, ya tenemos claro que una intención clara, sostenida y emocionalmente cargada tiene el poder de reorganizar la energía del campo y reprogramar el cuerpo. Pero, además, formamos parte de un campo interconectado donde cada emisión vibratoria encuentra eco.

La clave de todo este proceso es la alineación interna. Los resultados reales y duraderos no vienen de forzar la realidad, sino de sintonizar tu mundo interior con lo que deseas ver en el exterior, desapegándote del resultado para que el flujo entregue lo mejor.

Una advertencia ética fundamental

Antes de sumergirnos en las prácticas concretas, quiero hacer una advertencia ética que considero crucial: el poder de la intención es inmenso y, como todo gran poder, requiere responsabilidad profunda y sabiduría.

Manifestar desde el ego —desde el «quiero para tener» impulsado por la carencia, la envidia o la búsqueda de validación externa— puede generar resultados temporales. No obstante, te aseguro que rara vez estas manifestaciones llegan acompañadas de una satisfacción duradera. De hecho, estos deseos nacidos de la carencia a menudo te anclan aún más en el ciclo de lo que no tienes.

Sin embargo, cuando manifiestas desde tu esencia, desde tu yo más auténtico, lo que creas te beneficia de maneras profundas y resuena positivamente en todo tu entorno.

Te invito a hacerte siempre estas preguntas con total honestidad antes de lanzar una intención: ¿desde dónde nace realmente este deseo? ¿Nace de la carencia o de la abundancia? ¿Me expande o me contrae?

Si tu intención surge de un lugar de amor incondicional, un propósito claro y un deseo de bienestar para ti y para el mundo, no solo es más probable que se manifieste, sino que la experiencia será infinitamente más gratificante y sostenible.

Se trata de entender que eres un canal para algo mucho más grande que tú mismo. Manifestar es recordar quién eres y actuar en consecuencia. No es un capricho, es un compromiso con tu mejor versión.

Te voy a presentar dos herramientas que son mucho más que ejercicios motivacionales. Están diseñadas para ayudarte a reprogramar tu mente subconsciente, entrenar tu biocampo y alinear tu energía con tus verdaderos deseos usando los principios científicos que acabamos de explorar.

Y, lo mejor de todo, son creativas y estimulantes. Vibrar en la frecuencia de la diversión no es algo menor. Cuando te diviertes, relajas el sistema nervioso, generas dopamina y permites que tu biocampo emita una señal más clara y expansiva. Manifestar con alegría tiene más potencia que hacerlo con tensión.

Crea hoy tu mañana: el *vision board* y el diario de manifestación, en acción

Ahora que comprendes la base científica de cómo tu mente puede influir en tu realidad, es momento de trasladar todo ese conocimiento a la práctica. No basta con entender la neuroplasticidad o la teoría cuántica, hay que mover energía, activar circuitos neuronales específicos y dar forma concreta a tu realidad. No eres un espectador pasivo de la realidad, eres parte activa de su creación.

Muchos investigadores llevan años intentando demostrar que la mente humana puede influir en el mundo físico. Algunos estudios muestran que la intención clara y sostenida puede afectar a sistemas como generadores de números aleatorios.

Mientras la investigación continúa evolucionando, lo que sí he comprobado es que la mente, con su capacidad de enfocar y de sentir, es el arquitecto principal de nuestra experiencia.

Esta es la esencia del colapso de la función de onda aplicado a la manifestación: tu observación intencionada, cargada de consciencia, selecciona una realidad de entre infinitas posibilidades y la lleva a la existencia en tu experiencia.

El vision board*: neuroimágenes que moldean tu futuro*

Un *vision board* es un panel visual donde plasmas imágenes, palabras y símbolos que representen aquello que deseas manifestar. Puede incluir metas concretas, valores que quieres cultivar, sensaciones que deseas experimentar o aspectos de tu identidad futura. Pero lo más importante no es lo que colocas, sino cómo te sientes al verlo.

¿Por qué funciona científicamente? Según las investigaciones de Álvaro Pascual-Leone sobre neuroplasticidad y los hallazgos del neurocientífico Diego Redolar, cuando te planteas un objetivo, se activa la corteza prefrontal dorsolateral, la parte más reflexiva del cerebro. Al visualizarlo de forma vívida y emocional, se estimula la corteza prefrontal ventromedial, así como su conexión con el núcleo accumbens, el centro del placer y la motivación.

Este vínculo permite que tu cerebro perciba ese objetivo futuro como algo más próximo, accesible y deseable. Por eso el *vision board* no se queda como un cuadro decorativo; entrena tu mente para mantener el enfoque, aumentar tu motivación y acortar la distancia entre el deseo y la acción.

Práctica. El *vision board*

¿Cómo se crea?

1. **Consigue claridad emocional.** Antes de empezar a elegir imágenes, que pueden ser en papel o digitales, dedica unos minutos a conectar con lo que realmente deseas. Pregúntate: ¿qué me haría sentir en paz, expandido, pleno? ¿Qué experiencias vitales quiero vivir? No pienses solo en cosas materiales, sino en vivencias, sensaciones y emociones sostenidas.

2. **Piensa en diferentes áreas.** Asegúrate de incluir todas las facetas que consideres clave: salud, relaciones, propósito, bienestar financiero, espiritualidad, creatividad, trabajo, pareja, hijos. El objetivo no es organizarlo por áreas, sino hacer el ejercicio consciente de revisar todas las facetas de tu vida.

3. **Busca imágenes con impacto emocional.** Elige imágenes que realmente te despierten una emoción elevada: alegría, calma, ilusión, gratitud. No tienen que representarte físicamente; si eres rubio y ves una imagen de alguien moreno que te hace sentir eufórico, está bien. Lo importante es que te hagan vibrar en emociones elevadas (si necesitas recordar cuáles son, vuelve al mapa de la consciencia de David Hawkins).

4. **Añade palabras y afirmaciones.** Puedes incluir frases que te conecten con tu visión: «Estoy listo para recibir», «merezco una vida plena», «confío en mi camino». Pégalas o escríbelas, ¡lo que mejor te siente!
5. **Crea tu visión.** Comienza a crear tu **vision board** como más te guste: mezclando áreas, combinando imágenes con palabras, dibujando dentro de las imágenes. Es el momento de expandirte creativamente.
6. **Ubicación visible.** Colócalo donde puedas verlo cada día.

¿Cómo se usa? No basta con mirarlo como quien observa un póster. El **vision board** se activa a través de la visualización consciente:

- Dedica unos minutos diarios a mirarlo con atención.
- Imagina que ya estás viviendo esa realidad.
- Permite que se genere en ti la emoción correspondiente: entusiasmo, paz, confianza, esperanza
- ¡Hazle ***updates***! Tú cambias y evolucionas, y con eso cambian tus metas y deseos. Si tienes que ir modificando partes porque ya no te sirven, está perfecto.

Si eres constante con esta práctica, estarás activando múltiples procesos neurocientíficos simultáneamente: refuerzas nuevas rutas neuronales, estimulas el equilibrio de neurotransmisores como la dopamina (motivación), la serotonina (bienestar), el glutamato (memoria y aprendizaje) y el GABA (relajación), creando un estado mental receptivo al cambio.

Además, la emoción elevada sostenida genera coherencia cardiaca, la cual optimiza la señal vibratoria emitida a tu biocampo. Desde un punto de vista energético, esto se traduce en una proyección vibratoria más coherente que, según las teorías cuánticas emergentes, podría influir en la organización de posibilidades disponibles en el campo.

El diario de manifestación: neurocódigos para activar la plasticidad que materializa

El diario de manifestación es tu espacio personal para aterrizar tu proceso interno. Mientras que el *vision board* es un mapa visual, el diario es una bitácora emocional, un lugar donde anclar tu intención y observar tu vibración.

Su propósito no es solo registrar anhelos, sino entrenar tu atención, observar tu frecuencia vibratoria y anclar tu intención utilizando el poder de la codificación simbólica —ese proceso mediante el cual la mente transforma una experiencia en una representación que tiene valor personal.

Práctica. Diario de manifestación

La idea es sencilla: coge un diario o cuaderno donde escribir todos los días. Puedes hacerlo según tus preferencias:

1. **Gratitud diaria.** Escribe tres cosas por las que te sientes agradecido. El agradecimiento te ayuda a elevar tu frecuencia, ser más optimista y centrarte en las cosas positivas que ya existen en tu vida. Es una gran fuente de abundancia.
2. **Escribe en presente.** Redacta tus metas como si ya estuvieran ocurriendo. Por ejemplo: «Hoy me despierto con energía y motivación», «mis proyectos fluyen con facilidad».

Aquí quiero destacar un punto importante: redactar tus metas en positivo y tiempo presente no es un truco motivacional, ya que implica una estrategia profundamente alineada con el funcionamiento de tu mente subconsciente y tu campo energético. Cuando usas frases como «quiero tener energía», estás comunicando desde la carencia y confirmando que ahora no la tienes. Tu biocampo refleja esa falta y sigue atrayendo situaciones en esa frecuencia.

En cambio, cuando afirmas «me despierto con energía», estás generando una señal de coherencia vibratoria. Tu sistema nervioso, tus neurotransmisores y tu campo energético reciben la instrucción de que eso ya está sucediendo. El subconsciente no distingue entre una experiencia real y otra vívidamente imaginada, así que programas tu cerebro para sintonizar con esa versión futura.

1. **Emociones y sensaciones.** Observa cómo te sientes al escribir. ¿Hay entusiasmo, miedo, duda, certeza? Escribe sin juzgar. No se trata de juzgar lo que sientes, sino de identificarlo y, si es necesario, cambiarlo.
2. **Sincronicidades.** Anota cualquier evento, conversación, número o mensaje que te parezca una «señal». Esto refuerza la atención selectiva, la percepción de resonancia y la codificación simbólica. Si para ti ver una paloma significa que lo estás haciendo bien, esa imagen se convierte en un ancla de significado que tu mente reconocerá como parte de tu proceso y, automáticamente, vibrarás en la emoción asociada.
3. **Reflexión libre.** Deja un espacio para vaciar la mente. A veces, escribir sin filtro revela patrones inconscientes que están operando, pero también sirve como momento de meditación y paz personalizada. Richard Davidson, pionero en el estudio del cerebro emocional, demostró que esta práctica consciente potencia tu autoconocimiento y, literalmente, moldea tu cerebro, ya que activa y refuerza nuevas rutas neuronales que reemplazan patrones limitantes.

Y dado que, según Candace Pert, los sentimientos son como mensajeros bioquímicos, si escribes sobre lo que deseas, sientes o agradeces, proyectas tu ejercicio mental involucrando a tu biología entera, como si cada célula recibiera la actualización de esa nueva historia.

Cuando esa escritura está alineada con tu intención y emoción, se genera coherencia entre mente, emoción y energía. Esto calma el sistema nervioso, fortalece tu campo vibratorio y crea un entorno interno propicio para que tu energía resuene de forma clara con el campo cuántico.

El *vision board* te ofrece un marco visual de referencia. El diario te permite registrar tu navegación emocional mientras te acercas a esa visión. Juntos forman una dupla potente:

- El primero te ancla en la dirección.
- El segundo te mantiene consciente del camino.

Ambos refuerzan, mediante la repetición, la emoción y la intención, los principios neurocientíficos que conoces: activan los neurotransmisores que sostienen el cambio, fortalecen la coherencia del biocampo y, según las teorías cuánticas emergentes, podrían estar influyendo en la organización de tus experiencias desde un nivel profundo de realidad.

Como explica el psiquiatra Daniel Siegel en su teoría del *mindsight*, cuando cultivamos la consciencia reflexiva a través de prácticas escritas, estamos entrenando nuestra capacidad de integrar la experiencia, algo que no solo mejora nuestra salud mental, sino que cambia el cerebro de forma mensurable.

En consecuencia: escoge tus imágenes con intención, escribe tus frases con convicción y, sobre todo, siente como si ya estuvieras ahí. Porque quizá, en un nivel que apenas empezamos a entrever, ya lo estás.

Desbloqueando tu canal central: neuroenergía para activar tu máximo potencial

Como te vengo explicando, manifestar requiere energía. Pero no cualquier energía: tu propia fuerza vital. Esa que brota desde lo más profundo de tu ser y tiene el potencial de moldear tu realidad.

¿De dónde sacas esa fuerza? ¿Cómo la diriges con precisión?

Aquí entra en juego uno de los aspectos más potentes del ser: tu energía vital, canalizada a través del «canal central».

Imagínate que tu cuerpo tiene una autopista energética principal, un eje dinámico por donde fluye tu fuerza vital más pura. Esta vía conecta tu base con tu expansión y es el cauce por el cual puedes movilizar la energía que ya habita en ti y convertirla en impulso creativo, claridad mental o conexión espiritual. Este canal no se limita a transportar tu vitalidad; cuando lo activas, se convierte en el puente entre tu intención y su realización.

Las tradiciones ancestrales, como el yoga, han explorado este «canal central» durante milenios; entienden que, al activar y dirigir la energía a través de él, se abren puertas a la expansión de la consciencia y a un poder creativo inmenso. *Kundalini* es una palabra sánscrita que significa «enroscada como una serpiente». Hace referencia a una energía latente que reside en la base de la columna vertebral y que puede ser activada y elevada a lo largo del canal central (*sushumna*) para despertar un estado expandido de consciencia.

Esta energía es más que simbólica, está asociada con transformaciones reales en el sistema nervioso y en la química cerebral. Diversos estudios publicados en *Frontiers in Human Neuroscience*, *Scientific Reports* y *Journal of Alternative and Complementary Medicine* han documentado que prácticas intensas de meditación, como las empleadas en el *kundalini* yoga, pueden generar efectos neurofisiológicos mensurables.

Estos incluyen un aumento significativo en la conectividad funcional del cerebro, las mejoras en la coherencia entre hemisferios y una activación sostenida de patrones de las ondas cerebrales asociadas al bienestar —como las ondas alfa y gamma—, medidos mediante electroencefalogramas (EEG) y resonancia magnética funcional (fMRI).

La energía sexual como fuerza creativa: la neuroquímica del impulso vital

De todas las formas en que se expresa nuestra energía vital, hay una que ha sido incomprendida durante siglos: la energía sexual. Si de verdad quieres manifestar desde un lugar profundo, coherente y expansivo, no puedes ignorarla.

No se trata de sexo por sí mismo, sino de reconocer que la energía sexual es una forma concentrada de la energía de la vida. Es lo que impulsa la creación, lo que enciende el deseo de moverse, de cambiar, de imaginar. Es ese zumbido interno que sientes cuando estás realmente vivo, conectado, en presencia.

Cuando aprendes a sublimar la energía sexual, en lugar de dejarte llevar por el impulso de la excitación —es decir, a elevarla y redirigirla conscientemente por tu canal central—, se convierte en un combustible inagotable para tu propósito creativo y para la manifestación de tus deseos.

Sexo de descarga y sexo de recarga: una distinción neurobiológica fundamental

En mi trabajo como docente e investigadora del sistema nervioso aplicado a la sexualidad consciente, he observado de forma consistente que no todas las experiencias sexuales producen el mismo impacto en el cerebro, el cuerpo ni la percepción de la vida. Desde esta observación sostenida en el tiempo —hoy respaldada por los avances en neurociencia, regulación autonómica y epigenética— distingo dos modos claramente diferentes de activación sexual: el sexo de descarga y el sexo de recarga.

El sexo de descarga es la forma más extendida y culturalmente normalizada de sexualidad. Se caracteriza por una acumulación de excitación que culmina en una liberación rápida, localizada sobre todo en los genitales. Desde el punto de vista neurobiológico, este tipo de orgasmo funciona como un mecanismo de alivio de tensión: el sistema nervioso simpático se activa y luego se apaga. Hay placer, pero la organización interna del cerebro permanece casi intacta. No se produce una transformación profunda, sino un retorno al estado basal previo.

El sexo de recarga, en cambio, responde a una lógica del todo distinta y constituye el eje central de la metodología que enseño desde hace años. Este enfoque —que hoy comienza a introducirse en contextos universitarios, terapéuticos y formativos— no busca la liberación de la energía sexual, sino su integración y distribución consciente por todo el sistema nervioso. Aquí, la excitación no se precipita hacia la descarga, sino que se sostiene, se eleva y se expande.

Desde la neurociencia, este tipo de experiencia puede entenderse como un estado de activación global del sistema nervioso central. El orgasmo deja de ser un reflejo genital para convertirse en un fenómeno de cuerpo entero: una ola de actividad eléctrica que recorre la médula espinal, reorganiza el sistema límbico y genera coherencia entre distintas áreas corticales. Esta reorganización no es metafórica, es fisiológica. El cerebro entra en un estado de alta neuroplasticidad. En este contexto, se inhiben redes neuronales asociadas al miedo, la hipervigilancia y la memoria traumática mientras se fortalecen circuitos vinculados a la seguridad interna, la presencia y la creatividad. Cada orgasmo interno actúa como una señal de actualización del sistema: patrones rígidos se disuelven y nuevas conexiones sinápticas se consolidan. No estamos ante una intensificación del placer, sino ante un proceso de reaprendizaje neurobiológico. Las implicaciones epigenéticas de este proceso son profundas. El cuerpo no responde solo a lo que sucede externamente, sino a la lectura interna que el sistema nervioso hace de la experiencia. En el sexo de descarga, el organismo permanece en un modo de gasto energético similar a los estados de alivio del estrés. En el sexo de recarga, el sistema nervioso interpreta la experiencia como un estado de seguridad, coherencia y abundancia. Esta señal modifica la expresión genética: se reducen los programas de defensa y se activan aquellos relacionados con la reparación, la regeneración y la expansión de la vida.

La respiración consciente, en particular la respiración neuroepigenética, es una de las herramientas fundamentales dentro de este marco metodológico. No solo oxigena el cuerpo, sino que regula el sistema nervioso autónomo y actúa como un modulador directo de la plasticidad cerebral y la expresión genética. Una respiración superficial mantiene activo el patrón de supervivencia y conduce al orgasmo de descarga. Una respiración profunda, propia de este enfoque neuroepigenético, permite que la excitación se distribuya por el cuerpo, lo que transforma el placer en un estado de consciencia expandida. Cuando el orgasmo es interno, sostenido y coherente, la percepción cambia de manera estable. El tiempo se dilata, la mente se aquieta y el cuerpo ancla nuevas memorias somáticas de presencia, confianza y apertura. Estas memorias no solo transforman la experiencia inmediata, sino que condicionan cómo ese sistema nervioso responderá en el futuro y qué información biológica transmitirá a las siguientes generaciones.

Desde esta perspectiva, el sexo de recarga no es una práctica alternativa ni un refinamiento del placer, sino una tecnología biológica ancestral que hoy podemos comprender, enseñar y transmitir con rigor. Cada orgasmo verdadero no descarga al cuerpo, sino que lo recalibra. No lo agota, lo reorganiza. Y en ese proceso, el sistema nervioso recuerda su capacidad natural de vivir desde la expansión, la coherencia y la libertad.

Ignorar la energía sexual es intentar crear vida desconectado de su combustible principal. Cuando la energía sexual se eleva, deja de buscar descarga y empieza a construir propósito.

Puedes encontrar prácticas para iniciarte en la sublimación de la energía sexual en mi libro *Mindfulsex. El sexo que revolucionará tu vida* y en el juego de cartas *Mindful Sex. Sexo con corazón. 50 Semillas para despertar la Magia en la Sexualidad.*

Activación del canal central con respiración neuroepigenética

Se trata de una práctica que requiere paciencia y una progresión gradual. No es algo que domines la primera vez ni que debas forzar.

Empieza siempre desde la respiración consciente en clave neuroepigenética y relajación profunda: inhala por la nariz contando hasta cuatro hacia el abdomen; haz una pausa de uno o dos segundos; exhala lento hasta seis u ocho, dejando que el cuerpo se ablande y el sistema nervioso pase de alerta a calma. Lleva tu atención a la zona del sacro (base de la columna), donde se ubica el centro de energía vital. Observa si sientes calor, cosquilleo o pulsación.

Cuando percibas esa energía, visualiza cómo asciende lentamente por tu columna con cada respiración. Al experimentar excitación, mueve esa sensación hacia la parte superior de tu cuerpo, especialmente hacia la zona del pecho o la coronilla. Esta práctica, realizada con suavidad y constancia, permite al cuerpo expandir la energía en lugar de descargarla.

Señales de que funciona: puedes experimentar cosquilleo, sensación de expansión, calor sutil, presencia más intensa o incluso una sensación de «estar más despierto».

Recuerda: la clave no está en «hacer que pase algo», sino en estar presente con lo que YA está ahí. Dejando que la respiración neuroepigenética module tu sistema nervioso y abra el canal central a su propio ritmo. Con práctica, este patrón de respiración no solo acompaña la energía sexual, sino que entrena al sistema nervioso en vincular excitación con seguridad y expansión, y no solo descarga.

El poder del placer en la manifestación

Antes de continuar, quiero hacerte una advertencia importante: no te obsesiones con el «cómo» perfecto. La clave fundamental para manifestar es que entiendas que hacerlo desde el placer tiene mucha más potencia que hacerlo desde la tensión.

Cuando te permites disfrutar —ya sea bailando, contemplando una escena que te conmueve, jugando o simplemente sonriendo de verdad—, tu sistema nervioso entra en un estado de relajación profunda. Tu cerebro libera entonces una sinfonía bioquímica de bienestar: dopamina, serotonina, oxitocina…, todas asociadas a la conexión, la creatividad y la vitalidad. En este modo, tu biocampo se vuelve más coherente, amplio y armónico. En otras palabras: emites una señal más clara y atractiva hacia el campo cuántico. Por el contrario, si te mantienes en modo supervivencia —estrés crónico, pensamientos repetitivos, miedo o ansiedad—, tu campo se contrae y se vuelve caótico; por mucho que desees conscientemente algo, estarás emitiendo una frecuencia de carencia o bloqueo.

El sustrato cuántico de la energía vital

Desde la perspectiva científica emergente, ¿qué sucede cuando activamos este canal central? Aquí, las teorías de Penrose y Hameroff vuelven a ser relevantes. Sus investigaciones sobre los microtúbulos cuánticos en el cerebro sugieren que estas minúsculas estructuras podrían ser cruciales para el procesamiento de la información a un nivel más allá de lo puramente neuronal, incluso para la canalización de estas energías sutiles.

Podrían ser la interfaz entre tu energía vital, tu consciencia y el campo cuántico, facilitando que esa energía sublimada se traduzca en una señal coherente de manifestación.

Mi recomendación es que no lo conviertas en una meta o en una tarea más. Se trata de jugar, sentir, explorar tu cuerpo como una herramienta de creación consciente. La clave está en la conexión, no en la perfección.

Para las prácticas más específicas y detalladas de activación energética, te remito a *Mindfulsex*, donde desarrollo diversos ejercicios completos con todos los pasos y las precauciones necesarias. Aquí simplemente quiero que entiendas que tienes una energía vital real, mensurable y distinta para cada persona, y que puedes aprender a dirigirla conscientemente.

El poder de la intención: la ruta neuroenergética hacia tus metas

Ahora que has empezado a activar esa energía vital por tu canal central, la pregunta fundamental es: ¿cómo la dirigimos con precisión? ¿Cómo la enfocamos para que, de entre la infinidad de posibilidades, construya exactamente la realidad que deseamos?

Sobre todo, teniendo en cuenta que no a todo el mundo le fluye la energía tan fácilmente, necesitas dominar el verdadero poder de la intención. No te puedes conformar con pensar bonito; necesitas saber enfocar tu energía mental con claridad quirúrgica.

Tus pensamientos, emociones y decisiones no solo activan circuitos en tu cerebro, también están moldeando, en tiempo real, el campo energético que te rodea. Es como si estuvieras en una conversación continua con el universo: lo que eliges sentir y creer, el universo lo escucha. Tu intención es mucho más que un anhelo casual o un deseo pasajero; consiste en una señal coherente, nítida y vibrante que envías al campo cuántico, cargada de tu energía vital y tu enfoque más puro.

La señal cuántica: sintoniza tu mente con la posibilidad

La técnica de la señal cuántica es un práctica breve pero poderosa para activar la apertura perceptual y sintonizar tu consciencia con oportunidades alineadas con tu versión más elevada. Basada en principios de la psicología cuántica y la neurociencia aplicada, esta técnica aprovecha la capacidad del cerebro para filtrar información de manera selectiva cuando la mente y la emoción están en coherencia.

En términos prácticos, la señal cuántica funciona como un ancla de alineación interna: al enfocarte en una intención clara y acompañarla con emoción positiva, tu sistema nervioso cambia su patrón de atención y aumenta la probabilidad de percibir y reconocer oportunidades que antes pasaban desapercibidas.

Aunque la práctica dura solo unos minutos, su efecto es acumulativo. Realizada de manera constante, fortalece la apertura perceptual, mejora la claridad en la toma de decisiones y refuerza la conexión con tu guía interna y tu propósito.

En los pasos siguientes, aprenderás a implementar la técnica en cinco minutos diarios, combinando la respiración, la visualización, la emoción y el pensamiento cuántico para crear un estado de coherencia vibracional inmediata.

Duración: cinco minutos
Propósito: activar apertura perceptual y percepción de oportunidades alineadas
Pasos:

1. Respira profundo tres veces, conectando mente y corazón.
2. Imagina una luz brillante frente a ti que representa tu intención o deseo.
3. Visualiza una señal concreta que confirme que estás alineado con tu versión más elevada (puede ser una persona, un mensaje, un evento).
4. Siente la emoción asociada: confianza, gratitud, alegría.
5. Repite internamente tu **pensamiento cuántico** mientras mantienes la emoción.

Frecuencia recomendada: una vez al día, preferiblemente por la mañana.

Tu cerebro no distingue entre realidad e imaginación vívida

Desde la neurociencia, sabemos con certeza que, cuando visualizas algo con una viveza tan intensa que casi puedes tocarlo, tu cerebro se enciende activando las mismas redes neuronales que se activarían si ya estuvieras experimentando esa realidad. A este fenómeno lo llamamos «actuar como si».

Tu cerebro no distingue entre una experiencia real y una que has imaginado con maestría.

Dawson Church, uno de los referentes en el estudio de la intención, ha demostrado que, cuando sostienes una intención clara y cargada de emoción positiva, cambias cómo funciona tu cerebro, cómo responde tu cuerpo... ¡y hasta lo que ocurre a tu alrededor! Sus investigaciones, basadas en la neurociencia y el *biofeedback*, muestran que ese enfoque consciente puede sincronizar tus ondas cerebrales, relajar tu sistema nervioso e incluso influir en la manera que se expresan tus genes.

Como ya te comenté, si logras que tu mente crea que eso que deseas ya es real, estás reprogramando tus células para que actúen en consecuencia.

Práctica de activación de la intención

Esta práctica la combina coherencia cardiaca, la claridad mental y la programación energética para enviar una señal poderosa al campo cuántico.
Preparación energética: cinco minutos.

Paso 1. Estado de coherencia cardiaca:

- Siéntate cómodamente con la espalda recta.
- Respira hondo. Inhala durante cinco segundos, exhala durante cinco segundos.
- Enfoca tu atención en el centro del pecho.
- Genera una emoción de gratitud o aprecio genuinos.
- Mantén este estado hasta sentir calma y claridad mental.

Paso 2. Limpieza del campo intencional:

- Declara mentalmente: «Libero cualquier intención que no sirva a mi máximo bien».

- Visualiza tu biocampo limpiándose de intenciones dispersas.
- Siente cómo tu energía se unifica en un solo propósito de activación central (diez minutos).

Paso 3. Declaración consciente del deseo:

- Formula tu intención en una frase clara, positiva y en presente.
- Ejemplo: «Soy abundante y próspero en todos los aspectos de mi vida».
- Pronuncia esta frase en voz alta con total convicción.
- Siente cómo las palabras resuenan en tu cuerpo.

Paso 4. Elevación de la frecuencia emocional:

- Conecta profundamente con la EMOCIÓN de ya tener lo que deseas.
- No solo pienses en ello, SIÉNTELO en cada célula de tu cuerpo.
- Permite que esta emoción se expanda desde tu corazón hacia todo tu ser.
- Sostén esta frecuencia emocional durante al menos tres minutos.

Paso 5. Visualización cuántica del colapso:

- Imagina que frente a ti existe un campo infinito de posibilidades brillantes.
- Ve cómo todas estas posibilidades comienzan a converger hacia una sola: tu realidad deseada.
- Visualiza el momento exacto en que tu observación consciente «colapsa» esa posibilidad en tu experiencia.
- Siente cómo esa nueva realidad se ancla en tu presente.

Paso 6. Activación física de la intención:

- Coloca ambas manos sobre el corazón.
- Realiza tres respiraciones profundas, sintiendo cómo tu intención se «sella» en tu biocampo.

- En la tercera exhalación, abre los brazos hacia arriba como liberando tu intención al universo.
- Termina con un aplauso decidido que marque la activación completa Integración y entrega (dos minutos).

Paso 7. Entrega consciente al campo:

- Declara: «Esta intención se manifiesta para mi máximo bien y el bien de todos».
- Suelta por completo la necesidad de controlar cómo o cuándo se manifestará.
- Confía en que has enviado una señal clara al campo cuántico.
- Termina con gratitud anticipada: «Gracias por lo que ya está en camino».

Frecuencia de práctica recomendada: para manifestaciones importantes, una vez al día durante 21 días consecutivos

Con estas herramientas activadas y tu campo vibrando en coherencia, estás listo para integrar todo lo que has aprendido. Has descubierto el poder de dirigir tu energía vital, has afinado la precisión de tu intención, has explorado estados expandidos de consciencia y comprendido cómo tu mente y la realidad se entrelazan.

La consistencia es la clave. La paciencia en tu práctica, la honestidad en tu intención y la apertura de tu corazón son los ingredientes que acelerarán tu proceso. El universo está escuchando y tu campo energético está respondiendo. Confía en el proceso, confía en ti y, sobre todo, atrévete a experimentar.

La visualización cuántica: neurodinámicas para reprogramar tu realidad y acceder a estados de alto potencial

La **visualización cuántica** es una práctica avanzada que combina principios de la psicología, la neurociencia y la física cuántica aplicada al desarrollo personal. Su objetivo central no es únicamente imaginar un resultado deseado, sino **activar una coherencia interna y una resonancia vibracional** que alineen la mente, la emoción y el cuerpo con la intención que se quiere manifestar.

A diferencia de la visualización tradicional, que se centra en la repetición mental de imágenes o escenarios futuros, la visualización cuántica trabaja en tres niveles simultáneamente:

1. **Neuronal:** fortalece nuevas conexiones y autopistas neuronales mediante la repetición de estados internos coherentes con la intención.
2. **Emocional:** utiliza la emoción como catalizador principal para integrar la información al subconsciente, ya que las emociones intensas generan cambios bioquímicos que refuerzan la percepción y la acción.
3. **Vibracional:** modula la frecuencia energética del individuo, facilitando que su campo interno se sintonice con oportunidades y resultados previamente «invisibles» o inaccesibles.

La visualización cuántica no es pensamiento positivo ingenuo. Es una herramienta neuroenergética que permite transformar patrones limitantes, amplificar la percepción de posibilidades y acelerar la materialización de objetivos al intervenir directamente en la interacción entre pensamiento, emoción y cuerpo.

En este capítulo ya hemos explorado el *vision board* y el diario de manifestación como prácticas de visualización estructurada, orientadas a entrenar la atención y a generar coherencia interna. A partir de esta base, en las páginas siguientes profundizaremos en más modalidades de visualización cuántica —como los *mind movies*, el método del yo futuro y el concepto del doble cuántico—, diseñadas para potenciar la coherencia vibracional y sostener la manifestación de las intenciones de forma consciente y efectiva.

Estas prácticas no son intercambiables de manera directa; cada una tiene un propósito específico dentro del entrenamiento cuántico:

- ***Mind movies*:** utiliza estímulos multisensoriales (visual, auditivo y emocional) para anclar la intención en el subconsciente y reforzar la plasticidad neuronal.
- **Yo futuro:** combina la escritura reflexiva y la proyección temporal para consolidar nuevas creencias, reforzar la seguridad interna y alinear las emociones con metas concretas.
- **Doble cuántico:** permite proyectar la versión futura del «yo» deseado sobre el presente, integrando identidad, emoción y acción en tiempo real.

En conjunto, estas técnicas forman un protocolo integral de visualización cuántica que puede ser adaptado según las necesidades de cada persona o proyecto. La práctica regular y consciente garantiza que la mente y el cuerpo no solo imaginen la intención, sino que la resonancia interna y la percepción se alineen con su manifestación.

Mind movie: el film neurocreativo de tus metas

Un *mind movie* es una herramienta de visualización más estructurada y dinámica. Consiste en un vídeo corto y personalizado, como crear un tráiler inspirador de tu futuro deseado.

1. **Define tu visión con nitidez.** Antes de empezar, ten absoluta claridad sobre lo que deseas manifestar. Imagínalo con todos los detalles sensoriales: ¿Es salud vibrante? ¿Una relación consciente? ¿Abundancia para un propósito específico?
2. **Recopila imágenes poderosas.** Busca imágenes que conecten contigo profundamente, que te hagan vibrar en emociones elevadas. Si es la casa de tus sueños, incluye la fachada, el interior, el jardín. Si es una relación, que represente la conexión, la risa, la intimidad.
3. **Elige la música perfecta.** La música es el lenguaje del alma. Escoge canciones que te inspiren, que te llenen de alegría, gratitud y certeza. Esta música será tu motor emocional.

4. **Añade afirmaciones.** Escribe frases cortas, positivas y en tiempo presente: «Estoy viviendo en la casa de mis sueños», «mi cuerpo está más sano cada día». Puedes grabarlas con tu voz para alcanzar una mayor conexión o incluso narrar cómo te sientes en cada escena.

5. **Ensambla tu vídeo.** Utiliza cualquier aplicación para unir las imágenes, los vídeos, la música y las afirmaciones en una secuencia fluida. Haz que el flujo sea orgánico, como una historia que se despliega.

Úsalos todos los días.
Momento ideal: dedica entre cinco y diez minutos al día a visualizar tu *mind movie*. Los momentos óptimos son justo al despertar, cuando tu cerebro aún está en ondas theta, o justo antes de dormir para programar tu subconsciente.

La inmersión es clave: no lo mires pasivamente. Obsérvalo, siéntelo, sumérgete en esa realidad como si ya fuera tuya. Permite que esas emociones inunden cada célula de tu cuerpo. Cuanto más real lo sientas, más refuerzas la neuroplasticidad asociada.

El objetivo es involucrar múltiples sentidos (vista y oído) para acelerar el proceso de programación mental y crear un fuerte anclaje emocional con tu futuro deseado. Se trata de una forma dinámica y efectiva de anclar tu intención y tu emoción en tu subconsciente, utilizando todo el poder de la neuroplasticidad.

Cuando visualizas con música y movimiento, activas múltiples áreas cerebrales simultáneamente: la corteza visual (procesamiento de imágenes), la corteza auditiva (música), el sistema límbico (emociones) y las redes de memoria episódica. Esta activación multisensorial fortalece las conexiones neuronales asociadas con tus objetivos.

El método del yo futuro: la ruta mental hacia tu mejor versión

El método del yo futuro (*Future Self Method*) es una técnica que se basa en el principio de que la visualización vívida y detallada de una versión

idealizada de uno mismo en el futuro puede servir como un poderoso catalizador para el cambio en el presente.
¿En qué consiste? No es un ritual simbólico ni una fantasía motivacional. Constituye un anclaje real de tu intención más clara, una forma concreta de conectar con esa parte de ti que ya sabe cómo llegar.
Duración: cinco-siete minutos.
Propósito: reprogramar la línea temporal subjetiva para conectar el presente y el futuro deseado.
Pasos:

1. Imagina un «yo» futuro que ya ha alcanzado tu meta.
2. Visualiza cómo vive, qué siente y cómo actúa.
3. Conecta con esa versión futura: siente que la energía de ese futuro está presente en tu cuerpo ahora.
4. Toma una «acción simbólica» mental, como entregar un objeto o recibir un reconocimiento, para sellar la conexión entre presente y futuro.

Frecuencia: 2-3 veces por semana para reforzar la proyección cuántica.

Carta al yo futuro: conecta con la versión de ti que quieres ser

Este potente ejercicio es un puente escrito hacia esa versión tuya que ya ha logrado todo aquello que hoy anhelas. Una comunicación directa con tu doble cuántico, con esa parte de ti que ya posee la información y la vibración de tu realidad deseada.

¿Cómo funciona neurológicamente? Cuando escribes desde la perspectiva de tu yo futuro, activas las redes neuronales de proyección temporal y planificación de la corteza prefrontal. Simultáneamente, al cargar el ejercicio con emoción, involucras al sistema límbico creando memorias prospectivas, esos recuerdos del futuro que tu cerebro procesa como experiencias reales.

Cómo redactarla:

1. **Elige una fecha específica.** Sé preciso. Decide un día y año concretos: 15 de agosto de 2027 o 1 de enero de 2028. Esto proporciona anclaje temporal a tu intención.

2. **Busca un lugar de silencio.** Encuentra un momento en que puedas estar completamente a solas, sin interrupciones.

3. **Escribe desde el futuro.** Imagina que eres tu «yo futuro» escribiendo a tu «yo actual». Comienza diciendo: «Querido [tu nombre], hoy, [fecha futura], te escribo desde este presente maravilloso para contarte…».

4. **Describe tus logros con detalle.** Relata específicamente todo lo que has manifestado. ¿Cómo se siente tu cuerpo? ¿Qué ves a tu alrededor? ¿Quién te acompaña? ¿Qué problemas se han resuelto?
   Por ejemplo: «Hoy me levanté en mi casa con vistas al mar, el sol inundaba el salón y sentí una gratitud inmensa. Mi negocio está floreciendo, mis clientes están transformando su vida. La relación con [nombre] es más profunda que nunca, nos apoyamos mutuamente en cada paso. Mi salud es perfecta, tengo energía para disfrutar cada día al máximo».

5. **Expresa gratitud profunda.** Desde tu yo futuro, agradece sinceramente por el camino recorrido y los resultados que ahora disfrutas.

6. **Siente la emoción en cada palabra.** Mientras escribes, invoca y siente las emociones de alegría, gratitud, certeza y amor que acompañan a esos logros. Permite que la emoción fluya a través de tu escritura.

7. **Sella y guarda con intención.** Dobla la carta con cuidado, ponla en un sobre, escribe la fecha en el exterior y guárdala donde no la veas diariamente pero sepas que está custodiando tu futuro.

Este ejercicio conecta directamente con tu potencial, programando tu mente subconsciente y enviando una señal vibracional clara al campo cuántico.

Este método opera en múltiples niveles:

- A nivel psicológico: al plasmar tus deseos por escrito, refuerzas tu creencia en que puedes conseguirlo y, asimismo, trazas nuevas rutas neuronales que antes no existían.

- A nivel energético: estás enviando una señal directa al campo cuántico, especificando con claridad meridiana la realidad que eliges co-crear.
- A nivel cuántico: es la manifestación activa de tu intención de conectar con esa versión tuya que ya existe en el campo de todas las posibilidades.

Transformación en acción: un caso práctico

Permíteme contarte una experiencia que ilustra el poder de este método.

Marina llegó a consulta agotada y bloqueada. Su vida profesional y personal se había detenido tras una serie de pérdidas emocionales y familiares no resueltas. Sentía que su historia estaba escrita por patrones de miedo y autoexigencia que repetía una y otra vez, sin poder acceder a la raíz de su malestar.

Le propuse trabajar con el **método del yo futuro**, una técnica que permite **conectarse con la versión más elevada de uno mismo**, aquella que ya ha sanado, integrado y trascendido los bloqueos actuales. La instrucción era simple: no imaginar ni forzar nada, sino abrirse a recibir guía desde esa versión de sí misma.

Durante la meditación, Marina experimentó una conexión profunda. Sintió la voz de su yo futuro, clara y segura: «No tienes que cargar sola con todo. Lo que buscas ya existe dentro de ti».

Esa frase, aunque breve, activó un cambio inmediato en su cuerpo y en su mente. Se dio cuenta de que gran parte de su sufrimiento provenía de historias familiares no contadas y de emociones no expresadas. A partir de ese momento, su percepción cambió y empezó a ver oportunidades, soluciones y caminos que antes estaban ocultos detrás del miedo y la autoexigencia.

En las semanas siguientes, Marina comenzó a tomar decisiones alineadas con esa versión de sí misma: reconectar con personas importantes, establecer límites claros y comprometerse con proyectos creativos que había dejado de lado. Su energía cambió, su mente se volvió más clara y su campo emocional empezó a emitir una coherencia que se reflejaba en resultados concretos.

Lo notable de este caso es que el cambio no vino de buscar respuestas externas, sino de activar un estado interno de coherencia y guía. Al conectarse con su yo futuro, Marina no solo liberó bloqueos personales, sino que también rompió patrones familiares de miedo y resignación, demostrando que la transformación verdadera comienza cuando nos permitimos existir desde nuestra mejor versión antes de que suceda en el presente.

El doble cuántico: tu versión más sabia ya existe

Pero esta «actuación como si» va mucho más allá de la neurociencia individual. Aquí nos adentramos en el concepto del doble cuántico, una idea popularizada por Jean-Pierre Garnier Malet. Aunque este no es un científico experimental en el estricto ámbito de la física convencional, su teoría del desdoblamiento del tiempo nos ofrece un marco teórico que resuena profundamente con los principios de la física cuántica y que ha sido adoptada con éxito por miles de personas para transformar su realidad.

Según esta hipótesis, hay una versión de ti que ya ha recorrido todos los caminos posibles en el futuro, que ya ha vivido las decisiones que hoy te planteas y ha logrado aquello que ahora deseas. No hablamos de ciencia ficción, sino de una forma de entender el tiempo como algo no lineal en el que esa información futura ya existe y puede estar disponible para ti.

Esta versión de ti reside en el «orden implicado», ese campo de información sutil que subyace en la realidad visible. Tu intención, cuando es clara y está sostenida por una coherencia profunda, te permite acceder a esa consciencia no local, a esa parte de ti que ya sabe el camino. Es como si pudieras llamar a tu yo futuro más evolucionado para recibir las pistas, los atajos y las señales energéticas necesarias para colapsar en tu realidad presente esa potencialidad deseada.

Piensa en ello como si existiera una inmensa biblioteca cósmica donde cada posibilidad, decisión que podrías tomar o camino que podrías elegir ya existe en un estado de potencialidad. Tu doble cuántico —tu yo en el orden implicado— ya ha recorrido esos caminos, ya tiene la información sobre cómo «llegar» a esa realidad deseada.

Tu trabajo no es crear algo de la nada, sino sintonizarte con esa frecuencia de tu yo futuro y permitir que esa información se filtre a tu consciencia, que se manifieste en tu intuición, tus sincronías, tus nuevas ideas.

Es como sintonizar una emisora de radio. La señal siempre ha estado ahí, pero solo la escuchas cuando tu receptor está en la frecuencia correcta. Tu intención, tu coherencia y tu estado vibracional son ese sintonizador.

Un caso real: aplicando el doble cuántico en consulta

Blanca había llegado a un punto de duda vital sobre su carrera. No sabía si permanecer en un empleo estable o iniciar el proyecto personal que llevaba años aplazando. Le propuse trabajar con su doble cuántico, entendido como una versión futura de sí misma que ya tomó las decisiones correctas y vive con más claridad y sabiduría.

Durante dos semanas, cada noche, Blanca enviaba una pregunta a esa versión futura antes de dormir: «¿Qué decisión me traerá paz a largo plazo?». Al despertar, anotaba cualquier intuición, imagen o sensación que emergiera. No buscábamos respuestas mágicas, sino permitir que su mente profunda elaborara posibles caminos.

Con el paso de los días, su diario comenzó a mostrar un patrón repetido: un deseo constante de independencia, un anhelo de crear algo propio, una claridad inesperada sobre la dirección que quería tomar. Al final del proceso, la respuesta se volvió evidente para ella. Comprendió que su transición profesional no sería impulsiva, sino planificada pero definitiva. Sintió que la versión futura ya había decidido…, y ella solo tenía que alcanzarla.

Cuando la ciencia se encuentra con lo extraordinario: explorando el poder de tu mente

Seguramente te estarás preguntando si realmente es posible que tu mente influya en la realidad física. Si, cuando meditas, te concentras intensamente en algo o sientes esa conexión profunda contigo mismo, algo está cambiando también «ahí fuera».

Déjame compartir contigo lo que la ciencia está descubriendo, aunque todavía esté envuelto en controversia y misterio.

El experimento que desató el debate: la doble rendija

Dean Radin, con su maestría en Ingeniería eléctrica y su doctorado en Psicología educativa, publicó con el Instituto de Ciencias Noéticas en 2012 un estudio que sacudió los cimientos de lo que creíamos posible. Su investigación sugería que la consciencia humana podría alterar experimentos cuánticos. Sí, has leído bien: la mente influyendo en la materia a escala cuántica.

La escena: 137 personas, durante 250 sesiones, dirigiendo su atención mental hacia el famoso experimento de la doble rendija, esa demostración cuántica en que las partículas pueden comportarse como ondas o como partículas, dependiendo de si alguien las está observando. Sin tocar nada. Sin hacer nada físico. Solo concentrándose intensamente.

Los resultados iniciales fueron impactantes. Cuando las personas enfocaban su atención en el experimento, Radin reportó que el patrón cuántico se alteraba significativamente. La probabilidad de que esto fuera casualidad, según sus cálculos, era de apenas seis entre un millón.

Y aquí llega algo revelador: las personas que más impacto parecían tener eran aquellas con experiencia en meditación, con mayor capacidad de atención focalizada. Son exactamente las mismas cualidades que desarrollas cuando practicas mindfulness.

La ciencia se cuestiona a sí misma

Pero lo que más admiro de la ciencia es su capacidad de cuestionarse y revisar sus propios hallazgos.

En 2019, un equipo de investigadores intentó replicar estos ensayos con diez mil pruebas. ¿El resultado? No pudieron confirmar los hallazgos originales. Es más, encontraron que había una alta probabilidad de falsos positivos en el diseño experimental. Algunos críticos sugirieron que los efectos observados podrían deberse a problemas metodológicos, más que a la influencia real de la consciencia.

Como psicóloga con base científica, tengo que ser honesta contigo: es necesario ser cauteloso porque no existe consenso científico en la actualidad sobre estos fenómenos. Pero eso no significa que debamos descartar la investigación. Al contrario, nos indica que estamos en la frontera del conocimiento, explorando territorios que desafían nuestra comprensión.

Lo que sí sabemos: los avances más recientes y prometedores

Más allá del debate sobre los experimentos tipo Radin, la investigación contemporánea ha seguido profundizando en el papel sobre los microtúbulos, un tema sobre el que ya he mencionado varios estudios. Lo realmente interesante es que, pese a provenir de enfoques distintos, muchos de estos trabajos coinciden en señalar que, cuando la dinámica de estas estructuras se ve alterada —ya sea estabilizándolas, modulándolas o examinando sus propiedades físicas con mayor precisión—, también se modifica la forma en que se manifiestan los estados de consciencia. Esto ha llevado a varios equipos a plantear que los microtúbulos podrían funcionar como un componente físico clave en la regulación de la actividad consciente.

¿Por qué esto es tan relevante? Porque parte de esta investigación sugiere que los microtúbulos podrían mantener coherencias o comportamientos cuánticos durante tiempos mucho más largos de lo que antes se creía posible en un entorno biológico cálido y complejo como el cerebro. Si esta hipótesis se confirma, implicaría que los procesos cuánticos no serían una rareza incompatible con la biología, sino un engranaje potencialmente fundamental del funcionamiento mental. Tu cerebro podría estar realizando procesamiento cuántico ahora mismo mientras lees estas líneas.

Desde mi consulta: lo que he observado

Te voy a contar algo que ningún estudio puede validar completamente todavía, pero que he presenciado cientos de veces: cuando una persona aprende a dirigir su consciencia de manera coherente y sostenida, su vida comienza a cambiar de formas que desafían la lógica convencional.

Recuerdo a Mía, una paciente que llegó tras un divorcio devastador. Durante meses trabajamos en desarrollar su capacidad de atención consciente, en alinear sus pensamientos con sus emociones. No solo cambió su estado interno, también comenzó a atraer oportunidades que antes no existían. Las relaciones tóxicas se alejaron de forma natural y las situaciones que la desbordaban empezaron a resolverse con una facilidad desconcertante.

¿Casualidad? ¿Efecto placebo? ¿O, tal vez, algo más profundo que aún no comprendemos del todo?

Después de ver esto repetirse tantas veces, me inclino por lo último.

La honestidad que necesitas escuchar

Seamos claros: no toda la investigación en este campo es sólida. Hay estudios mal diseñados, conclusiones exageradas y, sí, también charlatanería disfrazada de ciencia. La vemos constantemente en las redes sociales con gurús que saben más de marketing que de psicología.

Pero también hay investigadores serios, en universidades prestigiosas, que han encontrado fenómenos que no podemos explicar con los modelos actuales.

Max Tegmark calculó que los estados cuánticos en el cerebro deberían colapsar en fracciones infinitesimales de segundo. Sin embargo, nuevos estudios muestran que, en ciertas estructuras neuronales, la coherencia cuántica puede durar mucho más. La ciencia está evolucionando y lo que ayer parecía imposible hoy es objeto de investigación seria.

Lo que esto significa para tu vida

Más allá de los debates académicos, hay algo profundo aquí para ti. Cada vez que practicas la atención plena, meditas o alineas conscientemente tus pensamientos y emociones, estás entrenando capacidades que la ciencia apenas comienza a comprender.

Los estudios más sólidos nos dicen que:

- La meditación cambia físicamente tu cerebro.
- La coherencia entre el corazón y el cerebro es medible y tiene efectos reales.
- Tu estado mental influye en tu biología de formas que superan el simple efecto placebo.
- Existen fenómenos de sincronización y coherencia que aún no comprendemos completamente.

Tu laboratorio personal de posibilidades

No necesitas esperar a que la ciencia resuelva todos los misterios. Tu vida es tu laboratorio. Cada vez que meditas o diriges tu atención conscientemente, estás participando en un experimento personal.

Lo que sí sabemos con certeza es que cultivar la atención focalizada (a través del mindfulness), la coherencia emocional (alineando pensamiento y sentimiento), la apertura mental (manteniéndote receptivo sin ser crédulo) y la práctica sostenida (la consistencia es clave) genera cambios reales y medibles en tu vida, con independencia de si hay o no efectos cuánticos involucrados.

El misterio continúa

La investigación sobre la consciencia y su relación con la realidad física está en sus inicios. Somos los primeros exploradores de un territorio vasto y desconocido. Se cometerán errores, se llegará a callejones sin salida y se producirán descubrimientos que cambiarán todo lo que creíamos saber.

Lo hermoso es que tú no eres solo un espectador de esta exploración. Cuando realizas las prácticas que hemos detallado, estás participando en el misterio más grande de todos: la naturaleza de la consciencia misma.

¿Puede tu mente cambiar la realidad? La respuesta honesta es que aún no lo sabemos con certeza en términos de física cuántica. Pero lo que sí sabemos es que tu mente puede cambiar TU realidad de formas profundas y demostradas. Y tal vez, solo tal vez, estemos en el umbral de descubrir que esa distinción entre «tu realidad» y «la realidad» no es tan clara como pensábamos.

La ciencia continuará investigando. Mientras tanto, tienes el poder de experimentar y transformar tu vida. No desde la creencia ciega, sino desde la práctica consciente y la apertura inteligente a las posibilidades que aún no comprendemos del todo.

Meditación conectiva y estados expandidos: del cerebro al infinito

Si en el capítulo anterior aprendiste a dirigir tu energía a través de la intención y la visualización, ahora vamos a dar un paso más profundo: acceder a estados de consciencia expandida. Visualizar con fuerza es potente, pero ¿qué pasaría si pudiéramos ir un paso más allá? ¿Qué pasaría si tuviéramos la capacidad de entrar en estados en los que la conexión con esa red de información universal fuera más directa, en los que la información no local fuera no solo accesible, sino casi tangible, y en los que nuestra capacidad de manifestar se disparara exponencialmente?

En este punto, entran en juego la meditación conectiva y el acceso consciente a estados expandidos.

Meditación conectiva: conecta tu mente y expande tu consciencia

La meditación conectiva no es simplemente sentarse en silencio a relajar la mente. Constituye una práctica intencionada y profundamente activa que busca abrir los canales de tu percepción para conectar conscientemente con el campo, con la unidad, con esa «consciencia expandida» que subyace en toda la realidad.

No se trata de una búsqueda pasiva; es una invitación directa a la interconexión.

En la práctica real significa que, durante esta meditación, no solo aquietas tu mente, la afinas. No huyes del pensamiento, sino que lo usas como puerta. A través de la atención enfocada, el cuerpo relajado y una intención clara, entras en un estado de receptividad plena donde ya no te sientes separado del todo.

Para que lo entiendas mejor, imagina que estás caminando por el bosque sin auriculares ni móvil. Al principio, tu mente va rápida: pensamientos, preocupaciones, tareas pendientes. Pero poco a poco, al ritmo de tus pasos, todo se va silenciando. Dejas de pensar para empezar a sentir. Y de pronto, sin que lo busques, lo ves claro: una idea aparece, una decisión se toma sola, te atraviesa una sensación de certeza inexplicable.

La meditación conectiva opera igual, pero con intención y método. Es una práctica que te permite dejar de operar solo desde el intelecto para empezar a recibir desde otros niveles de consciencia.

Ejercicio. Expandir tu espacio de consciencia

Elige un lugar tranquilo donde puedas estar en paz, sin interrupciones. Siéntate o túmbate cómodamente y comienza relajando tu cuerpo poco a poco, parte por parte. Afloja la mandíbula, los hombros, el abdomen... y permite que cualquier tensión se disuelva con cada exhalación.

Lleva tu atención a la respiración. No intentes controlarla, solo obsérvala, como un metrónomo suave que te ancla al presente. Si lo deseas, puedes visualizar la energía recorriendo tu canal central, desde la base de la columna hasta la coronilla, como si estuviera limpiando y activando tus centros energéticos uno a uno.

Al entrar en este estado de calma profunda, tu cerebro cambia de frecuencia. Pasas de las ondas beta rápidas del estado de alerta a las frecuencias más lentas como las ondas theta, asociadas con la intuición, la creatividad y los sueños lúcidos. Incluso puedes llegar a las ondas gamma, vinculadas a momentos de alta percepción y comprensión profunda.

Cuando esto ocurre, accedes a un espacio distinto: una especie de red de consciencia en la que todo está conectado. No es un trance ni un delirio. Es simplemente otro nivel de presencia, en la que tu mente deja de correr y empieza a escuchar.

Qué puedes experimentar en estos estados

Muchas personas describen una sensación de expansión que desborda los límites del cuerpo físico, una especie de fusión con todo lo que las rodea. A veces aparecen destellos de luz, colores o una calma tan profunda que parece que el tiempo se detiene.

Pero, más allá de lo sensorial, lo verdaderamente potente es que accedes a una especie de sabiduría directa: ideas que llegan sin previo aviso, soluciones creativas que no podrías haber razonado lógicamente, respuestas que parecían escondidas, pero que, de pronto, están ahí.

La base neurocientífica de estos estados

Los estados expandidos no son fantasías o ilusiones; están correlacionados con cambios reales y medibles en la estructura y la función de tu cerebro.

La meditación avanzada —especialmente aquella que promueve estados de alta coherencia cerebral— puede generar un aumento significativo en la conectividad funcional y la sincronización entre los dos hemisferios del cerebro. Las distintas regiones empiezan a comunicarse de manera más eficiente, como si afinaras un instrumento complejo hasta que todo el conjunto sonara en perfecta armonía.

Algunos investigadores, como Thomas Hinterberger y Jacobo Grinberg Zylberbaum, han explorado un fenómeno que denominaron «entrelazamiento cerebral»: una posible sincronización de la actividad neuronal entre personas conectadas emocional o meditativamente. Sus experimentos, realizados con electroencefalogramas, sugerían que dos cerebros podían mostrar correlaciones simultáneas aun estando físicamente separados.

Estas ideas, todavía especulativas, abren la puerta a un tipo de comunicación no local en la que la intuición y la creatividad parecieran brotar de un campo más amplio que el propio cerebro individual. Ese campo que David Bohm describió como el orden implicado, ¿recuerdas?

Sueños lúcidos: tu laboratorio nocturno de manifestación

Además de estas formas de expansión consciente en la vigilia, existe otro escenario en que la mente puede desplegarse con toda su capacidad creadora: el sueño.

¿Alguna vez has tenido un sueño en el que sabías que estabas soñando y podías decidir lo que ocurría? Esa experiencia se llama sueño lúcido y puede convertirse en una de las herramientas más potentes para manifestar, reprogramar y acceder a niveles profundos de consciencia.

Es un estado verificado científicamente y muy estudiado por investigadores como Stephen LaBerge, quien ha dedicado décadas a descifrar este fenómeno.

En un sueño lúcido, no estás simplemente viviendo una historia onírica: eres consciente dentro de ese mundo y puedes moldearlo con tu intención. Tu mente se encuentra en un estado en el que tiene un control y una capacidad creativa extraordinarios; todo en un entorno que, para tu cerebro, es tan real como la vigilia.

¿Por qué es tan relevante esto para manifestar? Porque en ese espacio onírico puedes ensayar tus deseos con una claridad brutal, visualizar resultados con una nitidez emocional y sensorial imposible de lograr en un estado consciente normal. Pero hay más: puedes dialogar directamente con tu subconsciente, pedir orientación, explorar bloqueos y, en muchos casos, recibir respuestas o intuiciones que parecen provenir de un lugar más sabio.

Existen técnicas contrastadas que aumentan significativamente la probabilidad de tener sueños lúcidos. Entre ellas, destacan las «pruebas de realidad» —cuestionar repetidamente durante el día si se está soñando, lo que puede aumentar la consciencia durante los sueños— y la técnica MILD (inducción mnemónica de sueños lúcidos, por sus siglas en inglés), que implica despertarse después de cinco horas de sueño y repetir la intención de reconocer que se está soñando antes de volver a dormir.

Ambas han sido validadas por estudios como el de Denholm Aspy y sus colaboradores, publicado en *Dreaming* en 2017, que demostró su eficacia cuando se combinan adecuadamente.

Meditación y sueños lúcidos: neurociencia de la consciencia expandida

Un estudio publicado en *Brain Sciences* demostró que existe una relación significativa entre la frecuencia de los sueños lúcidos y la práctica sostenida de meditación profunda conectiva. Esto significa que quienes entrenan su mente para alcanzar estados de consciencia más amplios en la vigilia tienen también más probabilidades de experimentar sueños lúcidos.

Cuanto más cultivas tu presencia y capacidad de observar con profundidad durante el día, más se entrena tu consciencia para mantenerse activa también durante el sueño. Esta convergencia sugiere que ambos estados —la meditación profunda y el sueño lúcido— podrían compartir mecanismos neurales similares, especialmente en áreas asociadas con la metacognición y la consciencia de uno mismo.

Experiencias fuera del cuerpo: explorando los límites

Más allá de los sueños lúcidos, hay experiencias que muchas personas describen como aún más intensas: los llamados «viajes astrales» o experiencias fuera del cuerpo (OBE, por sus siglas en inglés).

Aunque su existencia sigue siendo debatida desde la ciencia, lo que sí está claro es que en ciertos estados de meditación profunda pueden producirse sensaciones muy reales de estar fuera del cuerpo, como si la consciencia observara desde otro lugar.

La ciencia empieza a estudiar estos estados con más detalle, especialmente su relación con la percepción del cuerpo, la integración sensorial y las redes cerebrales de consciencia. Son fronteras poco exploradas, pero cada vez más tomadas en serio.

Para quienes los viven, estas experiencias suelen ser profundamente transformadoras: amplían la percepción, desbloquean intuiciones que no surgen en el estado ordinario de consciencia y activan un potencial interno que a menudo estaba dormido.

El objetivo fundamental: potenciar tu manifestación

En última instancia, el objetivo de explorar la meditación conectiva y sumergirte en estos estados expandidos no es un fin en sí mismo. Consiste en una poderosa herramienta para potenciar tu capacidad de manifestación, para vivir con mayor claridad, intuición y poder creativo.

Cuando tu mente alcanza estados de profunda coherencia y tu consciencia se expande más allá de los límites habituales del ego, accedes a una claridad de intención sin precedentes, lo que te permite enviar una señal mucho más potente al universo.

Reduces drásticamente la resistencia y el miedo —esos dos grandes saboteadores de la manifestación— y te sintonizas directamente con el campo de infinitas posibilidades.

Es precisamente en estos estados expandidos cuando puedes recibir soluciones creativas a problemas complejos, ideas innovadoras que te impulsan hacia delante y la guía interna necesaria para desbloquear tu potencial más auténtico.

Te ofrecen una ventana a una realidad más extensa en la que las soluciones son más evidentes y tu capacidad de cocrear se amplifica de formas que antes solo podías intuir.

Epigenética: cuando tus genes no mandan, tú decides

Tu ADN no es tu destino: el poder de la epigenética consciente

Ahora alcanzamos la pregunta que puede cambiar para siempre cómo ves tu potencial: ¿hasta qué punto llega realmente tu poder de transformación? Si la energía y la consciencia influyen en el bienestar celular, la epigenética muestra cómo hábitos y emociones modulan la expresión génica sin alterar el ADN.

La respuesta es un rotundo sí. Tu destino biológico, lejos de ser una sentencia genética fija, es un guion dinámico que puedes cocrear conscientemente.

Después de escuchar al cuerpo, de comprender que cada emoción deja una huella tangible en tu biología, llega el momento de mirar más adentro, hasta la escala en que la vida escribe su código, en los genes. Durante mucho tiempo se creyó que el ADN era una estructura rígida que determinaba quiénes somos, qué enfermedades tendremos o cómo responderemos ante el mundo. Pero las últimas décadas de investigación científica han demostrado que esa visión era incompleta: la epigenética regula qué genes se activan o silencian según el entorno.

La epigenética, una de las ramas más revolucionarias de la biología moderna, ha revelado que la expresión de nuestros genes puede modificarse en función de cómo vivimos, pensamos y sentimos. Tus genes son la partitura, sí, pero tú eres quien dirige la orquesta.

LA CIENCIA QUE DESMONTÓ EL DESTINO BIOLÓGICO

A comienzos del siglo XXI, la bioquímica Elizabeth Blackburn (premio Nobel de Medicina 2009) demostró que prácticas como la meditación *mindfulness* se asocian con una mayor longitud de telómeros —segmentos protectores del ADN que se acortan con el estrés y el envejecimiento—. Su trabajo indica que las emociones positivas y el apoyo social pueden ralentizar este proceso a escala genética.

Poco después, el neurocientífico Richard Davidson, del Center for Healthy Minds de la Universidad de Wisconsin, mostró que la práctica regular de la compasión reduce la expresión de genes proinflamatorios (como NF-κB) y fortalece la inmunidad, según los análisis de sangre realizados antes y después de administrar la medicación.

Estos resultados apuntaban a una conclusión rotunda: tu mente y tu entorno actúan como agentes epigenéticos, afectando qué genes se activan o se silencian.

Cómo tus pensamientos se vuelven biología

La metáfora del bibliotecario, popularizada por el biólogo celular Bruce Lipton, ilustra cómo las percepciones controlan la expresión génica (aunque Lipton extiende sus ideas más allá del consenso científico). Imagina tu ADN como una enorme biblioteca:

1. El rol de la biblioteca (la célula): la unidad funcional donde ocurre toda la actividad.
2. La sala de archivos (estantes): contiene todos los libros (genes/ADN), el potencial completo del organismo.
3. El rol del gen (el libro): las instrucciones para construir proteínas, moléculas que ejecutan funciones vitales (movimiento, digestión, etcétera).
4. El rol del bibliotecario (la mente / el entorno): decide qué libros sacar. Si percibe «peligro», activa los genes de estrés/inflama-

ción; si entienda que hay «seguridad», activa los genes de crecimiento/reparación. No es el genoma lo que dicta tu destino, sino la interpretación ambiental/epigenética.

Si vives bajo estrés crónico, se activan los genes de defensa e inflamación. Si cultivas la calma, la gratitud y la conexión, se promueven la reparación y la regeneración.

Tu historia emocional tiene consecuencias celulares. Las experiencias de la infancia, las pérdidas, la manera en que gestionas el miedo o la culpa dejan improntas bioquímicas traducidas en lenguaje génico.

Un ejemplo es la epigenética transgeneracional: estudios en descendientes de hambrunas (como la holandesa de 1944-45) o traumas bélicos muestran patrones de metilación del ADN similares en generaciones posteriores, afectando al metabolismo y al estrés sin mutar el ADN.

Esto explica miedos o bloqueos «heredados» como ecos biológicos. Y por qué la reparación emocional puede modificar la huella para futuras generaciones.

Tu biología escucha lo que piensas

Cuando tu sistema nervioso entra en coherencia —como has aprendido en los capítulos anteriores—, la química del cuerpo se reordena. El equilibrio hormonal cambia, la presión arterial se regula, el sistema inmunitario se refuerza. Y, a la vez, los genes «leen» esa información: interpretan la seguridad como permiso para crecer, no para defenderse.

Por eso, las emociones como el amor, la compasión o la gratitud no son solo afectivas; son condiciones biológicas de reparación. La doctora Candace Pert demostró que las emociones se manifiestan como neuropéptidos, que son moléculas mensajeras con receptores en todo el cuerpo (piel, corazón, intestinos). Los pensamientos sostenidos liberan estas sustancias, reprogramando la fisiología a largo plazo.

De ahí surge la gran responsabilidad (y poder): cada emoción sostenida es un programa epigenético que modifica tu biología.

El bibliotecario de tu propia genética

Durante décadas, la biología nos dijo que éramos víctimas de nuestra herencia genética. Esta visión nos confinaba a un fatalismo biológico: «Lo llevo en los genes, no puedo hacer nada».

La epigenética ha desmantelado completamente esta creencia limitante: tu vida, tus decisiones, tus emociones y tu coherencia hablan constantemente con tus genes, dictando su expresión mediante marcas como metilación del ADN o modificaciones en histonas (unos «pósits» que activan/silencian genes sin cambiar su secuencia.

Tu mente no solo interpreta la realidad, también la traduce en señales bioquímicas y eléctricas que viajan por todo tu cuerpo, actuando como estímulos indirectos que pueden modular el comportamiento de algunos genes a través de cascadas fisiológicas.

A escala molecular, esta influencia se expresa a través de marcas epigenéticas, como la metilación del ADN o las modificaciones en las histonas. Imagina estas marcas como «etiquetas» que dictan a cada célula qué genes pueden activarse o silenciarse. No cambian el contenido genético en sí, pero deciden qué partes del ADN se leen.

Y esas modulaciones se ven influenciadas por el entorno interno que generas con tus emociones, pensamientos y tu estilo de vida en general (alimentación, descanso, estrés, etcétera).

Cuando el dolor se transmite de generación en generación

¿Qué sucede cuando las experiencias que nos moldean son traumáticas? La ciencia está revelando algo que quizá suene perturbador al tiempo que esperanzador: el trauma puede trascender a la generación que lo experimenta, dejando una huella biológica que se transmite a los descendientes.

Uno de los estudios más convincentes es el experimento de Brian Dias y Kerry Ressler con ratones en 2013. Estos investigadores condicionaron ratones machos para que temieran el olor a flor de cerezo, asociándolo con descargas eléctricas. Lo sorprendente fue que sus crías, que nunca habían sido expuestas a ese olor ni a las descargas, también mostraron miedo al mismo aroma. El trauma había dejado marcas epigenéticas heredables.

En humanos, la doctora Rachel Yehuda ha realizado estudios pioneros con descendientes de supervivientes del Holocausto. Sus investigaciones revelan alteraciones en genes relacionados con el estrés —como el gen FKBP5—, que hacen a estas personas más vulnerables a la ansiedad y al estrés postraumático sin haber vivido directamente el trauma original.

Esto significa que puedes estar cargando no solo con tus propias experiencias difíciles, sino también con el eco biológico de los traumas que vivieron tus padres, abuelos o bisabuelos.

El trauma no solo deja marcas epigenéticas medibles; también puede generar patrones de incoherencia vibracional que, como vimos, afectan a los procesos cuánticos sutiles en el ADN, perpetuando la huella biológica a un nivel aún más profundo. Es como un patrón de desafinación que pasa de instrumento en instrumento en tu orquesta familiar.

EL EFECTO TÚNEL CUÁNTICO: CUANDO LA BIOLOGÍA SE VUELVE CUÁNTICA

¿Hay mecanismos aún más sutiles que expliquen esta reprogramación? En la frontera de la biología cuántica emerge el efecto túnel cuántico en el ADN, un fenómeno físico real pero especulativo en su impacto sobre la consciencia o emociones.

Se trata del fenómeno según el cual los protones (partículas subatómicas) pueden «saltar» barreras de energía en las bases nitrogenadas del ADN —imposible según la física clásica, pero común a escala cuántica—. Estudios recientes muestran que esto genera tautómeros (isómeros del ADN) que facilitan mutaciones durante la replicación celular, lo que ocurre en ~1 de cada 5.000 pares de bases.

Piensa en tu ADN como si fuera un libro de partituras en el que cada nota importa para la sinfonía de tu salud. El «salto» de protones es como un cambio microscópico en la tinta: sutil, pero capaz de alterar cómo se «lee» el código genético durante la duplicación, lo que influye en la biología a largo plazo.

Aunque es un campo emergente, no hay evidencia de que las emociones o la intención consciente influyan directamente en estos eventos cuánticos. La conexión permanece en el ámbito de la teoría; los estados de coherencia emocional podrían indirectamente modular el entorno celular (vía epigenética), pero afirmar la causalidad cuántica directa excede el consenso científico actual.

Si tus emociones son patrones energéticos —como hemos visto en epigenética— y el ADN responde al entorno bioquímico, es especulativo pero intrigante teorizar que la coherencia alta (gratitud) favorece la estabilidad celular y que la coherencia baja (miedo crónico) amplifica el estrés oxidativo.

Esto sugiere una interacción extraordinaria en la que la suma de la química tradicional y los efectos cuánticos sutiles podría modular la biología fundamentalmente.

La liberación: tu oportunidad de sanación generacional

La epigenética y los efectos cuánticos emergentes nos liberan del determinismo genético: no somos productos de un código inmutable, sino seres dinámicos que modulan la expresión génica a través de los hábitos y el entorno.

El trauma transgeneracional no es una condena inevitable, sino una oportunidad. Se trata de una llamada a sanar los patrones heredados de forma consciente, un modo de liberarse y beneficiar potencialmente a los descendientes por la vía epigenética observada en los estudios de hambrunas.

Al comprender que las creencias, las emociones y la coherencia actúan como «bibliotecarios» epigenéticos, adquieres poder: influyes en qué genes se activan (vía metilación, no túnel cuántico directo). Desmantelas los programas heredados, activas el potencial de salud latente. Es liberador saber que tu salud es la manifestación dinámica de tu vibración personal, tus emociones y tu coherencia. Se trata de un diálogo creativo con tu genética, no de una lucha contra ella.

La pregunta transformadora

Te voy a hacer una pregunta que puede cambiar tu perspectiva: ¿qué pasaría si cada pensamiento sostenido, emoción cultivada y acto consciente fuera una nota en la partitura epigenética de tu biología y en la de las generaciones futuras?

No es fantasía: la epigenética consciente otorga poder real. Ahora lleva esto a la práctica directa con tu biología celular.

Porque saber que influyes en tus genes es una cosa, pero dialogar intencionadamente con tus células —a través de los hábitos coherentes— es una transformación práctica.

- **Reescribe tu biología desde la consciencia.** Durante años se creyó que la genética determinaba nuestro destino biológico. Hoy la ciencia demuestra lo contrario: diriges la expresión génica como una orquesta.

- **Tu cuerpo escucha.** Los pensamientos y las emociones repetidas generan un lenguaje bioquímico/epigenético. El miedo crónico activa la supervivencia; la gratitud y la calma activan la reparación y la longevidad. Entrena la coherencia para la regeneración biológica.

- **Cambiar la frecuencia interna reescribe la historia molecular.** Las células responden al diálogo interno, los hábitos y las decisiones.

Meditación de activación cuántica celular: reedición de la biología

Este ejercicio de coherencia epigenética crea las condiciones óptimas para que tu cuerpo active la reparación natural. La mente y las emociones envían señales bioquímicas que modulan los genes. No es «magia cuántica», sino colaboración consciente.

Fase 1. Preparación y coherencia (el campo de resonancia)

Duración aproximada: cuatro minutos.

1. Anclaje y respiración consciente:
    - Siéntate cómodamente con la columna recta. Cierra los ojos y coloca ambas manos sobre el corazón.
    - Siente los latidos de tu corazón. Inhala por la nariz contando hasta cuatro y exhala lentamente por la boca durante seis segundos. Repite este patrón hasta sentir una calma profunda.
    - Inhala por la nariz contando hasta cuatro y exhala lentamente por la boca en seis tiempos. Repite este patrón hasta sentir una profunda calma y presencia.

2. Declaración de intención y coherencia:
    - Visualiza el cuerpo como un campo vibrante de células comunicantes (biofotones observados experimentalmente).
    - Declara: «Elijo la coherencia para una salud celular óptima».

Fase 2. Reprogramación y edición celular (el diálogo con el ADN)

Duración aproximada: ocho-nueve minutos.

1. Conexión con el núcleo celular:
   - Dirige toda tu consciencia hacia el núcleo del ADN, como unas antenas sensibles a las señales ambientales.

2. Activación consciente:
   - Imagina los genes como puntos de luz modulados por el entorno (metilación). Establece un diálogo:
     - «Mi ADN activa vitalidad, claridad y bienestar».
     - «Los patrones heredados innecesarios descansan; elijo mi historia».
     - «Las células recuerdan la regeneración innata».

3. Visualización:
   - Libera «niebla» de estrés (disolución bioquímica); enciende luz de salud (rutas neuronales/moleculares).

Fase 3. Anclaje y superradiancia (la nueva genética) ✸

Duración aproximada: cinco-siete minutos.

1. Anclaje emocional:
   - Gratitud por sabiduría corporal. Repite: «Reescribo mi biología consciente».

2. Integración:
   - Sincroniza las células en coherencia (metáfora de armonía fisiológica).
   - Visualiza la emisión coherente como faro de vitalidad.
   - Repite: «La coherencia expande salud al todo».

3. Cierre:
   - Mueve el cuerpo con suavidad. Intención: «Llevo coherencia; el cuerpo procesa la sanación».

Para la práctica cotidiana: te recomiendo practicarla inicialmente todos los días, durante al menos dos semanas, y luego mantenerla como herramienta de sintonización semanal.

Recuerda: no estás forzando ningún cambio, estás creando las condiciones óptimas para que tu cuerpo haga lo que ya sabe hacer. La transformación real ocurre cuando dejas de luchar contra tu biología y comienzas a colaborar con ella.

Cuando el cuerpo revela la historia oculta: un caso de epigenética cuántica

Martina, de treinta y dos años, llegó a consulta con endometriosis severa, un dolor persistente que había sido tratado médicamente sin lograr un cambio profundo. Desde la mirada de la psicología cuántica, entendemos que el cuerpo no solo manifiesta síntomas físicos, sino que funciona como un mapa emocional que revela información que la mente consciente todavía no ha procesado.

En el trabajo terapéutico emergió un patrón transgeneracional: tanto su madre como su abuela habían sufrido abortos espontáneos nunca nombrados, duelos congelados que quedaron atrapados en el campo emocional familiar. Según el mapa de la consciencia de Hawkins, estas memorias estaban asociadas a niveles de energía bajos —dolor, miedo, tristeza—, estados que suelen encarnarse en el cuerpo cuando no se reconocen. Ella misma lo expresó con claridad: «Es como si mi cuerpo estuviera viviendo una vida que no era la mía».

Desde una perspectiva epigenética, estos traumas no nombrados afectan no solo a la psique, sino también a la expresión genética, ya que activan o silencian programas biológicos vinculados al dolor y la inflamación.

Cuando comenzamos a nombrar estas historias, a reconocer el dolor heredado y a devolver cada experiencia a su generación correspondiente, algo se transformó. Este acto de consciencia elevó su campo emocional desde la resignación hasta la aceptación, la compasión y la voluntad, que son frecuencias superiores en el mapa de Hawkins capaces de reorganizar tanto la respuesta emocional como la fisiología.

En psicología cuántica, esto es clave: cuando la información oculta se ilumina, el campo interno puede recodificarse.

A medida que trabajábamos con prácticas de coherencia cardiaca, observación emocional, reprogramación cuántica de creencias y meditación de activación cuántica celular, sus síntomas comenzaron a disminuir. Meses después, su cuerpo —ya liberado de la carga transgeneracional— se volvió fértil y Martina pudo quedarse embarazada.

No fue un milagro repentino, sino la consecuencia natural de un campo interno que dejó de reproducir historias ajenas y empezó a alinearse con su propia vida.

Este caso demuestra que el cuerpo no se equivoca: envía señales cuando sostiene memorias emocionales que no pertenecen al presente. Cuando se reconocen, se honran y se integran, la consciencia asciende y el cuerpo responde. La epigenética, el mapa de Hawkins y la psicología cuántica coinciden en algo esencial: al liberar la historia heredada, el cuerpo recupera su inteligencia natural y la vida puede abrirse paso donde antes había dolor.

La coherencia como nueva genética

La verdadera revolución no está en editar los genes en el laboratorio, sino en comprender cómo nuestras experiencias, decisiones y entorno pueden influir en la manera en que se expresan.

Tus pensamientos se relacionan con procesos eléctricos y químicos en el cerebro, tus emociones modulan la liberación de hormonas y neurotransmisores, y juntos forman una red de señales que afectan la fisiología de todo tu cuerpo.

Cada instante de coherencia entre lo que piensas, sientes y haces contribuye al equilibrio del sistema nervioso, hormonal e inmunitario, favoreciendo una respuesta biológica más saludable.

Porque liderarte conscientemente también significa cuidar tu cuerpo y tus hábitos con consciencia y responsabilidad, sabiendo que cada célula responde a las señales bioquímicas y eléctricas que generas a través de tu estilo de vida y tu estado emocional.

El ayuno: renovación metabólica y coherencia celular

Más allá de la meditación o de la coherencia emocional, existe una herramienta ancestral que la ciencia moderna está revalorizando: el ayuno. Te recomiendo siempre hacerlo bajo prescripción médica profesional, no por tu cuenta y riesgo.

Antes de profundizar, entiende que el intestino mantiene una comunicación bidireccional con el cerebro a través del eje intestino-cerebro. La evidencia científica muestra que la microbiota intestinal, la inflamación y los neurotransmisores como la serotonina (producida mayoritariamente en el intestino) influyen significativamente en el estado de ánimo y el bienestar general.

El ayuno no es cuestión de dieta; implica dar un respiro al sistema digestivo para que el cuerpo pueda redirigir una enorme cantidad de energía hacia la reparación y la regeneración celulares. Cuando no se procesan alimentos, se liberan recursos para procesos de limpieza profunda, como la autofagia.

Es cuestión de gestión energética inteligente. Recuerda que el balance calórico total y la adherencia a largo plazo siguen siendo claves para los resultados clínicos sostenibles.

Los mecanismos de renovación celular

Cuando ayunas, activas una serie de mecanismos evolutivos codificados en tus genes, orientados a reparar, proteger y regenerar el cuerpo.

El proceso estrella es la autofagia, un reciclaje celular que descompone componentes dañados, viejos o disfuncionales para reutilizar sus materiales. Se activa notablemente al cabo de entre doce y dieciocho horas de ayuno, eliminando «basura» como proteínas mal plegadas y orgánulos defectuosos.

Además, el ayuno estimula:

- La producción de factores de crecimiento, como el BDNF (*Brain-derived neurotrophic factor*), que apoya la plasticidad neuronal.
- La activación de las sirtuinas, proteínas «de la longevidad» que reparan ADN y regulan el metabolismo.
- La biogénesis mitocondrial, que genera nuevas mitocondrias —las centrales energéticas celulares— para mayor eficiencia y menor estrés oxidativo.

La evidencia mecánica proviene principalmente de modelos animales y celulares; en humanos, los marcadores indirectos (como los niveles de LC3-II) confirman la activación en ayunos intermitentes, pero faltan más ensayos clínicos a largo plazo. Estos procesos se traducen en más energía, mejor metabolismo y una potencial neuroprotección.

Ayuno y coherencia de biofotones

Desde una perspectiva integrativa inspirada en la biología cuántica emergente, el ayuno reduce el «ruido metabólico», creando un ambiente celular más ordenado. Menos digestión significa menos radicales libres, lo que permite reparaciones más eficientes, como si fuera una orquesta afinada sin interferencias.

Al optimizar la autofagia y la biogénesis mitocondrial, las células sanas gestionan mejor su energía luminosa. Las células emiten biofotones (luz ultradébil en el rango UV-visible), un fenómeno observado de forma experimental, posiblemente ligado a procesos oxidativos coherentes según la hipótesis de Fritz-Albert Popp.

En biología cuántica especulativa, las estructuras celulares podrían modular esta energía para fotoprotección —disipando el exceso lumínico sin daño, equilibrando la emisión, la absorción y el uso—. Aunque no hay consenso científico sobre su rol en consciencia o salud (permanece en investigación *fringe*), el ayuno podría favorecer emisiones más «nítidas» al minimizar el caos metabólico, como metáfora de armonía celular.

Decálogo para un ayuno consciente y seguro

1 Consulta siempre con un médico especializado.
2. No es para adelgazar; prioriza la reparación celular.
3. Mantén la hidratación consciente (agua, infusiones sin calorías, electrolitos como sodio o potasio).
4. Escucha tu cuerpo; rompe si hay debilidad extrema, mareos o taquicardia.
5. Progresa de forma gradual. Empieza con 12/12 (doce horas de ayuno, doce horas de ventana alimentaria).
6. Rompe el ayuno con alimentos reales: vegetales fibrosos, proteínas magras, grasas saludables.
7. Identifica las contraindicaciones: embarazo, lactancia, trastornos alimentarios, bajo peso, diabetes tipo 1, etcétera.
8. Haz solo ejercicio suave (caminatas, yoga); evita la alta intensidad.
9. Gestiona el estrés (el cortisol bloquea la autofagia).
10. Personaliza el protocolo: las mujeres necesitan más cautela por los ciclos hormonales (los estrógenos y la progesterona afectan a la respuesta metabólica).

El ayuno crea un silencio biológico para la armonización profunda, alineando el cuerpo y la mente en la neurociencia práctica.

Sonidos que sientan bien: la frecuencia de tu bienestar interior

¿Te has preguntado por qué ciertas melodías te transportan al instante a un estado de calma profunda, mientras que otras activan respuestas internas? Hay estudios que confirman que la música relajante reduce el cortisol entre un 25 y un 30 por ciento y activa el sistema parasimpático a través del nervio vago.

Tu cuerpo es, en esencia, un instrumento vibracional exquisitamente afinado, y cada célula responde a las frecuencias. La Universidad de Kioto (2025) ha demostrado que las ondas acústicas modulan más de cuarenta genes, mejoran la función mitocondrial y reducen la acumulación de grasa entre un 13 y un 15 por ciento.

Continuando con nuestra metáfora del primer capítulo de la orquesta corporal, si los biofotones son las partituras de luz y el biocampo es la acústica de la sala, el sonido constituye la melodía que facilita estados de coherencia fisiológica.

Antes que nada, debo ser clara contigo sobre algo que observo en el mundo del bienestar: existe mucha desinformación acerca de las frecuencias sonoras. A menudo, se atribuyen propiedades milagrosas a determinadas frecuencias sin fundamento científico sólido, como la de 528 Hz o la de 432 Hz. La evidencia preliminar muestra que producen relajación, pero no que «reparen ADN» ni reviertan enfermedades graves, como prometen los vídeos sensacionalistas.

Lo que sí sabemos es que la música, en general, tiene efectos demostrados sobre:

- La modulación del sistema nervioso autónomo.
- La reducción de la ansiedad y el dolor.
- La mejora del estado de ánimo.
- La facilitación de estados meditativos profundos.

Mi enfoque como profesional es utilizar estas herramientas desde la honestidad científica y reconocer tanto sus beneficios como sus limitaciones. Siempre las uso como complemento —nunca como sustituto— de los tratamientos médicos necesarios.

Un estudio realizado en Japón en 2018 demostró que, cuando las personas escuchaban música afinada a 528 Hz durante cinco minutos, sus niveles de cortisol disminuían significativamente (~31 %), mientras que la oxitocina aumentaba (~67 %, $p < 0,05$).

Esto significa que el cuerpo tiene una sabiduría innata para reconocer y responder a ciertas vibraciones que las tradiciones ancestrales han utilizado durante milenios.

Sin embargo, es importante ser preciso. No se trata de frecuencias «mágicas» que curan enfermedades por sí solas. Estos efectos funcionan como parte de un proceso más amplio que incluye tu intención, tu receptividad y el contexto.

FRECUENCIAS BINAURALES: CUANDO TU CEREBRO CREA SU PROPIA MÚSICA

Las frecuencias binaurales son un fenómeno auditivo que ocurre cuando se reproducen dos tonos de frecuencias ligeramente diferentes (por ejemplo, 200 Hz / 210 Hz), uno en cada oído mediante auriculares. El cerebro percibe la diferencia entre esos dos tonos como un tercer tono (10 Hz, alfa) generado por la actividad cerebral. Se trata de un fenómeno conocido como *brainwave entrainment*, confirmado por electroencefalograma (EEG) desde 1973 (Oster).

Dependiendo de la frecuencia generada, puedes acceder a:

- Ondas alfa (8-12 Hz): relajación creativa y claridad mental.
- Ondas theta (4-7 Hz): meditación profunda y acceso subconsciente.
- Ondas delta (0,5-3 Hz): sueño reparador y procesos regenerativos.
- Ondas gamma (30-100 Hz): estados de alerta expandida.

En el contexto de la psicología integrativa, las frecuencias binaurales facilitan la neurocoherencia, acelerando la integración emocional a través del aumento del HRV y la plasticidad sináptica.

Tu voz: el instrumento de sanación más poderoso

Cuando cantas, tarareas o entonas un mantra, estás expresando algo y vibrando desde dentro hacia fuera. La ciencia lo confirma: vocalizar sonidos sostenidos activa el nervio vago, reduce la frecuencia cardiaca un 12 por ciento e incrementa el HRV un 23 por ciento (Bernardi, 2001).

El nervio vago modula el sistema parasimpático, ordena el ritmo cardiaco y regula la respiración. Un «om» recuerda al cuerpo su centro natural.

Práctica. Tu voz como «medicina»

Te propongo una práctica de menos de cinco minutos que solo requiere tu respiración.

Siéntate en silencio con la espalda recta y los pies en el suelo. Deja una mano en el pecho y la otra en el vientre.

Respira conscientemente: tres respiraciones profundas por la nariz, soltando aire por la boca con un suspiro audible.

Elige una vocal: «Aaaaah», «oooooh» o «eeeeeh». Mantén constante tu elección.

Emite el sonido al exhalar, en tono medio, sin forzar.

Continúa durante tres minutos; observa las respuestas corporales.

Silencio final: un minuto de quietud.

Esta vibración vocal produce «autoafinación»: libera tensión vagal, armoniza el ritmo cardiaco y genera coherencia fisiológica.

Los instrumentos que amplifican tu sanación

Más allá de tu voz, existen instrumentos que pueden ser aliados poderosos en tu proceso de relajación y conexión cuerpo-mente.

Los cuencos tibetanos y los cuencos de cuarzo, cuando vibran, generan un sonido envolvente y unas ondas que producen sensaciones de calma, concentración y bienestar físico. Si cierras los ojos al escucharlos, puedes sentir cómo el sonido facilita la atención plena y la regulación del sistema nervioso.

Los diapasones pueden aplicarse directamente sobre el cuerpo para inducir vibraciones mecánicas localizadas que estimulan la percepción táctil y la relajación muscular, como afinando una cuerda desafinada.

Los gongs funcionan de una manera diferente; no afinan gradualmente, sino que generan un campo sonoro complejo que promueve un estado de pausa mental y descarga emocional. Su intensidad auditiva puede ayudar a interrumpir los patrones de pensamiento repetitivo, favoreciendo la consciencia presente. Muchos de mis pacientes describen los baños de gong como una experiencia de liberación o reequilibrio emocional.

Voy a compartir contigo un secreto crucial: el contexto en el que experimentas el sonido es tan importante como la frecuencia misma. Así pues, la música utilizada en ceremonias, rituales de meditación o prácticas espirituales suele estar acompañada de un entorno propicio para la relajación y la conexión emocional. En estos contextos, el efecto beneficioso se debe tanto a la música como a la atmósfera, la intención, la respiración consciente y la presencia de una comunidad o de un facilitador.

Por eso, más que buscar la «frecuencia perfecta», te invito a crear contextos en los que cualquier sonido pueda convertirse en una herramienta de bienestar. Un contexto en que tu receptividad esté abierta, tu intención se mantenga clara y permitas que la vibración llegue no solo a tus oídos, sino a todo tu ser.

Integrando el sonido en tu vida

El sonido consciente se convierte en una poderosa herramienta para reducir el estrés y favorecer la armonía interna. Solo necesitas:

- Atención: estar presente con lo que escuchas.
- Intención: claridad sobre qué buscas experimentar.
- Apertura: disposición a recibir lo que surja.
- Constancia: práctica regular, aunque sea breve.

El sonido más poderoso no es necesariamente el más complejo. A veces, el más sanador es tu propia respiración consciente, el latido de tu corazón cuando estás en calma o esa canción que te conecta instantáneamente contigo mismo.

Y si lo que te hace conectar y sentirte pleno es la música heavy, pues adelante; lo importante es cómo te hace sentir y cómo regula tu energía emocional.

La relación entre sonido y cuerpo

Si todavía mantienes el escepticismo, considera esto: eres mayoritariamente agua, y el agua transmite bien las ondas sonoras. Cuando una frecuencia armónica atraviesa tu sistema, puede generar sensaciones corporales agradables y coherencia fisiológica, sin que ello implique una «realineación molecular» literal.

Piensa en una copa de cristal que resuena con un tono adecuado. De manera similar, tu cuerpo puede responder fisiológicamente a los sonidos que te resultan agradables o relajantes, lo que contribuye a reducir la tensión muscular y el estrés.

El cuerpo responde tanto a sustancias químicas como a estímulos sensoriales. El sonido actúa como un estímulo auditivo y vibracional que puede inducir relajación y bienestar emocional, ayudando a que todo vuelva a su equilibrio.

No te hablo de «creer» en el sonido. Se trata de experimentarlo. Porque cuando entras en contacto con frecuencias coherentes que favorecen la calma, algo en ti se reordena sin que tengas que entender cómo. A veces es una emoción que se suelta, otras es un pensamiento que se disuelve o una contractura que se relaja.

Tal vez no necesites más que tu voz, un cuenco o una pista sonora para abrir una puerta que llevabas años sin atravesar. Una puerta hacia el equilibrio, la coherencia y el descanso del alma.

La medicina frecuencial: más allá del sonido

Según las investigaciones actuales, algunas modalidades actúan como auténticos afinadores de frecuencia:

- Los dispositivos de biorresonancia «leen» desajustes energéticos del cuerpo y emiten frecuencias correctivas para restablecer el equilibrio.
- Los campos electromagnéticos pulsados (PEMF, por sus siglas en inglés) estimulan la regeneración celular y pueden aliviar la inflamación crónica.
- Las terapias con luz y color utilizan longitudes de onda específicas para influir en los tejidos y los procesos biológicos.
- Incluso las prácticas milenarias, como la acupuntura, pueden entenderse desde esta perspectiva de la medicina vibracional que desbloquea canales de energía sutil.

Todas tienen un propósito común: recordarle a tu cuerpo su capacidad innata de autorregulación.

Advertencias importantes sobre la medicina frecuencial

Acercarse a la medicina frecuencial exige una actitud informada y consciente:

- **Son prácticas complementarias**: nunca deben reemplazar a los diagnósticos médicos ni a los tratamientos prescritos.
- **Es necesaria la consulta médica previa**: especialmente con condiciones preexistentes o medicación.
- **Hay que recurrir a terapeutas cualificados**: busca formación reconocida y experiencia probada.
- **Es imprescindible usar dispositivos certificados**: la calidad y calibración son esenciales.
- **Hay que mantener una mentalidad crítica**: es un campo en desarrollo con investigación heterogénea.

Incorporar las herramientas que hemos presentado hasta ahora es una elección consciente para activar los mecanismos que tu cuerpo ya reconoce. Al meditar, practicar ayuno responsable o exponerte a frecuencias armónicas, facilitas que tu sistema recuerde cómo autorregularse desde dentro.

Como complemento —¡nunca como sustituto del cuidado médico profesional!—, estas prácticas pueden ser valiosos aliados en tu camino hacia el bienestar integral.

Guía rápida de consulta

- **Tu mente no solo percibe, crea.** Tus pensamientos y emociones modelan tu realidad física y biológica.
- **Eres más que química.** Tu cuerpo es un campo energético que emite y recibe información.
- **El campo cuántico es tu lienzo.** La realidad es maleable a través de tu intención y coherencia.
- **La coherencia interna precede al cambio externo.** Pensamiento, emoción y fisiología deben alinearse.
- **Tu cerebro se adapta.** La neuroplasticidad te permite reescribir hábitos y creencias limitantes.
- **La consciencia dirige la plasticidad.** No se trata de controlar la realidad, sino de reorganizar el observador.
- **La reprogramación neurocuántica integra la mente, el cuerpo y la atención.** Modifica patrones neuronales mientras amplía la percepción de posibilidad.
- **La energía sexual no es un impulso primitivo.** Es neuroquímica creativa en estado puro.
- **El orgasmo no es solo placer, es una ventana de alta plasticidad.** El de descarga libera tensión; el de recarga convierte la excitación en coherencia neurobiológica y entrena al sistema nervioso en seguridad, presencia y expansión.

- **Epigenética es poder.** No eres víctima de tus genes; puedes influir en cómo se expresan.
- **Biofotones: el lenguaje celular.** Tus células se comunican a través de minúsculas partículas de luz coherente.
- **El biocampo es tu aura viva.** Es la matriz energética que organiza tu biología y tu entorno.
- **Trauma no es destino.** Las experiencias emocionales (propias o transgeneracionales) pueden reprogramar tu ADN, pero eres capaz de desaprender esas programaciones.
- **La superradiancia enciende tu luz.** Los estados de alta coherencia amplifican la emisión luminosa de tus células, optimizando la sanación.
- **La meditación cultiva la coherencia.** Las prácticas meditativas y los estados elevados de consciencia inducen superradiancia.
- **La meditación conectiva regula redes cerebrales profundas.** Reduce el ruido mental y amplía los estados de consciencia funcional.
- **El sueño lúcido activa la metacognición.** Permite observar y modificar patrones internos en tiempo real.
- **El ayuno es autolimpieza.** Activa la autofagia, la sirtuinas y la biogénesis mitocondrial para una profunda regeneración celular.
- **Fotoprotección a través del ayuno.** El ayuno optimiza la capacidad de tus células para gestionar su propia luz y repararse eficazmente.
- **El sonido armoniza tu vibración.** Las frecuencias y la música terapéutica pueden inducir coherencia en tu biocampo y tus células.
- **El silencio integra la sanación.** Es el espacio donde el cuerpo procesa y asienta los beneficios de la vibración.

- **La medicina frecuencial complementa.** La biorresonancia, la PEMF y otras terapias usan la energía para restaurar el equilibrio.
- **Eres cocreador consciente.** Tienes las herramientas para activar tu potencial de sanación y diseñar tu propia realidad.

CUARTA PARTE

El impacto duradero de una mente cuántica

Vibra alto y deja tu huella en el mundo

Si has llegado hasta aquí es porque, en tu fuero interno, sabes que tu mente no es solo un órgano, es una fuerza creadora. A lo largo de este viaje, hemos desvelado juntos cómo tus pensamientos, emociones y creencias influyen en tu percepción y, literalmente, diseñan la realidad que experimentas cada día. Hemos visto de qué manera la ciencia más reciente respalda esa conexión entre mente y materia, y cómo puedes empezar a dirigir esa energía con precisión e intención.

Sin embargo, insisto en que este conocimiento no es para quedarse en la teoría, como hacen muchas personas por muy intelectuales que sean. La vida misma siempre es un campo de pruebas, pero teniendo una mente cuántica, mucho más.

Cada situación, interacción o decisión que tomas es una oportunidad para aplicar lo aprendido, para validar por ti mismo el poder de tu mente cuántica. No se trata de una promesa de que algún día conseguirás «llegar a», sino de un proceso activo y constante, de un camino de autodescubrimiento en el que los resultados son palpables y la transformación, evidente. Te lo puedes tomar como el juego de aplicar en tu día a día pequeños cambios, de pararte a pensar en qué emoción vibras y cómo puedes salir de ella, de entender que tu vida, sin tu consciencia, no deja de ser una película mal contada.

Pero es que ya tienes una parte de esas herramientas. Quizá antes necesitabas semanas para salir de un conflicto interno y ahora basta una respiración consciente para volver al centro. Tal vez antes te quedabas dando vueltas —o, como decimos en psicología, «rumiando»— la misma idea una y otra vez y ahora, con unos minutos de meditación, eres capaz de romper ese ciclo.

Eso también es vibración: la capacidad de transformar tu campo energético.

Lo mejor de todo es que esta transformación se manifiesta en lo concreto. Al integrar en el día a día estas prácticas, empezarás a percibir indicadores claros de cambio, tanto en tu mundo interno como en tu entorno. Te sentirás más en paz, más conectado; notarás cómo tus relaciones mejoran, las decisiones fluyen con mayor claridad o tu energía física se eleva. Son señales tangibles de que estás alineando tu ser con un estado interno de expansión, coherencia y conexión profunda. Pero no te preocupes si no confías en ti mismo para verificar las señales; justo es lo próximo que vas a aprender.

Quizá hayas oído hablar de los «saltos cuánticos» o de los «nuevos planos de existencia» en diversas tradiciones ancestrales y espirituales. Lo que antes se describía en un lenguaje más místico, hoy lo comprendemos con la lucidez de la ciencia de vanguardia. Hablamos de coherencia vibracional sostenida y de estados expandidos de consciencia como manifestaciones medibles de esa transformación.

Verás cómo, al mantener esa coherencia y alinear tus frecuencias internas con el bienestar y la expansión, tu vida se reorganiza de maneras que antes parecían imposibles.

Esta cuarta parte es tu guía para reconocer estas señales, medir tu propio avance y, sobre todo, sostener esa vibración elevada que transforma no solo tu vida, sino también la de quienes te rodean.

Prepárate para comprobarlo con tus propios ojos, para ponerlo en práctica con valentía y alegría. No necesitas entenderlo todo ni hacerlo perfecto; basta con dar un paso cada día con más presencia, intención y coherencia.

Siete señales de tu vida transformada

Te acabo de proponer algo poderoso: vive tu transformación como algo real, cotidiano y verificable. Ahora darás un paso más: aprender a «notarte».

Y es que, sí, elevar tu vibración es algo que se nota. En cómo piensas, en cómo reaccionas, en cómo te relacionas. Y hay señales muy concretas que te permiten saber si estás en ese camino.

Piénsalo como cuando empieza a cambiar el tiempo meteorológico: no necesitas consultar el calendario para saber que ha llegado otra estación. Lo sientes en el aire, en la luz, en tu piel. Pues lo mismo ocurre con tu energía. Cuando vibras más alto, tu mundo lo refleja.

Así que ahora te ofrezco una guía para que aprendas a leer esas señales. No para que te evalúes con lupa, sino para que reconozcas los indicios de que algo dentro de ti ya está cambiando. Porque lo está. Y siempre nota.

En cualquier caso, ¿cómo podemos «medir» o «mapear» algo tan sutil como la consciencia o la vibración? Seguramente recuerdas el mapa de la consciencia de David Hawkins, el cual propone una escala de niveles vibracionales. Y aunque ese es un punto de partida interesante, podemos ir más allá, ya que en la actualidad contamos con distintas disciplinas científicas que nos permiten aterrizar esta comprensión y observar, de forma concreta, cómo se traduce una transformación interna real.

Se ha demostrado que el estado interno de una persona puede medirse con sorprendente precisión a través de la coherencia entre el corazón y el cerebro. Uno de los aportes más valiosos es el mapa de coherencia emocional. Este modelo no clasifica la consciencia en niveles jerárquicos, como lo hace Hawkins, sino que se centra en cómo distintas emociones afectan al sistema nervioso, a la variabilidad cardiaca y a la conexión cuerpo-mente. Las emociones como el aprecio, la compasión o la gratitud generan patrones fisiológicos de alta coherencia, lo que se traduce en un aumento de la claridad mental, la resiliencia y la conexión social. En cambio, el estrés, la frustración y la ansiedad crean desorganización en el ritmo cardiaco y afectan negativamente al rendimiento físico, cognitivo y emocional.

Este enfoque no mide la vibración como un valor abstracto, sino que prioriza el impacto que tienen nuestras emociones sobre la salud, la percepción y la capacidad de respuesta. Por eso, más que hablar de «vibrar alto», como si fuera una frase inspiradora, aquí podemos observar de qué manera una mayor coherencia interna se manifiesta en cambios reales: en cómo respiramos, tomamos decisiones o nos relacionamos con el mundo.

Cuando hablamos de evolución de la consciencia, autores como Ken Wilber (autor estadounidense interesado en la filosofía, la psicología, las relaciones comparadas, la historia, la ecología y el misticismo) aportan una visión más integradora. Su teoría integral propone que todos los aspectos del ser humano —cuerpo, mente, emociones, relaciones, cultura, espiritualidad— se desarrollan a través de etapas que van desde lo más egocéntrico hasta lo transpersonal. No se trata de una jerarquía rígida, sino de una espiral de expansión en la que cada nivel incluye y trasciende al anterior. Así, pasamos de una consciencia centrada en la supervivencia o el control a una consciencia capaz de abrazar la complejidad, sostener la paradoja y actuar desde una comprensión más profunda del todo. Este modelo nos invita a observar en qué punto estamos y qué dimensiones de nuestra vida aún no hemos integrado. No es un mapa para juzgar, sino una herramienta para crecer con honestidad y compasión.

Además, neurocientíficos como el mencionado Richard Davidson han demostrado que la transformación interior deja huellas visibles en el cerebro. A través de décadas de investigación con tecnologías de neuroimagen, ha identificado lo que él llama «firmas emocionales del bienestar», que son los patrones específicos de actividad cerebral asociados con cualidades como la compasión, la resiliencia, la atención plena o el sentido de propósito. Por ejemplo, quienes practican la meditación de forma regular muestran una mayor activación en áreas del cerebro vinculadas a la empatía y al autocontrol emocional, así como una recuperación más rápida ante el estrés. Esto nos revela que tu vibración no es solo una sensación abstracta; es algo que puede medirse, cultivarse y estabilizarse en la arquitectura misma de tu sistema nervioso. Constituye un camino de entrenamiento consciente que remodela tu cerebro y, con ello, tu forma de estar en el mundo.

Vibrar alto es un acto consciente que te hace preguntarte constantemente: ¿dónde estoy?

Todos estos enfoques nos permiten comprender que elevar tu consciencia no resulta algo abstracto ni reservado a unos pocos iluminados. Es un proceso real que puedes reconocer en tu manera de sentir, actuar y estar en el mundo. Porque cuando algo cambia por dentro, también lo hace por fuera. Para ayudarte a observarlo con más claridad, a continuación tienes siete señales concretas de que estás atravesando una transformación profunda.

1. Mayor empatía

Qué significa realmente

No se trata solo de pensar o imaginar cómo se siente el otro desde tus propias creencias, experiencias de vida, personalidad y ego. Es algo más profundo que, de repente, sientes. Como si algo en ti se afinara y pudieras captar lo que la otra persona está viviendo, incluso sin palabras. Es una conexión más allá de la lógica, una resonancia silenciosa que te permite responder desde el corazón y sin esfuerzo.

Cómo lo notas en tu vida

Antes quizá te sentías atacado con facilidad, te costaba comprender las reacciones ajenas o tenías que hacer un esfuerzo mental para comprender lo que otra persona sentía. Ahora hay espacio entre tú (tu ego) y la individualidad de los demás; puedes escuchar sin tomarlo todo como algo personal; sabes —sin tener que racionalizar— ponerte en el lugar del otro y, a veces, sin pensarlo, te nace un gesto, una palabra o una acción que alivia al otro. No lo planeas, simplemente ocurre.

Por qué sucede

Cuando elevas tu nivel de coherencia interna —es decir, cuando tus pensamientos, emociones y cuerpo empiezan a ir en la misma dirección—, tu sistema nervioso se vuelve más sensible y receptivo. Investigadores como Daniel Siegel lo han demostrado en su trabajo sobre la integración cerebral y relaciones: cuanto más alineado estás contigo, más fácilmente puedes conectar con los demás. Es como si tu campo emocional ampliara su radar y empezaras a «leer» las emociones del entorno con más nitidez y menos juicio.

2. Claridad mental

Qué significa realmente

No es que desaparezcan los problemas, sino que tú dejas de perderte en ellos. Tu mente se vuelve como un lago en calma: incluso cuando hay movimiento en la superficie, puedes ver el fondo con nitidez. No reaccionas por impulso, respondes con perspectiva. Las decisiones se simplifican. Lo esencial se vuelve evidente.

Cómo lo notas en tu vida

Antes, una situación difícil podía atraparte durante días. Ahora, respiras, haces una pausa y aparece una solución. No porque haya magia, sino porque ya no estás pensando desde el ruido. Empiezas a confiar más en tu intuición y descubres que, cuando estás en coherencia interna, las respuestas vienen solas. Es como si tu mente estuviera mejor oxigenada, más despejada.

Por qué sucede

La claridad mental está profundamente relacionada con el estado en el que vibras. Cuando entras en coherencia —ese estado donde el corazón y el cerebro están alineados—, tu sistema nervioso se regula, tu respiración se armoniza y tu actividad cerebral cambia. Estudios como los del HeartMath Institute han mostrado cómo este estado favorece ondas cerebrales más organizadas y patrones mentales más eficientes. Y lo que parecía caos se estructura de forma mucho más clara y sencilla, permitiendo que veas soluciones a las que antes no llegabas por algo muy sencillo: hacías más caso al ruido que a la solución.

3. Estabilidad emocional

Qué significa realmente

No es dejar de sentir ni convertirte en alguien imperturbable. Es poder atravesar una emoción sin que te arrastre. Reconoces lo que sientes, lo dejas estar, lo escuchas, lo integras, lo trabajas, si es necesario…, y luego sigues adelante. Es mantener el centro sin tener que reprimir nada, saber que puedes sostenerte incluso cuando la emoción resulta intensa.

Cómo lo notas en tu vida

Antes, un mal gesto o una palabra fuera de lugar te podían tumbar el día. Ahora, respiras, observas lo que te remueve y eliges cómo responder. Ya no necesitas reaccionar desde el automático ni desde el ego. Si algo te duele, lo sientes, pero no te consume. Es esa sensación de que hay un eje interno en ti que no se mueve, aunque todo a tu alrededor lo haga.

Por qué sucede

Cuando cultivas estados internos como la gratitud, la presencia o la compasión, tu biología también cambia. Las investigaciones de Barbara

Fredrickson han mostrado que las emociones positivas amplían tu capacidad de respuesta y fortalecen tu resiliencia, como si tu mente tuviera más espacio para elegir bien. Daniel Siegel lo llama «integración», que se produce cuando tus partes internas colaboran, en vez de competir. Y desde ahí tu estabilidad ya no depende de lo que pasa fuera, se enfoca en lo que has cultivado dentro.

4. Conexión profunda con el entorno

Qué significa realmente

Es esa sensación de formar parte de algo mucho más grande que tú mismo, incluso cuando estás solo o en silencio. No se trata solo de amar la naturaleza o de llevarte bien con la gente, es sentir que formas parte del tejido invisible de la vida. Que hay algo en ti resonando con todo lo que te rodea, que no estás aislado, sino conectado, que la vida es un flujo constante y que percibes el universo como un lugar amigable y cooperativo.

Cómo lo notas en tu vida

Te emocionas sin motivo aparente al ver caer la luz entre los árboles. Sientes una conexión espontánea con un animal o cruzas una mirada con un desconocido y sabes que algo se ha dicho sin palabras. Las casualidades ya no te parecen tan casuales; cada vez más a menudo, las cosas llegan en el momento justo. Eres capaz de ver sincronicidades y entiendes que las respuestas a tus preguntas llegan en el momento adecuado. Empiezas a confiar en que hay un orden más amplio, aun cuando tu mente no lo entiende.

Por qué sucede

Cuando tu sistema nervioso está regulado y vibras en coherencia, tu percepción se abre y eres capaz de ver y notar elementos que antes, aunque presentes, pasabas por alto. Lynne McTaggart ha investigado cómo nuestras intenciones pueden influir en el campo que compartimos con los demás desde una física todavía poco explorada, la cual muestra que estamos más entrelazados de lo que parece, y ha concluido que, cuando tú estás en ese estado, la red se vuelve más visible: te sientes en diálogo con la vida, no solo sobreviviendo dentro de ella.

5. Resiliencia ante desafíos

Qué significa realmente

No es que de pronto todo te salga bien o que la vida deje de ponerte a prueba, sino que tu capacidad para adaptarte, aprender y crecer a partir de los retos se multiplica. En lugar de sentirte víctima de las circunstancias, te conviertes en un aprendiz activo, capaz de interpretar cada desafío como una oportunidad para expandirte: reflexionas, te adaptas, aprendes. La resiliencia no es dureza, es flexibilidad consciente. Es saber que puedes volver a tu centro, aun cuando el mundo alrededor se tambalee.

Cómo lo notas en tu vida

Antes, una mala noticia podía descolocarte durante días. Ahora, puedes respirar, observar y responder desde otro lugar. Sientes una calma interior que te permite procesar la información y actuar de manera constructiva, sin entrar en pánico. Si algo no sale como esperabas —un trabajo que se cae, una conversación difícil, un cambio brusco de planes—, eres capaz de recomponerte, encontrar una dirección y volver a moverte. No porque no duela, sino porque ya sabes cómo atravesarlo sin quedarte atrapado, viendo nuevas oportunidades de crecimiento y expansión.

Por qué sucede

Como vimos antes con Richard Davidson, la práctica emocional sostenida —meditación, gratitud, compasión— literalmente entrena tu cerebro para recuperarse más rápido. No se trata solo de una cuestión de actitud; tu sistema nervioso aprende a no quedarse estancado en el modo de alarma. Elevando tu vibración, regulas mejor tu energía, y eso hace que los desafíos no te aplasten, sino que te afinen.

6. Mayor creatividad

Qué significa realmente

No se refiere a pintar cuadros o escribir poemas, aunque puede que lo hagas. Es la capacidad de conectar ideas inesperadas, ver caminos donde antes solo había obstáculos, reinventarte sin esfuerzo, innovar, encontrar soluciones originales a problemas cotidianos. Cuando tu vibración se eleva, tu mente se expande y empieza a recibir información desde lugares más sutiles. En lugar de forzar respuestas, las ideas emergen como destellos: frescas, espontáneas, llenas de vida.

Cómo lo notas en tu vida

Te das cuenta de que ya no piensas tanto desde la cabeza y más desde el todo. En el trabajo, te sorprendes a ti mismo proponiendo ideas innovadoras para procesos rutinarios o encontrando una forma inesperada de abordar un reto de tu equipo. En casa, hallas formas nuevas de relacionarte, de cocinar, de crear. Incluso en momentos difíciles, algo en ti propone una salida distinta. Sientes que tu creatividad no es un esfuerzo, sino una corriente que fluye cuando dejas de bloquearla.

Por qué sucede

Estudios de Charles Limb (cirujano, neurocientífico y músico en la Universidad de California en San Francisco) y Allen Braun (investigador y neurólogo), usando resonancia magnética, han mostrado cómo, en estados creativos intensos, el cerebro entra en una forma distinta de operar: disminuye la actividad del córtex prefrontal dorsolateral (asociado al juicio) y aumenta la conectividad entre áreas relacionadas con la imaginación, la memoria y la emoción. Cuando dejas de operar solo desde el control y entras en coherencia interna, tu mente se vuelve un espacio fértil para que lo nuevo florezca sin esfuerzo.

7. Capacidad de inspirar a otros

Qué significa realmente

No es algo que persigas con intención ni un objetivo en sí mismo. Es lo que ocurre cuando vives con coherencia. Tu forma de estar en el mundo —auténtica, estable, alineada— se convierte en un ejemplo silencioso que otros perciben sin que tengas que explicar nada. Es una energía que se siente, una vibración que contagia sin esfuerzo.

Cómo lo notas en tu vida

Personas de tu entorno empiezan a buscarte por lo que dices y por cómo se sienten contigo. Te dicen que les das paz, que les inspiras a hacer cambios, a cuidarse más, a atreverse con algo que temían. No necesitas convencer ni empujar; basta con tu forma de mirar, de escuchar, de actuar. Tu presencia se vuelve transformadora porque refleja algo que otros también anhelan despertar en sí mismos.

Por qué sucede

Estudios sobre la coherencia social muestran cómo el estado emocional y fisiológico de una persona puede influir en quienes la rodean a través de mecanismos de sincronización. Trabajos en intención colectiva, como los de la mencionada Lynne McTaggart, también sugieren que nuestras emociones y pensamientos no se quedan en nuestro interior, sino que se propagan en el entorno. Cuando sostienes una vibración coherente, generas un campo de resonancia que, sin palabras, eleva y estabiliza a los demás.

Estas siete señales no son ideales abstractos, muestran pistas concretas de que tu vibración está cambiando de verdad. ¿Te reconoces en alguna de ellas? ¿Notas cómo tu manera de pensar, sentir o actuar se ha transformado en los últimos tiempos? ¿Qué ha empezado a fluir distinto en tu vida desde que pusiste intención en tu camino?

No necesitas cumplirlas todas ni vivirlas con la misma intensidad. Lo esencial es aprender a observarlas en ti, como quien afina el oído para escuchar una nueva melodía interior.

Lo importante es que aprendas a evaluarte, a escucharte, a tomarte por el objeto de contemplación.

Pero no te preocupes, porque ahora te propongo herramientas prácticas para que puedas autodiagnosticar tu estado vibracional y llevar un diario consciente que te ayude a sostener y fortalecer estos cambios. Porque una vibración elevada no se logra de golpe; se cultiva, se cuida y se trabaja en ella. ¿Listo para descubrir cómo estás vibrando hoy?

Herramientas de autodiagnóstico y diario de reflexión

Para sostener una vibración elevada no basta con sentirla de vez en cuando, hay que cultivarla. Y para eso necesitas claridad. Por eso te propongo dos herramientas simples y contundentes que te ayudarán a observarte, reajustarte y seguir evolucionando.

Tu brújula vibracional: la escala del fluir personal

Hemos hablado de que la vibración y la consciencia se pueden «mapear», ya sea con modelos de niveles o con mediciones fisiológicas. Ahora te ofrezco algo sencillo y muy personal para que puedas autoevaluar tu estado vibracional en cualquier momento. No es una escala para juzgarte, sino para sentirte, para observar tu energía y tu estado de fluidez. Piensa en ella como tu propia brújula interna, la que te indica en qué punto estás resonando.

La llamaremos «escala del fluir personal» y va del 1 al 5. Observa estas descripciones y permítete sentir dónde resuenas más en este preciso instante o en este día.

Nivel 1. El nudo (baja coherencia y resistencia)

¿Cómo se siente? Te sientes contraído, pesado, como si la vida fuera cuesta arriba. Una sensación de ahogo, frustración o incluso de opresión. Cansancio profundo, por dentro y por fuera. Por ejemplo, te despiertas y ya sientes un peso en el pecho. Ves la lista de tareas del día y te parece una montaña imposible de escalar. Recibes un e-mail de un compañero y, automáticamente, lo interpretas como una crítica o un ataque personal sin siquiera leerlo completo. Todo te irrita.

¿Cómo hablas contigo mismo? Frases típicas de este nivel serían del estilo de: «Esto es imposible, nunca lo conseguiré», «siempre me pasa lo mismo», «no puedo con esto, ¡qué horrible es todo!», «¡no me lo puedo creer!».

¿Qué haces? Tiendes a la procrastinación, a quejarte con facilidad de todo y de todos, a reaccionar con irritación o enojo ante pequeñas molestias, a cerrar los puños o a retirarte y aislarte de los demás. La tensión física y el agotamiento son palpables.

Indicador: predominan el caos mental y la reactividad emocional.

Nivel 2. La bruma (coherencia baja y dispersión)

¿Cómo se siente? No hay un gran sufrimiento, pero sí una sensación de estancamiento, confusión o desinterés. Una ligera apatía, aburrimiento o un cansancio mental que no se quita del todo. Sientes como si tu cerebro estuviera permanentemente nublado. Así, puedes estar en casa sin saber qué hacer, navegando sin rumbo por las redes sociales o la televisión durante horas. Tienes una tarea pendiente que sabes que es importante, pero no encuentras la motivación para empezarla, aunque no te genere gran ansiedad, solo un leve malestar. Da igual el plan que te propongan o te es indiferente comenzar o no una nueva afición. La apatía es la reina de tu vida.

¿Cómo hablas contigo mismo? «¿Qué hago ahora? No sé por dónde empezar. Esto es aburrido», «me da igual, lo que sea», «no tengo ganas de nada».

¿Qué haces? Saltas de una actividad a otra sin terminar ninguna. Te distraes con facilidad. Eres indeciso y te cuesta tomar pequeñas decisiones. Puedes sentirte un poco desanimado o desconectado, sin energía para buscar algo que te apasione o te rete.

Indicador: falta de dirección y energía, mente divagante.

Nivel 3. El punto de equilibrio (coherencia media y calma)

¿Cómo se siente? Te sientes bastante bien, en calma, sin grandes picos o valles emocionales. Una sensación de estabilidad y control funcional. Ni mal ni tampoco desbordantemente bien. Por ejemplo, tu día transcurre sin mayores sobresaltos. Cumples con tus responsabilidades, interactúas de forma educada con los demás en el trabajo o en casa. No hay nada que te agobie, pero tampoco que te entusiasme en particular. Es un estado de «neutralidad cómoda».

¿Cómo hablas contigo mismo? «Está bien. Lo puedo manejar», «esto es lo que toca», «no está mal», «todo bajo control, sin sorpresas».

¿Qué haces? Funcionalidad sin chispa. Haces lo que se espera de ti, cumples horarios y compromisos, pero sin una inversión emocional profunda. Las conversaciones son superficiales. Te sientes cómodo pero sin gran alegría o expansión, solo experimentas calma.

Indicador: neutralidad y funcionamiento básico, ausencia de gran malestar o gran expansión.

Nivel 4. La corriente (alta coherencia y expansión)

¿Cómo se siente? Ligereza, optimismo y creciente sensación de propósito. Una energía fluida, como si todo se moviese a tu favor. Las ideas fluyen y crece el entusiasmo por la vida y por lo que vendrá, así que te llega una nueva idea para un proyecto (personal o laboral) y sientes una energía inmediata para empezarla, te sientes capaz. Una conversación difícil se resuelve con facilidad y comprensión mutua, te sorprendes de lo rápido que se logró un acuerdo. Disfrutas genuinamente de un paseo al aire libre o de una comida sencilla, saboreando cada momento.

¿Cómo hablas contigo mismo? «¡Qué buena idea!», «esto se siente genial, estoy en el camino correcto», «confío en que todo va a salir bien», «¡estoy fluyendo!».

¿Qué haces? Tomas iniciativas con fervor, te abres a nuevas posibilidades, conectas con los demás de forma auténtica y sencilla. Te sientes productivo, creativo y disfrutas del proceso, incluso si hay desafíos, porque sabes

que puedes con ellos. Buscas soluciones con proactividad y te sientes optimista.
Indicador: sensación de que las cosas fluyen, mayor intuición y emociones elevadas.

Nivel 5. El flujo radiante (máxima coherencia y resonancia total)

¿Cómo se siente? Estás en un estado de gracia, gozo expansivo y profunda conexión. Una sensación de que todo es posible y una gratitud inmensa que no necesita un motivo externo. Te sientes completamente alineado, en paz y unidad con todo lo que te rodea. En este nivel, te despiertas con inmensa gratitud por el simple hecho de existir. Tienes una idea brillante o una inspiración que te guía para ayudar a alguien de forma espontánea. Las sincronicidades son tan evidentes y frecuentes que te asombran. Percibes una perfecta armonía con tu entorno; las personas y los eventos parecen alinearse contigo.
¿Cómo hablas contigo mismo? «Todo es perfecto tal como es. Estoy exactamente donde debo estar. ¡La vida es magia y yo soy parte de ella!», «soy amor, soy luz, soy ilimitado».
¿Qué haces? Tus acciones surgen desde la inspiración y la compasión sin esfuerzo, como si fueras un canal. Irradias una paz y una alegría que impactan positivamente a quienes te rodean, incluso sin hablar. Las soluciones —o, si prefieres llamarlo así, las «manifestaciones»— parecen llegar a ti de forma espontánea y sin resistencia, sintiendo que el universo te apoya a cada paso.
Indicador: sentimiento de propósito profundo, conexión inquebrantable y creación espontánea.

¿CÓMO USAR LA ESCALA DEL FLUIR PERSONAL EN TU DÍA A DÍA?

La clave son la simplicidad y la honestidad. No necesitas un gran análisis. Solo pregúntate varias veces al día:

- Ahora mismo, ¿dónde me siento dentro de la escala?

- Si mi energía tuviera un color, ¿cuál sería?
- ¿Qué emoción está predominando en mí en este instante? ¿Me estoy negando a vivirla?

Con este ejercicio de autodiagnóstico, empezarás a ser más consciente de tus estados vibracionales y, lo más importante, a darte cuenta de que tienes el poder de influir en ellos.

Kit de resonancia cuántica: herramientas selectas para tu salto consciente

Este kit no busca saturarte con técnicas, sino ofrecerte **herramientas precisas y estratégicas** capaces de generar cambios profundos, sostenibles y medibles en tu realidad. Cada práctica ha sido seleccionada cuidadosamente por su **eficacia comprobada y su respaldo en principios científicos**, combinando la neurociencia, la psicología cuántica y el manejo energético. Su propósito no es solo transformar tu mente, sino **alinear tu frecuencia interna con la versión de ti mismo que deseas manifestar**, creando así un puente directo entre la intención, la emoción y la acción consciente.

Estas herramientas son tu kit de alto impacto: simples de aplicar, pero con potencial para producir saltos significativos en tu coherencia vibracional y en la forma en que interactúas con el mundo.

Ejercicio central. Protocolo de veintiún días para activar tu ADN del éxito

Antes de empezar, comprende por qué necesitas 21 días específicamente. La neurociencia ha demostrado que este tiempo permite que las nuevas redes neuronales se estabilicen y que los cambios epigenéticos se asienten en tu biología. No se trata de crear un hábito superficial, sino de reprogramar literalmente tu sistema nervioso para que opere desde una frecuencia más elevada.

Este protocolo te va a incomodar. Va a desafiar tu zona de confort porque va a pedirte que actúes desde tu futuro, no desde tu pasado. Va a requerir que tomes decisiones desde la persona que estás llegando a ser, no desde quien ha sido hasta ahora.

Instrucciones iniciales: elige un cuaderno que utilizarás solo para esta práctica. Establece una hora fija diaria (preferiblemente al amanecer, cuando tu cerebro esté en ondas alfa). Durante veintiún días consecutivos, sin excusas ni pausas, vas a realizar la siguiente secuencia exacta.

Días 1-7. Desconexión del pasado

Cada mañana, inmediatamente después de despertar y antes de tocar tu teléfono:

- Siéntate en el borde de la cama con los pies en el suelo y la columna recta.
- Coloca la mano en el corazón y pregúntate: «¿Qué versión de mí estoy eligiendo dejar atrás hoy?».
- Escribe en tu cuaderno la primera respuesta que surja, sin censurarla.
- Visualiza esa versión antigua disolviéndose como humo.
- Declara en voz alta: «Gracias por lo que me enseñaste. Te libero con amor».
- Respira profundamente 5 veces, sintiendo cómo se libera espacio interno.

Días 8-14. Sintonía con tu frecuencia expandida

- Mantén la misma posición inicial.
- Pregúntate: «¿Cómo me sienta pensar, actuar y decidir desde mi versión más expandida?».
- Escribe tres decisiones específicas que tomarías hoy desde esa versión.

- Visualiza tu día desarrollándose desde esta frecuencia elevada.
- Siente en tu cuerpo las emociones de ser ya esa persona.
- Compromiso diario: «Hoy elijo actuar desde [nombra una cualidad específica de tu versión expandida]».

Días 15-21. Anclaje en tu nueva realidad

- Adoptas la misma posición, pero ahora añades coherencia cardiaca: inhala durante cinco segundos respirando hacia el corazón, exhala durante cinco segundos.
- Pregúntate: «¿Qué evidencias de mi transformación puedo reconocer hoy?».
- Escribe tres microcambios que notes en ti, por pequeños que sean.
- Visualiza tu nuevo yo interactuando con el mundo desde total merecimiento.
- Declara: «Esta es mi nueva configuración predeterminada. Desde aquí creo mi realidad».
- Antes de levantarte, agradece por anticipado las sincronías que vas a recibir.

Indicadores de que el protocolo está funcionando:

- Cambios en tus patrones de sueño (más reparador).
- Decisiones automáticas diferentes ante situaciones familiares.
- Personas y oportunidades nuevas apareciendo «casualmente».
- Mayor claridad en momentos de duda.
- Sensación física de mayor energía y presencia.

Ejercicio complementario. Liberación cuántica de resistencias internas

Esta práctica está pensada para usarla cuando sientas que el protocolo anterior se vuelve mecánico o si encuentras resistencia interna. No busca que te sientas bien, sino que te liberes de lo que te mantiene en frecuencias bajas. Va a pedirte que mires directamente tus miedos más profundos sobre cambiar, sobre merecer, sobre ser visto en tu poder.

Instrucción: durante quince minutos, sin interrupciones, siéntate frente a un espejo.

Paso 1. Reconocimiento (cinco minutos)

- Mírate a los ojos sin desviar la mirada.
- Pregúntate: «¿Qué me da miedo que suceda si realmente cambio?».
- Permite que emerjan todos los miedos, sin juzgarlos ni racionalizarlos.
- Siente dónde se ubican básicamente en tu cuerpo.

Paso 2. Aceptación (cinco minutos)

- Sigue mirándote y di en voz alta: «Acepto estos miedos como parte de mi proceso».
- Respira hacia las zonas físicas donde sientes tensión.
- Visualiza estos miedos como energía densa que se transforma en luz.
- Declara: «Estos miedos me han protegido, pero ya no los necesito».

Paso 3. Compromiso (cinco minutos)

- Mantén el contacto visual contigo mismo.
- Di: «Elijo cambiar a pesar del miedo, no cuando desaparezca».

- Enumera tres acciones específicas que tomarás esta semana desde tu nueva frecuencia.
- Termina declarando: «Merezco todo lo bueno por el simple hecho de existir».

Protocolo de emergencia cuántica

En todo proceso de transformación llega un punto crítico, esos momentos de duda, colapso emocional o sensación de retroceso en los que tu antigua identidad intenta recuperar territorio. Este protocolo está diseñado para acompañarte precisamente entonces, cuando tu sistema nervioso entra en alarma y tu frecuencia comienza a desestabilizarse.

No es un parche momentáneo, sino una guía rápida para recuperar la coherencia, restaurar tu centro y volver a la versión de ti que estás consolidando. Para momentos de crisis, duda profunda o cuando sientes que retrocedes:

1. **PARA:** deja lo que estés haciendo inmediatamente.
2. **RESPIRA:** tres respiraciones conscientes hacia el corazón.
3. **PREGÚNTATE:** «¿Desde qué frecuencia estoy reaccionando ahora?».
4. **ELIGE:** «¿Cómo respondería mi versión más sabia?».
5. **ACTÚA:** toma una decisión inmediata desde esa frecuencia más elevada.

Verificación de progreso cuántico

La transformación cuántica no se mide únicamente por los resultados externos, sino por la calidad de tu coherencia interna. Este apartado te ofrece un marco preciso para evaluar tu evolución desde una perspectiva neurocuántica: cómo cambia tu percepción, cómo responde tu sistema nervioso y cómo se reorganizan tus decisiones, emociones y patrones de atención.

Verificar tu progreso no es un examen, sino un ajuste fino: una forma de confirmar que tu frecuencia se estabiliza y que tu identidad expandida empieza a consolidarse en tu vida diaria. Aquí aprenderás a reconocer esas señales con claridad.

Escoge un día a la semana y dedica diez minutos a evaluar:

- ¿Qué decisiones tomé esta semana que mi «yo anterior» no habría tomado?
- ¿Qué sincronías o «casualidades» aparecieron?
- ¿En qué momentos actué desde el miedo y en cuáles desde la expansión?
- ¿Qué patrón limitante identificado todavía necesita trabajo?

Este kit no te va a resultar cómodo. Va a desafiar tus mecanismos de supervivencia emocional, va a pedirte que actúes antes de sentirte preparado y va a exponerte a versiones de ti que tu ego preferiría mantener ocultas.

Pero es precisamente esa incomodidad la que indica que estás trascendiendo tus límites anteriores y accediendo a estados de consciencia que antes te eran inaccesibles. El verdadero crecimiento cuántico sucede en el borde de tu zona de confort, en ese espacio en que todavía no sabes quién eres, pero ya no eres quien eras.

¿Estás dispuesto a incomodarte durante 21 días para transformar los próximos años de tu vida?

Tu turno de verificar

Antes de continuar leyendo, tómate un momento para hacerte estas preguntas:

- ¿Qué señales está enviando tu cuerpo que podrías estar ignorando?

- ¿En qué áreas de tu vida sientes que hay incongruencia entre lo que proyectas y lo que realmente deseas?
- ¿Qué pasaría si empezaras a escuchar esos mensajes internos con atención profunda?

La respuesta a estas preguntas podría ser el inicio de tu propio salto cuántico. Porque, como estos casos demuestran, cuando eliges vibrar desde tu verdad más auténtica, el universo conspira para alinearse con esa nueva frecuencia.

Estrategias para mantener el cambio: el arte de sostenerte en tu nueva frecuencia

Hay una verdad esencial en todo proceso de transformación profunda que rara vez se explica con claridad: **dar el salto cuántico no es lo difícil; lo complejo es sostenerlo**. El instante de expansión, de lucidez o de alineación suele llegar con sorpresa y fuerza. Pero el verdadero trabajo comienza después, cuando la vida cotidiana, tus automatismos y tu biología intentan arrastrarte de vuelta al estado anterior.

Desde la neurociencia, sabemos que tu sistema nervioso está programado primordialmente para la supervivencia, no para la evolución. Por eso, una vez experimentas un cambio significativo, los circuitos antiguos —más rápidos, más familiares y energéticamente más económicos— buscan reactivarse. No porque estés fallando, sino porque el cerebro prefiere lo conocido, incluso si ese territorio conocido es limitado o doloroso.

En este momento entra en escena la práctica consciente. No necesitas más motivación ni frases inspiradoras. Necesitas un protocolo, un conjunto de estrategias diseñadas para mantenerte estable cuando el impulso inicial desaparece, cuando el ego se activa o cuando la vida real te pone a prueba.

El arte de sostener tu nueva frecuencia no es la fuerza de voluntad, sino la ciencia aplicada, la energía regulada y los hábitos alineados. Y en las páginas siguientes aprenderás a convertir esa estabilidad en un estilo de vida, no en un momento pasajero.

El sistema de anclaje cuántico: tres pilares no negociables

Toda transformación sostenible necesita una estructura interna que la mantenga viva. El cambio no se sostiene solo con comprensión intelectual ni con momentos de inspiración; requiere anclajes y puntos de estabilidad que regulen tu sistema nervioso, alineen tu percepción y mantengan tu frecuencia coherente incluso en días de caos.

Este sistema se basa en tres pilares fundamentales —simples pero no negociables— que actúan como tu soporte cuántico cotidiano. Cuando estos tres elementos se mantienen activos, tu nueva identidad se consolida, tu vibración se estabiliza y tu realidad comienza a reorganizarse en consecuencia.

Estos pilares son tu base, tu brújula y tu recordatorio permanente de quién estás eligiendo ser. Ahora aprenderás a utilizarlos con precisión.

Pilar 1. El ritual de coherencia matutina (cinco minutos, todos los días, sin excusas)

Esta no es una sugerencia, es tu seguro de vida vibracional. Repítelo cada mañana, antes de que el mundo exterior invada tu espacio interno:

- Al despertar, permanece inmóvil treinta segundos. Pregúntate: «¿Qué versión de mí quiero activar hoy?».
- Respira hondo hacia el corazón mientras visualizas tu día desenvolviéndose desde tu frecuencia más elevada.
- Declara tu intención del día en una frase específica: «Hoy elijo crear desde...» (complétala según tu enfoque).
- Agradece por anticipado las sincronías que vas a recibir.

Por qué funciona: programas tu sistema nervioso antes de que las demandas externas lo secuestren. Estableces tu frecuencia de base para el día.

Pilar 2. Las pausas de verificación energética (cada tres horas)

Tu frecuencia no es algo que estableces una vez y olvidas. Necesitas recalibrarte constantemente:

- Programa cuatro alarmas en tu teléfono con esta pregunta: «¿Desde qué frecuencia estoy operando ahora?».
- Cuando suene, detén lo que estés haciendo durante treinta segundos.
- Observa tu estado emocional, tu postura corporal, la calidad de tus pensamientos.
- Si detectas que has bajado de frecuencia, aplica inmediatamente el protocolo de emergencia cuántica del capítulo anterior.

Por qué es crucial: la mayoría de las personas pierde su nueva frecuencia sin darse cuenta. Estas pausas evitan el «deslizamiento vibracional» inconsciente.

Pilar 3. La revisión semanal de integridad energética (cada domingo, quince minutos)

Este es tu GPS para saber si te estás dirigiendo hacia tu expansión o hacia la contracción:

- Siéntate en silencio y evalúa tu semana con honestidad radical.
- Pregúntate: «¿Qué decisiones tomé desde el miedo y cuáles desde el amor?».
- Identifica un patrón específico que quieres transformar la próxima semana.
- Establece una microacción diaria para elevar tu frecuencia en esa área.
- Celebra conscientemente cada pequeño cambio logrado.

Estrategias avanzadas para la crisis de regresión

Porque van a llegar. Y, cuando lleguen, necesitarás saber exactamente qué hacer.

Las crisis de regresión son parte natural —y necesaria— de cualquier proceso profundo de transformación. Desde la neurociencia sabemos que, cuando el cerebro está consolidando nuevos patrones, es habitual que los circuitos antiguos intenten activarse con más fuerza. No porque estés fallando, sino porque tu sistema busca estabilidad mientras se reorganiza. Desde la perspectiva cuántica, este momento se interpreta como una oscilación vibracional: un periodo en el que tu identidad antigua intenta recuperar su posición, justo cuando tu identidad emergente está comenzando a consolidarse.

Por eso debes grabarte esta verdad con claridad: **no existen retrocesos**. Lo que percibes como un paso atrás es en realidad una «prueba de integración», un escenario diseñado por tu propia consciencia para verificar si tu frecuencia interna se sostiene en condiciones de presión, incertidumbre o estrés.

Estas crisis no anuncian el fin del proceso; declaran que estás en el punto crítico en que la transformación se afianza. Son el equivalente emocional a cuando un músculo tiembla justo antes de volverse más fuerte.

Este apartado te proporcionará estrategias avanzadas para esos momentos: cómo estabilizar tu biología, cómo realinear tu frecuencia, cómo evitar que el ego secuestre el proceso y cómo transformar una crisis aparente en una consolidación real.

Recuerda: una regresión no es un fallo. Es tu campo energético reorganizándose. Es tu cerebro volviéndose más eficiente. Es tu nueva identidad exigiendo espacio.

Y, con las herramientas adecuadas, estos momentos dejan de ser caídas... y se convierten en el impulso que te lanza a tu siguiente nivel de coherencia.

Protocolo de crisis vibracional:

1. **Reconoce sin resistencia:** «Estoy en un momento de desafío. Es normal y temporal».

2. **Aplica la técnica del observador:** «¿Qué está tratando de enseñarme esta situación sobre mi crecimiento?».
3. **Ejecuta una acción cuántica inmediata:** toma una decisión pequeña pero consciente desde tu nueva identidad.
4. **Recuerda tu identidad:** «Soy alguien que [inserta una cualidad de tu versión expandida], y esa persona elegiría…».

El principio de la consistencia imperfecta

Olvídate de la perfección. La transformación sostenible se basa en la **consistencia imperfecta**: es mejor hacer algo pequeño todos los días que algo perfecto de vez en cuando.

Si faltas un día a tu ritual matutino, no abandones todo el proceso. Si tomas una decisión desde el miedo, no significa que hayas perdido tu progreso. La clave está en volver a tu frecuencia lo más rápido posible, sin autocastigo ni drama.

Rutinas de mantenimiento específicas por área de vida

Transformar tu frecuencia no termina con un solo cambio; se trata de sostener y amplificar tu evolución en cada aspecto de tu vida. En este apartado descubrirás rutinas concretas y adaptadas a áreas clave que te permiten mantener tu coherencia, fortalecer tu energía y alinear tus decisiones con tu versión más elevada, día tras día.

Para mantener la claridad mental

- Desconexión digital una hora antes de dormir.
- Lectura de material que expanda tu consciencia, no que la contraiga.
- Conversaciones conscientes: elige con quién y sobre qué hablas.

Para sostener la energía emocional

- Identifica tus «ladrones de energía» (personas, lugares, actividades) y minimiza la exposición.
- Cultiva relaciones que te reflejen tu nueva frecuencia.
- Practica el no consciente: rechaza compromisos que no estén alineados con tu expansión.

Para anclar los cambios en tu entorno

- Modifica tu espacio físico para que refleje tu nueva identidad.
- Cambia las rutinas que pertenecían a tu antigua versión.
- Crea recordatorios visuales de quién estás eligiendo ser.

El plan de emergencia para los días difíciles

En cualquier proceso de transformación profunda no solo evolucionan nuestras creencias, emociones y percepciones, sino también la forma en que nuestro sistema nervioso responde al entorno. Sin embargo, incluso con grandes avances, todos atravesamos días en los que la coherencia interna se tambalea: momentos de estrés, fatiga, bloqueos emocionales o situaciones inesperadas que nos sacan de alineación.

La neurociencia lo deja claro: bajo presión, el cerebro tiende a regresar a patrones conocidos. Es un mecanismo evolutivo de supervivencia que activa rutas automáticas, aunque ya no nos sirvan. Esto no significa retroceso; significa que tu sistema está intentando protegerte desde lo que conoce. Precisamente por eso, los días difíciles son el laboratorio real de la mente cuántica, el lugar donde se prueba la solidez de tu nueva frecuencia.

Aquí es donde entra en juego el plan de emergencia cuántico. No es un conjunto de técnicas para «arreglar» nada, sino un mapa práctico para ayudarte a recordar quién eres cuando tu biología quiere llevarte a quien fuiste. Es una guía diseñada para sostener tu coherencia vibracional cuando más la necesitas: en plena tormenta interna.

Este kit de supervivencia cuántica te ofrece herramientas breves, precisas y de alto impacto que puedes activar en minutos: reguladores del sistema nervioso, prácticas de reorientación perceptual, microvisualizaciones, intervenciones somáticas y claves cognitivas que te devuelven a tu frecuencia de origen.

Porque transformar tu vida no consiste en evitar los días difíciles, sino en aprender a navegar la inestabilidad desde un estado más consciente, más coherente y más expansivo. Con este apartado, tendrás siempre a mano un ancla, un recordatorio de que, incluso cuando todo se desordena, tú puedes volver a tu centro. Siempre.

Kit de supervivencia cuántica

1. Reguladores del sistema nervioso

Estas prácticas estabilizan tu biología y te sacan del modo alerta, permitiendo que tu cerebro y tu cuerpo funcionen desde la coherencia:

- Respiración de coherencia cardiaca: inhalaciones y exhalaciones profundas sincronizadas con tu ritmo interno.
- Respiración de rescate 4-7-8: inhalar durante cuatro segundos, mantener la respiración durante siete, exhalar durante ocho. Repetir tres ciclos para reducir la ansiedad y restablecer la calma.
- Micropausas de sesenta segundos: detenerte conscientemente antes de reaccionar.
- Escaneo corporal rápido: percibir tensiones y liberar zonas de estrés acumulado.

2. Prácticas de reorientación perceptual

Herramientas para cambiar la manera en que tu mente filtra la realidad y evitar que los patrones antiguos dominen tu percepción:

- Preguntas cuánticas de enfoque: «¿Qué oportunidad se esconde detrás de esta dificultad?».
- Cambio de marco perceptual: identificar aprendizajes, señales y recursos invisibles.
- Reencuadre emocional instantáneo: transformar emociones negativas en información útil.

3. Microvisualizaciones

Prácticas rápidas de alta intensidad emocional que recalibran tu vibración en segundos:

- Señal cuántica: imaginar una luz brillante que representa tu intención y la señal que confirma tu alineación con tu versión más elevada.
- Yo futuro: conectar con la versión de ti que ya ha integrado el aprendizaje y actúa desde la calma y la claridad.
- Escenarios de resolución: visualizar soluciones concretas en lugar de problemas.
- *Mind movies*: escenas breves en tu mente en las que tus metas se manifiestan con emociones intensas de logro y gratitud.

4. Intervenciones somáticas

Movimientos y gestos conscientes que integran la mente, la emoción y el cuerpo:

- Micromovimientos de liberación: desbloquear tensiones en hombros, cuello, mandíbula o espalda.
- Estiramientos rápidos: liberar energía atrapada y reactivar la circulación.
- Posturas de poder o estabilidad: reforzar la sensación de seguridad y presencia interna inmediata.

5. Claves cognitivas y acciones estratégicas

Frases, mantras y microacciones diseñadas para reprogramar tu diálogo interno y tu comportamiento de inmediato:

- Mantra de realidad: «Este momento es temporal. Mi expansión es permanente».
- Claves cognitivas: «Mi frecuencia se restablece ahora», «incluso en la dificultad, permanezco coherente», «cada respiración me conecta con mi centro».
- Acción mínima viable: haz una cosa pequeña que te conecte con tu nueva identidad y tu propósito, aunque sea un paso diminuto.
- Llamada de emergencia: contacta con alguien que te vea desde tu potencial, no desde tu crisis, para recalibrar la perspectiva y la energía.

Este kit de supervivencia cuántica funciona como un ancla inmediata, restaurando la coherencia emocional, la claridad mental y la vibración energética en minutos. No requiere fuerza de voluntad ni largas horas de práctica; cada herramienta está diseñada para ser rápida, efectiva y transformadora, permitiéndote operar desde tu centro, tu frecuencia más coherente y expansiva, sin importar las circunstancias externas.

Indicadores de que estás manteniendo el cambio exitosamente

Una transformación profunda no se mide solo por lo que entiendes intelectualmente, sino por lo que tu biología empieza a integrar y sostener de forma automática. En el ámbito de la mente cuántica, mantener un cambio significa que tu sistema nervioso, tu atención, tus emociones y tus patrones vibracionales están comenzando a reorganizarse alrededor de una nueva identidad.

La neurociencia lo confirma: cuando un cambio es real, aparecen señales medibles tanto a nivel cognitivo como fisiológico. Tu foco atencional se expande, la respuesta al estrés se modula, tus decisiones se vuelven más coherentes y empiezas a percibir oportunidades que antes estaban fuera de tu radar. Esto no es casualidad, es el resultado de nuevos circuitos consolidándose y viejas rutas perdiendo fuerza.

Este apartado te ayudará a identificar esas señales tempranas —a veces sutiles, otras poderosas— que confirman que tu evolución está en marcha. Reconocer estos indicadores es esencial por dos motivos:

1. **Refuerza el proceso de cambio**, porque aquello que observas conscientemente se fortalece.
2. **Previene la autoexigencia innecesaria**, recordándote que no necesitas «hacer más», sino seguir en coherencia con tu nueva frecuencia.

Verás que algunos indicadores se manifiestan en tu cuerpo, mientras que otros lo hacen en tu diálogo interno, en tus decisiones o en la manera en que la realidad comienza a responderte.

Cuando estos signos aparecen, no lo tomes como coincidencias: son evidencias biológicas y cuánticas de que tu identidad está calibrándose hacia una versión más plena, más coherente y más expansiva de ti.

Este es el mapa que te confirma que vas por el camino correcto.

- **Automático versus consciente.** Tus nuevas respuestas se vuelven conscientes en situaciones que antes te disparaban.
- **Calidad de los problemas.** Los desafíos que enfrentas son de un nivel más elevado (problemas de abundancia versus problemas de supervivencia).
- **Respuesta del entorno.** Las personas y oportunidades que aparecen reflejan tu nueva frecuencia.
- **Sensación interna.** Debes realizar menos esfuerzo para mantener estados elevados, que se sienten más naturales.

La verdad sobre la constancia

No se trata de no fallar nunca. Se trata de abrirte a una actitud de aprendizaje desde la curiosidad cuántica, abierta a múltiples posibilidades. Cada vez que regresas conscientemente a tu nueva frecuencia después de un desliz, fortaleces ese nuevo patrón neuronal.

Tu trabajo no es ser perfecto. Tu trabajo es ser consciente. Y desde esa consciencia, elegir una y otra vez la versión más expandida de ti mismo, incluso cuando —especialmente cuando— no te sientes preparado para hacerlo.

Porque la transformación cuántica no se sostiene por inspiración. Se sostiene por decisión. Decisión tras decisión, día tras día, elección tras elección. Y esa es tu verdadera superpotencia: no la capacidad de cambiar una vez, sino la capacidad de elegir quién eres, momento a momento, durante el resto de tu vida.

Tu viaje ya ha empezado

Si estás leyendo estas líneas, significa que ya has caminado un largo trecho. Que has sentido, cuestionado, soltado. Y que, de algún modo, algo en ti ha despertado.

Este no es un final, sino un punto de inflexión. Todo lo que has explorado —la física cuántica, la neurociencia, la vibración del cuerpo, la mente y el corazón— no son conceptos para entender, sino caminos para habitar. Has descubierto que el cuerpo no miente, que el pensamiento tiene forma, que el corazón emite un campo que dialoga con el mundo y que tu atención puede cambiar la realidad que experimentas.

Y ahora que lo sabes, la pregunta es: ¿cómo vas a vivirlo?

La verdadera transformación no llega con los grandes gestos, sino con los pequeños actos conscientes del día a día. Con cómo respiras antes de reaccionar. Con cómo te hablas cuando fallas. Con cómo eliges la calma cuando todo te empuja al ruido.

No necesitas hacerlo perfecto. Solo necesitas hacerlo presente. La física cuántica lo sugiere y la neurociencia lo confirma: la atención es la forma más pura de energía. Donde pones tu atención, pones tu vida. Y cada vez que eliges conscientemente tu frecuencia, das un paso más hacia tu versión más coherente y libre.

El universo no conspira contra ti; conspira contigo. Todo lo que llega —las personas, las oportunidades, incluso los desafíos— resuena con la vibración que sostienes. No por magia, sino por coherencia. Cuando cambias tú, todo cambia. Porque lo que transformas dentro inevitablemente se refleja fuera.

El poder que buscas no está lejos; está aquí, en tu capacidad de atención. En esa respiración que te ancla. En esa pausa en la que te das cuenta de que ya estás aquí.

Recuerda: el amor no es un sentimiento, es una forma de presencia. Cada vez que eliges amar en lugar de temer, confiar en lugar de controlar, aceptar en lugar de resistirte, estás colaborando con la evolución de la consciencia.

Tu viaje apenas comienza, y no hay destino más grande que aprender a habitarte. Eres energía en movimiento, campo en expansión, consciencia que se descubre a sí misma. Y cada pensamiento, cada emoción, cada acción que eliges con atención es una semilla. Planta las que expanden tu verdad. Riega las que nacen del coraje, la calma y la compasión. Y, cuando dudes, vuelve al silencio; ahí, entre el pulso del corazón y la respiración que te sostiene, te encontrarás entero.

Bienvenido a la era de tu consciencia cuántica. Sigue explorando, sigue eligiendo, sigue vibrando. Porque, cuando un ser humano despierta y decide crear desde el amor, todo el universo respira con él.

Y en ese instante, la consciencia deja de ser teoría y se convierte en vida.

Cómo cultivar la paciencia cuántica

En el contexto de la mente cuántica, la paciencia no es simplemente la capacidad de esperar, sino la habilidad de mantener la coherencia interna mientras la realidad se reorganiza. Desde la neurociencia, sabemos que el cerebro interpreta el tiempo no como una línea fija, sino como una construcción dinámica modulada por la atención, la expectativa y el estado emocional.

Cuando entrenamos la llamada «paciencia cuántica», estamos fortaleciendo circuitos neurales que permiten sostener la visión de un futuro deseado sin caer en la reactividad del sistema límbico. Técnicamente, esto implica aumentar la comunicación entre la corteza prefrontal —responsable de la regulación emocional, la planificación y la toma de decisiones— y las estructuras profundas como la amígdala, que suelen activarse en situaciones de incertidumbre o espera.

La paciencia cuántica, por tanto, no es pasividad. Es un estado neurofisiológico de estabilidad, coherencia y apertura en el que el sistema nervioso se mantiene regulado mientras la mente sigue orientada hacia el potencial. En este estado, disminuye la impulsividad, se reduce el ruido interno y aumenta la capacidad de detectar oportunidades, patrones y sincronicidades que normalmente pasarían desapercibidos.

Cultivar esta forma avanzada de paciencia significa entrenar una mente capaz de sostener la intención sin ansiedad, un cuerpo capaz de permanecer en homeostasis y una consciencia capaz de permitir que la realidad se despliegue en su tiempo óptimo. Es la unión entre la visión, la regulación emocional y la percepción ampliada.

A continuación tienes las claves de cómo desarrollar la paciencia cuántica para que puedas vivir la espera no como un obstáculo, sino como un espacio fértil en el que tu nueva realidad comienza a tomar forma.

1. *Cambia tu métrica de éxito*

En lugar de medir solo los resultados externos (dinero, relaciones, logros), mide también tu **calidad vibratoria**:

- ¿Cómo manejas el estrés ahora en comparación con hace un año?
- ¿Qué tan rápido te recuperas de las situaciones difíciles?
- ¿Cuánta compasión tienes contigo mismo en los días difíciles?

2. *Celebra los microcambios*

Reconoce y celebra cada pequeño avance:

- Respiraste conscientemente en un momento de tensión.
- Elegiste una respuesta más amorosa en lugar de reactiva.
- Te diste cuenta de un patrón mental limitante mientras sucedía.
- Mantuviste una práctica durante una semana consecutiva.

3. Confía en la inteligencia del proceso

Tu sistema cuerpo-mente-espíritu tiene una sabiduría innata para la autorregulación y el crecimiento. A veces necesita descansar, a veces necesita acelerar, a veces necesita integrar.

4. Mantén rituales de conexión diaria

No importa cómo te sientas, mantén pequeños rituales que te conecten con tu intención de crecimiento:

- Tres respiraciones conscientes al despertar.
- Una pregunta de autoobservación antes de dormir.
- Un momento de gratitud durante el día.

La paciencia como acto de amor propio

Finalmente, la paciencia cuántica es, en esencia, un acto radical de amor propio. Es decirle a tu ser: «Confío en tus tiempos. Confío en tu proceso. Confío en tu sabiduría interna».

En una sociedad que nos presiona constantemente para ser más, para hacer más, para lograr más, la paciencia se convierte en un acto de rebeldía. Es elegir el amor por encima de la urgencia, la confianza por encima del control, la fe por encima del miedo.

Recuerda: no estás atrasado en tu vida. No estás fallando en tu transformación. No necesitas forzar nada. Solo necesitas seguir eligiendo, respiración tras respiración, momento a momento, la versión más consciente y amorosa de ti que puedas sostener hoy.

Tu evolución está sucediendo ahora mismo, incluso mientras lees estas palabras, o en los días que no lo sientes. También cuando parece que nada cambia alrededor ni dentro de ti.

Confía en el proceso. Eres una obra maestra en construcción, y las mejores obras maestras no se crean en un día.

Al final, la vibración alta no es un estado de éxtasis constante. Es una decisión sostenida de volver a ti una y otra vez, incluso cuando todo se tambalea. Necesitas recordar quién eres cuando el mundo te empuja a olvidarlo, respirar y elegir coherencia. Tienes que darte permiso para caer, pero también para levantarte con más compasión, con más presencia, con más verdad.

Así que te dejo con una pregunta: ¿qué vas a hacer con todo lo que ya sabes?

Tu vida es ahora tu laboratorio cuántico. Cada pensamiento, una semilla. Cada emoción, una frecuencia. Cada gesto, una oportunidad para encarnar lo que ya intuías, que estás aquí para algo más grande.

Eres parte de esta coyuntura mundial en la que la consciencia está cambiando. Y, en ese contexto, tu manera de estar, de vivir, de amar... importa. Camina con intención. Elige con consciencia. Y nunca nunca olvides esto que te dije en la introducción: tu sola presencia ya puede ser una medicina.

Gracias por permitir que este libro te acompañe.

Gracias por resonar.

Gracias por ser parte del cambio.

Y ahora sal ahí fuera. Vive tu vida cuántica.

Y deja tu legado con orgullo.

Porque la humanidad necesita que todos despertemos como tú lo estás haciendo.

El futuro de la humanidad se reescribe con un vínculo coherente a la vez.

Una nueva humanidad es posible: ¡súmate a las relaciones cuánticas!

Anexo I

El decálogo definitivo para integrar la mente cuántica

1. Reprogramación del subconsciente (neuroplasticidad)
Identifica y reescribe tus creencias limitantes. Aplica la técnica de la transformación cuántica para reemplazar el diálogo interno de escasez por pensamientos cuánticos («Yo soy…»). Esto entrena la neuroplasticidad y desmantela las autopistas neuronales del miedo.

2. Entrenamiento de la coherencia corazón-cerebro
Dedica tiempo diario a la respiración coherente (inhalar en cuatro segundos, exhalar en seis segundos) anclada en una emoción elevada (gratitud o aprecio). Esto sincroniza tus ritmos cardiacos y cerebrales, amplificando tu campo electromagnético coherente.

3. Enfoque en la intención (colapso de la onda)
Define con claridad y detalle emocional la realidad que deseas experimentar. Al igual que el observador en la física cuántica colapsa la función de onda, tu intención enfocada y cargada de emoción dirige las posibilidades del campo cuántico.

4. Liderazgo epigenético (activación génica consciente)
Asume que eres el director de la orquesta biológica. Utiliza la intención para enviar señales claras a tus células, activando conscientemente los genes de la vitalidad y la regeneración (epigenética) en lugar de sucumbir a la programación heredada.

5. Resonancia consciente (cese de la reacción)

Practica la verificación energética antes de reaccionar. Elige activamente la frecuencia de respuesta (calma, apertura) antes que el reflejo de la amígdala. Esto te permite operar desde la resonancia en lugar de desde la reacción.

6. Gestión de la energía luminosa (biofotones)

Optimiza la salud de tus células mediante la autofagia (ayuno consciente y dieta limpia). Reducir el ruido metabólico permite que tus células emitan y reciban biofotones (luz celular) de manera más nítida y coherente.

7. Cultivo de la gratitud anticipada (anclaje emocional)

Siente la emoción de gratitud por el resultado deseado antes de que se manifieste. Esta es la frecuencia ancla más poderosa, ya que simula el estado vibratorio de tu futuro deseado en tu presente biológico, sintonizando así la ley de resonancia.

8. Aceptación y unidad (disolución de la separación)

Reconoce que no existe separación entre tu mente, tu cuerpo y el entorno. Abandona la necesidad de controlar los detalles (el cómo) y confía en el flujo de sincronicidad. Aceptar la unidad es la base de la percepción cuántica.

9. Acción inspirada (flujo y coherencia en movimiento)

Combina tu estado interno coherente con acciones alineadas. La acción inspirada surge sin esfuerzo y conduce a resultados rápidos, ya que tu frecuencia de resonancia es compatible con el espectro de realidades que percibes y persigues.

10. Integración diaria (mantenimiento neuronal)

La coherencia es una práctica, no un destino. Dedica tiempo diario a la meditación de activación celular y a la reprogramación cuántica. La repetición constante y emocionalmente cargada garantiza el mantenimiento de las nuevas vías neuronales y tu estado de consciencia expansiva.

Anexo II

Tu inspiración diaria para tu viaje cuántico

Te dejo unas pequeñas chispas de consciencia diseñadas para iluminar cada uno de tus días. Están creadas para que recurras a ellas cuando lo necesites (al despertar, antes de un desafío, cuando pierdas tu centro o, simplemente, cuando precises recordarte el poder que ya posees) o para que escojas una cada día y reflexiones sobre ella.

Sea como sea que las uses, deseo que estas frases actúen como un ancla para tu coherencia, un impulso para tu intención y una celebración de tu viaje cuántico. Vívelas, siéntelas y permite que transformen tu realidad frase a frase, día tras día.

Aforismos cuánticos

Conceptos científicos sintetizados:

1. Eres 99 por ciento espacio vacío, pero ese vacío contiene infinitas posibilidades. No subestimes tu potencial cuántico.

2. Tus células emiten luz. Literalmente. La pregunta es: ¿estás brillando en la frecuencia de tus sueños o en la de tus miedos?

3. Tu biocampo es tu huella energética en el mundo. Cambia tu vibración y verás cómo cambia todo lo que te rodea.

4. Los biofotones de tu cuerpo están enviando mensajes al universo 24/7. ¿Qué historia están contando sobre ti?

5. No necesitas creer en la física cuántica para que funcione. Solo

necesitas elegir pensamientos que te eleven en lugar de hundirte.

A por la transformación personal:

6. Tu pasado no define tu futuro. Tu energía presente sí lo hace. Cambia tu frecuencia y reescribe tu destino.
7. Cada vez que eliges el amor en lugar del miedo, estás haciendo un *upgrade* en tu sistema operativo personal.
8. La neuroplasticidad no es solo ciencia bonita. Es tu licencia para reinventarte las veces que necesites.
9. Tu ADN no es tu sentencia de por vida. Es un libro que puedes reescribir con cada decisión consciente.
10. El trauma generacional se rompe aquí, contigo. Eres el eslabón que transforma la cadena en lugar de heredarla.

Ponte en acción:

11. Hoy no es solo otro día. Es el día en que tu futuro yo te agradecerá haber elegido evolucionar.
12. La versión de ti que está esperando al otro lado del miedo es la que va a cambiar tu vida para siempre.
13. Puedes seguir siendo víctima de tus circunstancias o volverte el arquitecto de tu realidad. La física cuántica ya te dio el manual.
14. Tu zona de confort es una cárcel dorada. Cada día que te quedas ahí, es un día menos siendo quien realmente puedes ser.
15. No esperes a sentirte preparado. Los saltos cuánticos no llegan con paracaídas, sino con las alas que descubres al saltar.

Conceptos de manifestación y creación:

16. Manifestar no es pedirle al universo. Es convertirte en lo que quieres atraer hasta que sea inevitable que aparezca.

17. Tu *vision board* no es decoración motivacional. Es el GPS de tu subconsciente navegando hacia tu nueva realidad.
18. Escribir tus metas en presente no es autoengaño. Es programación cuántica en tiempo real.
19. La gratitud no es solo buena educación con el universo. Es la frecuencia que multiplica todo lo que ya tienes.
20. Cada «no» del universo es en realidad un «aún no estás vibrando en la frecuencia correcta». Ajusta tu sintonía.

Sobre coherencia y alineación:

21. La coherencia entre lo que piensas, lo que sientes y lo que haces no es solo integridad. Es tu firma energética en el campo cuántico.
22. Cuando tu corazón y tu mente bailan al mismo ritmo, tu realidad no tiene más opción que seguir el compás.
23. El caos exterior es el reflejo del ruido interior. Encuentra tu frecuencia y verás cómo todo se sincroniza.
24. No puedes fingir una vibración alta. Tu campo energético es el detector de mentiras más honesto que existe.
25. La alineación no es un destino, es una práctica diaria. Cada momento consciente es una oportunidad de sintonizarte.

Sobre el poder personal y la responsabilidad:

26. Eres el CEO de tu realidad personal. Si no te gusta lo que está pasando, es hora de cambiar la estrategia.
27. Culpar a los otros por tu vida es como darles el control remoto de tu felicidad. Reclama tu poder.
28. Tu energía es contagiosa. Puedes elegir infectar el mundo con tu miedo o sanarlo con tu amor.

29. No eres producto de tus circunstancias. Eres producto de las decisiones que tomas frente a tus circunstancias.

30. El victimismo es la droga más adictiva que existe: te da la ilusión de que no tienes póder cuando en realidad tienes todo el poder.

Anexo III

¡Una nueva humanidad es posible! ¡Súmate a las relaciones cuánticas! Deseando escuchar tu experiencia

Para acompañar este proceso de integración, incluyo un código QR con acceso a mi app en la que podrás acceder a prácticas guiadas de meditación y visualización que he grabado especialmente para ti.

Estas meditaciones están diseñadas para ayudarte a profundizar en los conceptos, regular tu estado interno y activar la coherencia necesaria para aplicar cada técnica de forma efectiva. Podrás escucharlas todas las veces que lo necesites, a tu propio ritmo y en cualquier momento del día.

He creado este material adicional con la intención de ofrecerte una experiencia completa, vivencial. La transformación no ocurre solo al comprender, sino al practicar. Por eso quiero que dispongas de un recurso accesible y permanente que te acompañe en tu proceso, tanto ahora como en el futuro.

Disfrútalas, explóralas y permite que cada meditación te abra un espacio nuevo de claridad, presencia y expansión.

Al llegar al final de este viaje, quiero invitarte a un acto de consciencia colectiva. Si este libro te ha inspirado, acompañado o transformado de algún modo, te animo a compartir tu experiencia. Cuando una persona se atreve a expresar su proceso, abre un camino que otros pueden reconocer y recorrer.

Imagina, por un instante, un planeta entero con una mente cuántica integrada, donde millones de personas vibran en coherencia, claridad y amor expansivo. Imagina decisiones tomadas desde la sabiduría, relaciones guiadas por la presencia y futuros construidos desde la responsabilidad energética. Ese mundo es posible, pero solo si cada uno de nosotros aporta su semilla.

Por eso te invito a cerrar los ojos unos segundos y conectar con lo que este libro ha despertado en ti. Cuando lo sientas, escribe unas líneas —o graba un breve vídeo— dirigido a todas aquellas personas que podrían beneficiarse de estas enseñanzas. Tu testimonio puede llegar justo a quien más lo necesita. Puede elevar su vibración, abrir una perspectiva nueva o incluso cambiar el rumbo de una vida.

Si deseas compartirlo, será un honor leerte o escucharte en emma@emmaribas.com o en mis redes sociales, y, si lo autorizas, darle difusión para que tu voz se convierta en un puente hacia la transformación de otros. La consciencia, cuando se expande, nunca lo hace sola: siempre ilumina a su alrededor.

Porque cuanto más desarrollas tu capacidad de amar, más espacio tiene la vida para amarte de vuelta. Y cuando uno de nosotros eleva su vibración, todo el universo resuena un poco más alto gracias a esa aportación.

Gracias por formar parte de esta nueva psicología que ya está cambiando vidas. El movimiento continúa y ahora también te pertenece.

Un mundo con amor es posible. ¡Súmate a la vida cuántica!

Referencias principales

Balaji, Sai, *et al.* «Heart Rate Variability Biofeedback in a Global Study of the Most Common Coherence Frequencies and the Impact of Emotional States», *Scientific Reports*, Springer Nature, Londres, vol. 15, 2025.

Bohr, Niels, *Teoría atómica y descripción de la naturaleza*, Madrid, Tecnos, 1987

Clarke, Arthur C., «Hazards of Prophecy: the Failure of Imagination» en *Profiles of the Future: an Enquiry into the Limits of the Possible*, Londres, Gollanz, 1962.

Damásio, António, *El error de Descartes: la emoción, la razón y el cerebro humano*, Barcelona, Crítica, 1997.

Davidson, Richard J. y Begley, Sharon, *El perfil emocional de tu cerebro: claves para modificar nuestras actitudes y reacciones*. Barcelona, Destino, 2012.

Dias, Brian G. y Ressler, Kerry J., «Parental Olfactory Experience Influences Behavior and Neural Structure in Subsequent Generations», *Nature Neuroscience*, vol. 17, n.º 1, pp. 89-96 [edocet.naukas], 2014.

Donne, John. *Meditaciones en tiempos de crisis*, Barcelona, Ariel, 2012.

Einstein, Albert, *Sobre la teoría de la relatividad especial y general*. Barcelona, Debate, 1998.

Feldman Barrett, Lisa, *La vida secreta del cerebro: cómo se construyen las emociones*, Barcelona, Paidós, 2018.

Freixo, Francisco *et al.,* «Mitotic Microtubule Regulators Support Dendrite Development and Spine Morphogenesis», *Nature Communications*, 2025.

Heisenberg, Werner, *Physics and Philosophy: the Revolution in Modern Science*, Londres, George Allen & Unwin, 1963.

Kabat-Zinn, Jon, *Mindfulness en la vida cotidiana: donde quiera que vayas, ahí estás*. Barcelona, Paidós, 2009.

Kaliman, Perla *et al.*, «Rapid Changes in Histone Deacetylases and Inflammatory Gene Expression Associated with Mindfulness Meditation», *Psychoneuroendocrinology*, vol. 40, 2014.

Lazar, S. W., *et al.* «Meditation Experience is Associated with Increased Cortical Thickness». *NeuroReport*, 16(17), 1893-1897, 2005.

— «Mindfulness Practice Leads to Increases in Regional Brain Gray Matter Density», en *Psychiatry Research: Neuroimaging*, Elsevier, Ámsterdam, vol. 191, n.º 1, 2011, pp. 36-43.

LeDoux, Joseph E., *El cerebro emocional. Los misterios de las emociones*. Barcelona, Ariel, (2001).

Levine, Peter A., *Trauma y memoria: cerebro y cuerpo en busca del pasado vivo: una guía práctica para comprender y trabajar la memoria traumática*, Barcelona, Eleftheria, 2020.

McCraty, Rollin, *Science of the Heart*, vol. 2, HeartMath Institute, 2015

Pert, Candace, *Las moléculas de la emoción: La ciencia que se esconde tras la mente-cuerpo*, Barcelona, Paidós Ibérica, 1999.

Planck, Max. «The Nature of Matter», en *The Observer*, Londres, 26 de enero de 1944. Discurso pronunciado en Florencia.

Pothos, Emmanuel M. y Busemeyer, Jerome R., «A Quantum Probability Explanation for Violations of 'Rational' Decision Theory», *Proceedings of the Royal Society B*, vol. 276, pp. 2171-2178, 2009.

Porges, Stephen W., *Guía de bolsillo de la teoría polivagal: el poder transformador de sentirse seguro*, Barcelona, Eleftheria, 2018.

Sagan, Carl, *Cosmos*, serie de televisión, 1980.

Salzberg, Sharon, *Lovingkindness: The Revolutionary Art of Happiness*, Boulder, Shambhala, 1995.

Sánchez-Migallón, Santiago. «Teorías cuánticas de la consciencia: la posibilidad de que la mente surja de un efecto cuántico», <https://www.xataka.com/medicina-y-salud/teorias-cuanticas-consciencia-posibilidad-que-mente-surja-efecto-cuantico/>, 24 de mayo de 2022.

Schrödinger, Erwin, «Discussion of Probability Relations Between Separated Systems», *Mathematical Proceedings of the Cambridge Philosophical Society*, vol. 31, n.º 4, pp. 555-563, 1935.

Siegel, Daniel J., *Cerebro y mindfulness: la reflexión y la atención plena para cultivar el bienestar*, Barcelona, Paidós, 2010.

— *The Developing Mind: How Relationships and the Brain Interact to Shape Who We Are*, Nueva York, Guilford Press, 2020.

Wieczorek, Michal *et al.*, «Structural Basis of γ-TuRC Assembly», *Nature Structural & Molecular Biology*, ETH Zurich, Dept. Biology, 2023.

Yehuda, Rachel *et al.*, «Holocaust Exposure Induced Intergenerational Effects on FKBP5 Methylation», *Biological Psychiatry*, vol. 80, n.º 5, pp. 372-380 [bbc], 2016.